의적, 정의를 훔치다

박홍규 지음

돌베개

의적, 정의를 훔치다
—박홍규의 세계 의적 이야기

박홍규 지음

2005년 5월 18일 초판 1쇄 발행
2006년 8월 28일 초판 2쇄 발행

펴낸이 한철희 | 펴낸곳 돌베개 | 등록 1979년 8월 25일 제406-2003-018호
주소 (413-756) 경기도 파주시 교하읍 문발리 파주출판도시 532-4
전화 (031) 955-5020 | 팩스 (031) 955-5050
홈페이지 www.dolbegae.com | 전자우편 book@dolbegae.co.kr

책임편집 김희진·박숙희 | 편집 이경아·윤미향·김희동·서민경·조건형
디자인 박정은·이은정·박정영 | 교정 정진숙
인쇄·제본 상지사 P&B

ISBN 89-7199-209-3 03900
책값은 뒤표지에 있습니다.

이 도서의 국립중앙도서관 출판시도서목록(CIP)은 e-CIP 홈페이지
(http://www.nl.go.kr/cip.php)에서 이용하실 수 있습니다.(CIP제어번호: CIP2005000932)

의적, 정의를 훔치다

이 책은 도둑은 도둑이되 '의로운 도둑'인 '의적'을 '이야기' 하고자 한다. 그러나 그들 모두가 역사에 실존한 것은 아니다. 즉 역사적 실존에 관계없이 이야기로서 이미 역사에 등장하는 경우도 이 책의 의적에 포함된다. 따라서 이 책의 부제에 들어가는 '의적 이야기'라는 말은 두 가지 의미를 갖는다. 하나는 실존한 '의적'에 대한 이야기라는 뜻이다. 또 하나는 '의적을 다룬 이야기'라는 뜻이다. 이는 실제 역사가 아닌, 문자 그대로 꾸며진 이야기로서의 의적에 대한 것이다. 물론 여기에는 영화나, 민요 등도 모두 포함된다. 하지만 따지고 보면 실존한 의적에 대한 이야기도 상당 부분 꾸며진 것이어서 그 둘을 정확하게 구분하기 어렵다.

사실이든 꾸며진 이야기든 그것이 수백 년간 세계적으로 회자되는 이유는 사람들이 의적을 좋아하기 때문이다. 따라서 사실 여부에 관계없이 의적은 우리 마음에 새겨져 있다. 도둑질을 하지 마라는 도덕률은 영웅이 된 의적에게는 해당되지 않는다.

이 책에 등장하는 모든 의적은 역사적으로는 이미 유물이다. 그러나 의적 이야기는 여전히 우리 주변을 떠돌고 있다는 점에서 단순히 박물관에 갇힌 시체만은 아니다. 그것은 우리 현실에 대한 저항적 희망을 표현하는 하나의 은유이다. 궁극적으로 의적은 없어야 한다. 민중들이 폭력에 의존하지 않고도 자신의 꿈을 이룰 수 있는 길이 마련되어야 한다. 그러나 의적 이야기가 여전히 등장하는 것은 우리 현실이 그만큼 부조리하기 때문이 아닐까?

이 책은 체계적인 연구서가 아니라 이야기 책이다. 따라서 서술 방식도 가능한 한 학문적 형식을 배제하고 이야기 투로 썼다. 사실 이 책은 2002년 민주노동당 기관지인 『이론과 실천』에 연재한 글을 토대로 했다. 처음부터 '의적'에 관한 이야기를 연재하겠다고 시작한 것이 아니라, 그냥 가벼운 읽을거리를 연재하자는 정도로 시작되었고, 그 하나로 '착한 도둑놈에 대한 이야기'가 어떨까 하여 각 지역별로 수집한 이런저런 자료를 풀어 정리한 정도에 불과하다. 지금까지 이런 '이야기'가 소개되지 못했기 때문이다. 혹시나 의적에 관한 중요한 연구업적을 기대하는 독자가 있다면 당연히 실망하리라. 그냥 '지금까지 접하기 어려웠던 이야기' 정도로 가볍게 읽어주면 고맙겠다.

『이론과 실천』 관계자 여러분, 그 연재에 관심을 가져주신 독자 여러분, 특히 책으로 만들어준 돌베개에 진심으로 감사한다.

2005년 5월

박홍규

의적의 대명사

로빈 후드

로빈 후드를 어떻게 볼 것인가? · 고상하고 의로운 도둑의 대명사 로빈 후드 · 로빈 후드는 하나가 아니다 · 역사 속, 문학 속의 수많은 로빈 후드 · 『로빈 후드의 무훈』의 계층적 성격 · 농민의 친구이자 신사강도, 로빈 후드 · 로빈 후드 인기의 비결 · 로맨티스트에서 민족주의자로, 로빈 후드의 얼굴에 씌워진 천의 가면들 · 동화 속에서 재창조된 로빈 후드

로빈 후드, 13세기경
영국 노팅엄의 서우드 숲에서 활약한 의적. 수많은 민담과 발라드, 소설과 영화의 주인공.
"보라 그리고 들으라. 자유로운 혈통을 지닌 신사들이여.
내가 한 선한 요먼의 이야기를 들려주리니. 그의 이름은 로빈 후드라."
— 1510년경 발라드 모음집 『로빈 후드의 모험담』 중에서

로빈 후드를 어떻게 볼 것인가?

어린 시절 로빈 후드 이야기를 읽지 않고 로빈 후드가 등장하는 영화나 TV 드라마를 보지 않은 사람이 있을까마는 나는 유난히 그 이야기를 좋아했고, 쉰의 나이가 된 지금도 여전히 그러하다. 게다가 30대 후반에는 노팅엄Nottingham에 가서 아예 1년 가까이 살기도 했으며, 그 뒤에도 몇 차례나 로빈 후드의 모험이 펼쳐지던 이 무대를 찾았다. 아이처럼 유치하다고 해도 좋다. 실제로 16세기 이래 영국에서는 "로빈 후드 이야기는 바보에게나 좋다"(Tales of Robin Hood are good for fools)는 말도 있었다. 로빈 후드의 발상지인 영국에서도 그러한데 한국에서 바보 취급을 당하는 것은 당연한 일인지도 모른다.

지금은 이렇듯 터무니없는 아동용 모험극이라는 이미지를 강하게 갖고 있지만, 로빈 후드 이야기는 사실 몇백 년 전부터 전해져온 영국의 민중문학이자 발라드자유로운 형식의 소서사시였으며, 연극이자 오페라였다. 이 이야기는 셰익스피어의 역사극 『존 왕』King John, 1597 속에서, 또 스코틀랜드의 소설가 월터 스콧Walter Scott의 낭만주의적 역사 소설 『아이반호』Ivanhoe, 1819 속에서 본격문학으로 다시 태어나기도 했다. 수백 년 동안 다양한 장르를 넘나들며 이 이야기가 변주된 것은 분명 대단한 일이다. 굳이 민중이니 문학이니 하는 개념을 거론하지 않더라도 로빈 후드만큼 수백 년에 걸쳐 범세계적인 인기를 끌어온 이야기는 다시 없다. 실제로 로빈 후드 이야기는 그것을 듣고 보고 전하는 이들에게 대단한 희망과 여흥을 제공했다. 하지만 또 거꾸로 꿈과 이상을 쉽게 실현할 수 없었던 민중들의 현실이 그 이야기를 수백 년 동안 살찌워왔다고 볼 수도 있다.

나는 노팅엄에 머물면서 로빈 후드에 등장하는 성과 숲을 찾아 현장을 답사하기도 하고, 그곳에 있는 로빈후드협회와 도서관에서 관련 자료를 모으기도 했다. 다른 나라에 가서도 관련 번역서나 논문 또는 그와 유사한 의적 관련 자료들을 뒤졌다. 그후 내 관심의 폭은 '로빈 후드'에서 영국을 비롯한 다른 나라의 의적으로까지 넓어졌고, 이는 다시 여러 나라 민중문화에 대한 관심으로 이어졌다.

나는 이 책에서 단순한 아동문학의 차원을 넘어서 민중들의 꿈과 이상을 담아내는 그릇인 '민중문화'의 전형으로서의 『로빈 후드』를 먼저 살펴볼 것이다. 그런 다음 이를 토대로 '의적'의 존재 의미와 의의를 검토하려 한다. 로빈 후드는 그 이름만으로도 의로운 도적, 곧 의적의 존재 의미에 대해 많은 것을 설명해준다. 그것은 로빈 후드가 수백 년 전부터 오늘날에 이르기까지 사람들의 마음속에 의적의 대명사로 존재해왔기 때문이다.

고상하고 의로운 도둑의 대명사 로빈 후드

나는 이 책에서 의적의 학문적인 개념이나 사회적·역사적 의의를 살펴보는 데 많은 지면을 할애하지는 않을 것이다. 다만 역사적으로 존재했거나 다양한 민중문학·문화 속에 등장했던 영웅들의 이야기를 구체적으로 살펴보면서 '의적'의 존재에 대해 커다란 그림을 그리는 데 만족하려 한다. 하지만 그에 앞서 로빈 후드라는 인물로 이 책을 시작하는 이유에 대해서는 정리하고 넘어갈 필요가 있겠다. 그 과정에서 내가 어떤 사람들을 의적이라고 지칭하는지가 좀더 분명해질 것이다.

뒤에서도 살펴보겠지만 로빈 후드는 실존 인물이기도 하고 아니기도 하다. 지금 우리가 머릿속에 그리는 로빈 후드의 이미지는 중세 유럽에서 발흥했던 의적들의 총합이기도 하고, 그후 수백 년 동안 다양한 문화적 각색 과정을 거친 이야기들의 총합이기도 하다. 따라서 의적 연구의 장場을 연 역사가 에릭 홉스봄Eric J. E. Hobsbawm*은 로빈 후드가 의적의 전형성을 띠게 되면서 아이러니하게도 일반적인 의적과 달리 원래 실존 인물로서의 성격이 상당 부분 사라졌다고 지적한다.

그렇다면 전형적인 의적이란 어떤 사람들일까? 그들은 주로 농민들로 대표되는 지역·혈연 공동체와 밀접한 관련을 맺고 있는 사람들로, 관습과 규율에 비추어 '반反사회적'이지 않으면서도 위정자들의 정의에 맞서 싸우고, 특히 부패한 경찰에 힘으로 맞서 싸우는 이들이었다. 지역 공동체의 주요 구성원인 농부들이 로빈 후드 일당을 지원한 이유는 물론 그들이 '가난한 자들'을 위한 정의를 옹호했기 때문이다. 한 사회에서 그 제도적 모순이나 불의不義에 의식적으로나 무의식적으로 저항하는 세력들은 여러 계층에 걸쳐 존재한다. 넓게 볼 때 의적 역시 그러한 세력들에 포함되기는 하지만, 그들 스스로 그런 저항적 의미를 의식한 경우는 드물다.

---

* 홉스봄은 1959년 『사회적 도적과 원초적 반란자들』*Social Bandit and Primitive Rebels*(1965년 개정판이 나오면서 제목이 'Primitive Rebels'로 바뀌었다)이라는 저작을 통해 의적을 처음 연구의 영역으로 끌어들였다. 1984년 우리나라에 번역된 『원초적 반란』(진철승 옮김, 온누리)의 저본은 1965년 개정판이다. 그는 1969년 『도적들』*Bandits*이라는 저작에서 자신의 논의를 총정리했는데, 이 책 역시 1978년 우리나라에서 『의적의 사회사』(황의방 옮김, 한길사)라는 제목으로 번역, 출간되었다. 이 책의 가장 최근 개정판(4판)이 2004년에 다시 『밴디트』(이수영 옮김, 민음사)라는 제목으로 출간되었는데, 초판과 개정판의 내용에 꽤 큰 차이가 있어 본문에서 인용할 때는 각각 구분해 표시했다.

로빈 후드 모험의 무대가 된 노팅엄의 셔우드 숲
1917년에 간행된 『로빈 후드의 모험』에 실린 삽화. 셔우드 숲은 사회 질서에 대항하는 자유의 공간
을 상징하며 로빈 후드 이야기의 인기에 크게 한몫했다.

       여기서 한 가지 짚고 넘어가야 할 것이 바로 의적을 범죄 집단이
나 혁명 집단과 구분하는 문제다. 둘 다 사회의 법체계를 위반하며, 무력
으로 그것에 반대한다는 점에서는 공통점을 지닌다. 또 특수한 경우에는
의적들이 혁명 세력과 손을 잡기도 하고 범죄 집단이 의적으로 변모하기
도 한다. 한 범죄 연구자의 말대로 "범죄는 '모두' 어떤 의미에서는 사회
적 저항이자 반항"*이라고 볼 수도 있기 때문이다. 따라서 학계에서도 반
란·의적·범죄라는 사회적 현상에 대해서 이러저러한 논란이 많다. 하지

---

*   Carsten Kuther, *Räuber und Deutschland: das organisierte Bandenwesen im 18 und
frühen 19 Jahrhundert*, 1983. 에릭 홉스봄 지음, 이수영 옮김, 『밴디트』, 민음사, 2004, 252쪽에
서 재인용.

의 적 , 정 의 를 훔 치 다

만 이 그룹들 사이에는 엄연히 차이점이 존재한다. 곧 의적은 사회의 내부에 속해 있는 반면, 범죄 집단이나 혁명 집단은 사회의 바깥, 지하 세계에 속해 있다는 것이다. 특히 범죄 집단은 지역 공동체와 교류가 드물고, 그들 자신의 원칙은 공동체의 가치나 규율과는 상관이 없다. 따라서 홉스봄은 법을 수호해야 할 정부의 입장에서 보면 그들이 법을 어긴다는 점에서 범죄 집단과 별 차이가 없을지 모르지만, 공동체의 가치로 볼 때 로빈 후드는 어느 모로 보나 범죄 집단이나 혁명 집단과는 어울리지 않는다고 정리한다.

이 책에서 다루는 의적들 중에는 농민이 아닌 다른 집단과 관련되거나 혁명 세력과 결합하는 방법을 통해 로빈 후드와는 조금 다른 길을 걸어간 이들도 있다. 중세·근세 유럽뿐 아니라 아시아와 남아메리카 등지의 역사 또는 최근의 역사까지 포함시키고 보면 의적의 외연이 상당히 넓어지기 때문이다.

로빈 후드는 하나가 아니다
- 역사 속, 문학 속의 수많은 로빈 후드

로빈 후드가 역사책에 처음 등장한 것은 15세기 무렵이지만, 아직까지 그것이 전설인지 사실인지 여부는 밝혀지지 않고 있다. 많은 사람들이 로빈 후드가 실존 인물이라고 주장하지만 그 반대 의견도 만만치 않다. 여기서 로빈 후드가 실존한 인물인가 아닌가 하는 논쟁은 전혀 중요하지 않다. 중요한 것은 그가 역사 속에서든 문학 속에서든 어떤 모습으로 등장했는가 하는 점이다. 그의 실존 여부를 둘러싼 복잡하고 기나긴 논쟁의 역사는 생략하고 최근의 중요한 연구 성과만 살펴보자.

1970년대 후반 역사학자 존 매디코트John R. Madicott는 당시까지 최초의 로빈 후드 이야기인 발라드 『로빈 후드의 무훈』A Gest of Robyn Hode이 13세기에 만들어졌다는 통설을 부정하고 언어의 특징과 사회적 배경을 근거로 그것이 14세기 전반에 씌어졌다고 주장했다.[*] 나아가 그는 작품에 등장하는 로빈 후드의 적들이 14세기에 실존했음을 밝혀 로빈 후드 역시 14세기에 실존했을 것이라고 주장했다.

이어 1980년대에 데이비드 크룩David Crook은 다시 이를 반박했다. 즉 1261~1262년의 기록에 나오는 버크셔의 윌리엄 로브후드William Robehood라는 도둑이 바로 로빈 후드의 원형이라는 것이다. 시대나 이름이나 어지간히 들어맞는 주장이었다. 비슷한 주장이 그 이후에도 제기되었는데, 1225년 요크셔의 재판 기록에 나오는 로버트 후드Robert Hood, 별명은 Hobbehod라는 도둑이 로빈 후드의 원형이라는 것이었다.[**] 시대는 약간 앞서나, 로버트 후드라는 이름도 로빈·후드와 유사하다는 점에서 설득력이 있었다. 그래서 지금은 13세기에 로빈 후드가 실존했다는 주장이 여전히 일반화되어 있다.

그러나 문제는 학자들이 근거로 삼는 역사적 기록 속의 모델들이 '의적'의 면모를 별로 갖추지 않았다는 데 있다. 게다가 1970년대에 이루어진 13~18세기 영국 지역 연구에 따르면, 13세기에는 이미 지방 행정이 체계적으로 정비되어 농민이 폭력으로 이에 맞서기가 쉽지 않았고,

---

[*] John R. Madicott, "The Birth and Setting of the Ballads of Robin Hood", *English Historical Review* Vol. XCIII, 1978.

[**] John Bellamy, *Robin Hood: An Historical Inquiry*, 1985.

17세기 이전에 그려진 로빈 후드 이야기 삽화
이 그림에는 '노팅엄으로의 진격'이라는 제목이 달려 있다. 적들의 시체가 즐비한 모습이 인상적이다. 근현대 낭만주의적 색채가 가미되기 이전에는 이렇듯 로빈 후드의 잔혹한 면모가 자주 부각되었다.

로빈 후드 같은 의적이 주도하는 저항 세력이 형성될 수도 없었다는 주장이 제기되었다. 그 설명에 의하면 로빈 후드가 실제로 존재했다고 해도 그것은 13세기 이전이 된다. 따라서 현재 13세기로 잡고 있는 로빈 후드의 실존 시기가 더욱 앞당겨져야 하나, 그것을 입증할 만한 역사적 자료는 거의 찾을 수 없는 실정이다. 더욱이 14세기인 1381년에 농민반란이 발생한 것을 생각해보면 그런 연구 또한 허점이 있다고 할 수도 있다.

시기야 어떻든, 중요한 것은 수백 년 전부터 민중들에 의해 로빈 후드의 이야기가 끊임없이 전해졌다는 것이고, 그 배경에는 반드시 어떤 사회적 요인이 존재했다는 사실이다. 로빈 후드가 튜턴 족의 초기 신화에 나타나는 인물과 같다는 주장, 독일 요정인 호데킨Hodekin과 유사하여 '모

빅토리아 시대 멜로드라마로 각색된 로빈 후드 이야기의 삽화
19세기에 가장 인기를 끌었던 판본인 피어스 에건의 『로빈 후드와 리틀 존, 혹은 셔우드 숲의 즐거운 사나이』에 에건이 직접 그려 넣은 삽화다. 1840년에 나온 에건의 판본은 당시에 수십만 부가 팔려나갔다고 한다.

자hood를 쓴 로빈' 또는 '숲wood의 로빈' 이라는 설도 제기되었는데, 그런 주장 뒤에는 로빈 후드가 보편적인 문학적·신화적 표상이라는 해석이 깔려 있다. 요즈음에는 많은 연구자들이 실제의 로빈을 찾는 작업은 어려울 뿐만 아니라 부질없는 짓이라는 데 동의하고 있다. 유명한 로빈 후드 연구자인 제임스 클라크 홀트James Clarke Holt의 말대로 "실제의 로빈이든 허구의 로빈이든, 오리지널은 하나가 아니라 수없이 많"은 것이다.

실제로 영국을 비롯한 유럽의 중세에는 로빈과 같은 의적이 많았다. 우리는 그 모든 사례들이 로빈 후드의 분신이거나 원형이라고 이해할 수 있을 것이다. 그 중 몇몇 사례만 뽑아본다면, 먼저 영국 최초의 의적이라고 하는 '웨이크의 히어워드' Hereward of the Wake를 들 수 있다. 그는 실존했던 애국자로서 노르만의 정복왕 윌리엄과 투쟁한 최후의 색슨 인으로 영웅 대접을 받았다. 국왕의 칭송을 받을 정도의 명궁수인 그는 동료

의 적 , 정 의 를 훔 치 다

를 모아 숲에 몰래 숨어 있다가 그곳을 지나는 탐욕스러운 수도원장의 돈을 뺏고 노르만 진영을 혼란시켰다. 여러 모로 로빈 후드와 닮은 점이 많다. 존 왕과 싸운 봉건영주로서 의적이 된 펄크 피츠워린Fulk Fitzwarin 역시 동료들과 함께 숲에 살면서 숲을 지나는 부자를 잡아 식사를 제공하고 돈을 털었다고 전해지는데, 지금 그에 관해 전해지는 이야기는 많은 부분들이 문학적으로 각색되고 치장된 것이지만 그 자신은 실존 인물이었다.

또 중세의 도적 가멜런Gamelyn은 셰익스피어의 목가적 희극 『뜻대로 하세요』As You Like it에서 여주인공 로잘린드Rosalind의 연인으로 나오는 올랜도Orlando의 모델로 알려져 있다. 그는 아버지가 죽은 뒤 형에게 학대를 받자 집을 나와 숲에서 살며 동료와 함께 형에게 복수했다고 전해진다. 프랑스 불로뉴 숲에서 변장을 하고 그곳 백작을 기만한 탓에 '불로뉴의 로빈 후드'로 불린 수도사 유스타스Eustace the Monk도 중세의 의적이었다. 프랑스의 불로뉴 백작에게 추방당해 영국의 존 왕을 받든 적도 있던 그는 영국해협을 휘어잡는 해적이 되어 프랑스를 위해 싸우다가 처형당했다.

『로빈 후드의 무훈』의 계층적 성격

앞서 잠깐 언급한 대로 로빈 후드 이야기의 직접적인 원형은 중세의 발라드 『로빈 후드의 무훈』이라는 것이 통설이다. 발라드가 정형시이긴 하지만 민중의 암송으로 전승되는 아주 단순한 민속적 시의 일종인 점을 생각해볼 때, 대략 1만 4,000 단어의 규모와 유려한 문체를 자랑하는 이 작품은 아주 이례적이라 할 수 있다. 이 작품은 15세기 전후에 전문적인 음유

시인들에 의해 전승된 것으로 추정되는데 15세기 말, 16세기 초에는 이미 인쇄가 시작되었고, 유럽 전역에 대규모로 유포되어 인기를 끌었다.

이 작품의 제1절 도입부에서는 로빈 후드가 요먼yeoman* 출신이고, 청중이 자유민인 젠틀맨이라는 사실이 설명된다. 젠틀맨이란 젠트리라는 중간계급으로서 지방 행정을 담당하는 지주나 명망가를 뜻하므로 로빈 후드가 결코 무산계급이나 소작인의 편이 아니었음을 증명하는 것이라는 주장이 제기되기도 했다. 그러나 당시의 발라드가 그런 계층을 대상으로 했다고 해서 로빈 후드 자신이 젠트리 편이라고 속단하는 것은 무리가 있다. 또 발라드의 청중이 젠트리에서 소작인에 이르는 모든 계층이라고 보아도 무리가 없다는 주장도 나오고 있다.

여기서 로빈 후드의 청중이 누구인가, 혹은 로빈 후드가 어떤 계급의 이해를 반영하는가의 문제를 다루는 것은 로빈 후드의 성격을 어떻게 볼 것이냐 하는 더 근본적인 문제와 관련된다. 왜냐하면 전통적으로 로빈 후드를 일종의 계급투쟁의 표출이라고 보는 정치적인 해석이 로빈 후드를 의적으로 만든 중요한 근거였기 때문이다. 즉 로빈 후드는 중세 봉건제하에서 억압당한 하층계급, 특히 토지를 갖지 못한 소작인들이 젠트리 이상의 상층계급에 대한 반항을 체현했기에 의로운 도적이 될 수 있었다는 것이다.

이어 1950년대 후반 영국의 마르크스주의 경제사학자인 로드니

---

* 영국사에서 젠트리와 노동자 사이의 중간에 있는 계층을 말한다. 뒤에서도 살펴보겠지만 요먼의 계층과 역할에 대해서는 학자들 사이에 의견이 분분하다. 요먼은 대개는 자기 땅이 있었으나 기사의 가신·호위병·종자·하급관리를 하기도 했다. 중세 말기에는 대부분 농지를 경작하는 일을 맡았다고 한다.

1520년에 그려진 삽화
중세 기사의 모습으로 그려진 로빈 후
드. 삽화 위에 "이제, 로빈 후드의 모험
이 시작된다"(here begynneth a gest of
Robyn hode)라는 문구가 보인다.

힐튼Rodney Hilton이 로빈 후드는 '자유 신분의 농민'인 요먼 계층 출신이라
고 주장하고, 로빈 후드 이야기를 1381년의 농민전쟁 '와트 타일러Watt
Tylor의 난'*과 관련해 해석한 논문**을 발표했다. 힐튼의 견해에 따르면
로빈 후드 전설은 농민의 불만을 반영하는 계급투쟁적인 성격을 갖는다.
역사학자 에릭 홉스봄의 『원초적 반란』Primitive Rebels도 이러한 입장에서,
로빈 후드를 사회적 반란자의 원형, 곧 영주나 고리대금업자 등 '부자의
음모'에 반항하는 농민의 대표자로 보았다.

* 리처드 2세 정부가 인두세人頭稅를 부과하기로 결정하자, 14세기 중반부터 차츰 쌓이던 민중의
불만이 극에 달했다. 5월 에식스에서 시작된 반란은 농업노동자뿐 아니라 다양한 계층의 사람들
에게 지지를 받았다. 와트 타일러가 이끈 켄트 반란군은 런던에서 부패한 귀족의 저택을 파괴하
고 고위 성직자와 장관을 참수했다. 협상에 나선 정부는 농토를 싸게 공급할 것과 자유로운 거래,
농노제 및 강제노동 철폐를 약속했다. 하지만 반란은 곧 진압되었고 왕과 정부의 약속은 지켜지
지 않았다.
** Rodney Hilton ed., "The Origins of Robin Hood", *Peasants, Knights and Heretics:
Studies in Medieval English Social History*, Cambridge University Press, 1976, pp. 221~
235에 재수록.

그러나 홀트가 다시 15세기 이래의 로빈 후드 발라드를 연구하여 그 이야기가 정치시나 저항시가 아니라 지주·기사·젠트리 등 상류층의 문학이라고 주장함으로써 종래의 계급투쟁설은 중대한 도전을 받았다. 첫째, 로빈 후드 발라드는 젠트리의 가치관에 따라 예의와 신분을 중시하여 귀족의 타락을 비판하기는 하나, 반귀족적이거나 반체제적인 것은 아니라는 것이다. 이와 더불어 로빈 후드 발라드는 영국 북부에서 만들어졌으나, 14세기 소작인 반란은 남부에서 발생하여 서로 관련이 있다고 보기 어렵다는 점도 지적되었다. 또 가장 중요한 근거는 발라드에 로빈 후드가 빈민을 위한 의적이라는 점이 나타나지 않는다는 것이었다. 오히려 15세기에는 젠트리 계층의 가치관을 대변하던 발라드가 16세기 말에는 '고귀한' 로빈 후드의 반항이라는 귀족적 색채가 가미되어 의적으로서의 의미가 더욱 약화되었다는 것이다. 다시 말해 부자에게서 재산을 빼앗아 빈자에게 나누어주는 사회적 반항자로서의 로빈 후드는 17세기부터 18세기 말에 걸쳐 낭만주의가 만들어낸 이미지에 불과하다는 것이었다. 또한 홀트는 로빈 후드 설화가 13세기에 주로 나타났다고 보았다. 그는 그 근거로 로빈 후드 이야기의 배경을 이루는 세 가지 요소, 즉 가혹한 사냥금지법, 그 집행자인 주지사의 횡포, 그리고 대수도원 악승惡僧들의 축재蓄財가 주로 그 시기에 발생한 점을 들었다.*

이후로도 논쟁은 계속되었으나, 현재로서는 대체로 홀트의 견해가 타당한 것으로 인정되고 있다. 이와 관련하여 확실히 비교할 수 있는 대상은 빌헬름 텔Wilhelm Tell 혹은 윌리엄 텔의 이야기다. 빌헬름 텔은 스위스

---

* J. C. Holt, "The Origins and Audience of the Ballads of Robin Hood," *Peasants, Knights and Heretics*, p. 253.

건국의 아버지라고 하나, 본래 빌헬름 텔의 이야기는 12세기 말의 덴마크 전설에서 비롯된 것이고, 그후 농민혁명을 지도하여 악정을 물리친 14세기의 스위스 혁명가로 변형된 것이다. 그런데 로빈 후드는 혁명가가 아니었다. 즉 그는 왕권을 부정하지 않고 국왕과 우호관계를 맺었으며, 그의 적은 악법, 그리고 왕이 부여한 특권을 남용한 관리나 판사, 고위 성직자였다.

　　하지만 의적이 꼭 반체제적이거나 혁명 세력이어야 할 필요는 없다. 또 고귀함이라는 가치가 반드시 귀족들에게만 해당한다고 보기도 어렵다. 왕이나 다른 권력층과 잠시 유대관계를 맺었다고 해도, 중요한 것은 의적이 압제에 굴복하기를 거부하고, 직접 무기를 들고 그러한 거부를 몸으로 표현함으로써 농민들(이데올로기적으로나 물리적으로나 분명히 국가나 사회에 속해 있지만 그 안에서 가난하고 비천한 존재를 이루는 이들)에게 지지와 환대를 받았다는 사실이다. 사실 의적이 반체제 세력, 혁명 세력과 협력하거나 그러한 세력으로 발전하는 것은 상당히 드문 경우다.

농민의 친구이자 신사강도, 로빈 후드

로빈 후드가 속한 계층을 더 명확히 이해하려면 힐튼의 로빈 후드와 농민 운동에 관한 연구를 좀더 살펴보는 것이 도움이 될 듯하다.

　　중세 농민운동의 목표는 "토지의 요구, 자유의 요구, 그리고 지대 및 부역의 삭감 또는 폐지 요구로 요약될 수 있다"*고 그는 주장했다. 그

---

* Rodney Hilton ed., *The Transition from Feudalism to Capitalism*, New Left Books, 1976, p. 27.

러나 그 토지를 요구한다는 말은 구체적으로 대영지의 해체와 재분배가
아니라, 영주들의 권리 주장에 맞서 목초지·삼림지·관개용수 등에 대한
자신들의 권리를 확고히 한다는 의미였다. 결국 그것은 체제의 변화를 요
구하는 데까지 나아가는 것은 아니었다.* 힐튼은 로빈 후드와 관련되는
1381년의 대봉기에서 농민의 적극적인 계급의식이 출현했다고 주장했
다.** 당시 반란자들은 농노제의 폐지, 농민들이 영주에 대해 져야 하는
모든 의무의 폐지를 주장했다. 또한 그 운동은 새로운 사회에 대한 전망
과 장기적 행동강령까지 포함했다. 이는 당시 농민들이 탄원서를 제출하
고 변호사를 고용하여 "자유는 인간의 천부적인 조건이다"고 주장한 것
을 통해서도 확인할 수 있다.*** 물론 그 봉기는 민주적이고 평등한 새로
운 세계를 건설하는 데는 실패했으나, 봉건제를 붕괴시키고 농업 자본주
의를 발전시킨 점에서 결코 무시할 수 없는 역사적 의의를 갖는다. 이러
한 힐튼의 주장은 농민전쟁에 대한 에릭 울프Eric R. Wolf의 연구와 궤를 같
이하는 것이기도 하다. 1969년에 씌어진 울프의 『20세기 농민전쟁』
Peasant Wars of the Twentieth Century은 일찍이 우리말로 번역되어 관심을 끌었
는데, 비록 20세기의 경우만을 다루고 있기는 하지만 농민의 역할을 더욱
적극적으로 평가했다.

물론 중세 농민에 대한 연구와는 별도로 과연 로빈 후드가 그런 농

---

* 하비 케이 지음, 양효식 옮김, 『영국의 마르크스주의 역사가들』, 역사비평사, 1988, 107쪽.

** Rodney Hilton, *Bond Men Made Free: Medieval Peasant Movements and the English
Rising of 1381*, Maurice Temple Service, 1973, pp. 130~134.

*** Rodney Hilton, "The Rebellion of 1381", David Rubinstein ed., *People for the People*,
Ithaca Press, 1973, pp. 22~23.

로빈 후드와 그의 동료들

로빈 후드가 명궁수인 것은 그의 계층적 위치와도 무관하지 않다. 『캔터베리 이야기』에 따르면 요먼은
기사의 시종으로서 평소에는 기사의 사냥터를 관리하다가 전시에는 궁수로 용맹을 떨쳤다.

민반란과 직·간접적으로 연관되는지에 대해서는 더욱 신중한 판단이 필요하다. 러시아에서 줄곧 농민반란으로 여겨져왔던 17세기 의적의 반란이 소련 붕괴 이후 마르크스주의의 교조적 적용에 불과했다는 비판이 제기되고 있는 것은 그보다 훨씬 앞선 시기인 13~14세기의 로빈 후드의 경우를 고찰할 때 시사하는 바가 크다. 하지만 비판의 여지가 있음에도 불구하고 중세 사회변동의 원동력이 영주와 농민 사이의 계급투쟁이며 로빈 후드가 그러한 사회변동의 역사를 반영한다고 본 기본 논지를 모두 부정할 수는 없다.

그렇다면 로빈 후드 자신의 계층적 성격은 어떠했을까? 『로빈 후드의 무훈』에서 로빈 후드는 녹색 옷을 입고 공작 깃을 단 녹색 모자를 쓰고, 활과 화살을 어깨에 멘 모습으로 그려진다. 이는 14세기 말 제프리 초서Geoffrey Chaucer가 쓴 『캔터베리 이야기』The Canterbury Tales에도 등장하는 전형적인 요먼의 모습이다(서장 103~117행에 이러한 모습이 자세히 묘사되어 있다). '영국 시의 아버지'로 불리는 초서 자신이 바로 이 요먼 출신이었는데, 요먼은 기사의 시종으로서 기사 소유인 사냥터의 관리인이었고, 전시에는 궁수로서 용맹을 떨쳤다. 따라서 요먼 출신의 로빈 후드가 명궁수라는 것은 역사적으로도 꽤 타당한 이야기다. 요먼은 기사의 시종이기는 했지만 소작인과 비교할 수 없을 정도의 경제적·법적 자유를 누렸기 때문에 '농민귀족'으로 불리기도 했다. 그러나 '귀족에 봉사하는 시종'을 뜻한 고대로부터 '농민귀족'으로 불린 근대 초기까지 요먼의 지위는 다양하게 변화되어왔으므로 그 성격을 한 마디로 규정하기는 어렵다.

이러한 계급적 위치 외에, 『로빈 후드의 무훈』에 등장하는 로빈 후드와 그 동료의 특징은 '예의바르다'는 점이다. 따라서 그는 무법자기는 하나 무뢰한은 아니라고 묘사되었다. 반면 로빈 후드의 적인 수도원장이나 사제는 '예의 없는' 인간들이라는 비난 어린 말로 표현되었다. 이처럼 선악의 구별이 예의를 기준으로 한다는 점은 주목할 만한 가치가 있다. 여기서 예의란 외면적인 정중함만을 의미하는 것이 아니라 그리스도교적 기사도에서 말하는 예의, 즉 약자를 배려하고 윗사람에게 공손하다는 의미를 포함한다. 실제로 로빈 후드는 식사 전에는 반드시 미사를 드릴 정도로 신앙이 깊었고, 특히 그 자신이 성모 숭배자였던 까닭에 여성을 배려하는 마음이 강해 여성이 포함된 여행단에는 함부로 해를 가하지 않는 태도를 보인다. 아울러 로빈 후드는 자신과 같은 요먼이나 자신보다 못한 소작인은 물론, 덕망 있는 기사나 기사의 시종들을 약탈하지도 않아 의적이나 '신사강도'로 불렸다(물론 그렇다고 빈민에게 재산을 분배하지는 않았다).

반면 그의 적은 고위 성직자나 관료, 특히 부덕한 수도원장에게 복종하는 재판관이었다. 왕은 결코 그의 적이 아니라 도리어 경애의 대상이었고, 그의 적은 왕에게 받은 특권을 악용하는 관료나 사제, 재판관이었다. 수도원장을 비롯한 고위 성직자들 역시 이들에게 증오의 대상이자 명백한 적이었다. 로빈 후드는 독실한 그리스도교 신자였으나, 성직자에 대해서는 적대적인 반교권주의자였다. 영국 중세의 수도원은 영토의 3분의 1을 소유하고 엄청난 임대료와 각종 세금을 거둬들여 부유했으며 수도승들은 행정기관의 요직을 차지하기도 했다.

로빈 후드 같은 요먼에게 최대의 적은 지방관리인 치안관Sheriff이었다. 'Sheriff'라고 하면 흔히 서부극의 보안관을 떠올리게 되나, 그것은 본래 11세기 이전부터 존재했고, 14세기경에는 행정·재정·경찰·군사·

기사 리처드에게 연회를 베푸는 로빈 후드와 그의 동료들
로빈 후드는 신사강도답게 덕망 있는 기사인 리처드를 약탈하지 않는다. 오히려 리처드가 부덕한
수도사들에게 빚 독촉을 받는 것을 알고 돈을 빌려주기까지 한다.

재판 등의 광범한 권한을 갖는 강력한 권력자로 등장한 일종의 주지사였
다. 그들은 광범한 권한을 악용해 개인의 이익을 도모한 부정부패의 원흉
이었다. 그 권한 중에 사법권은 14세기 중엽 이래 치안판사에게 이전되
었는데, 치안판사 역시 치안관 못지않게 부패하여 재판은 여전히 돈에 좌
우되었다. 수없이 많은 무고한 사람들이 부정한 고소에 패하여 '무법자'
로 선고되었고, 토지와 재산을 박탈당했으며, 사회에서 추방당해 숲으로
도망쳤다. 로빈 일당은 바로 그런 무법자 선고를 받은 자들이었다. 중세
에 이들 '무법자'들은 '늑대 머리'wolf's head라고 불렸는데, 이는 그들이
늑대처럼 말살되어야 할 존재로 여겨져 그 현상금이 늑대 한 마리 값과
같았기 때문이다. 중세 초기에는 무법자를 죽여도 문제가 되지 않았으나,

의 적 , 정 의 를 훔 치 다

13세기에 와서 무법자 선고 제도는 폐지되었다.

　　　이런 '무법자 선고 제도'를 통해 의적의 존재 조건에 관한 통찰을 얻을 수 있다. 영어에서 의적을 나타내는 단어인 'bandit'의 라틴어 어원은 '법 바깥에 존재하는 사람'이라는 뜻을 갖는다. 우리말로 하면 무뢰배나 무법자가 될 텐데, 이는 두 가지로 해석이 가능하다. 일차적으로는 이들이 법을 어기는 자, 법으로 다스려지는 사회에서 추방된 자라는 부정적인 뜻을 갖지만, 달리 보면 이들은 법을 넘어선다는 의미도 동시에 갖는다. 이에 관해 홉스봄은 이렇게 설명하기도 했다.

산적을 뜻하는 밴디트라는 단어의 유래, 형식을 갖춘 무법자 활동이라는 것 자체도 권력 체계의 허약성을 말해주고 있다. 이를테면 누구에게나 무법자를 죽일 자격이 주어지곤 했는데 이는 어떤 행정당국도 법률을 무법자에게 직접 적용시킬 만한 위치에 있지 않았음을 나타낸다.*

　　　즉 의적이란 악법이자 허술한 법이라는 법체계의 모순성 위에서 만들어진다는 것이다.

로빈 후드 인기의 비결

로빈 후드가 수백 년간 인기를 누린 비결은 무엇인가? 아무래도 가장 중요한 이유는 『로빈 후드의 무훈』에서부터 최근의 문학·예술 작품에 이르

* 『밴디트』, 41쪽.

기까지 로빈 후드가 내내 '자랑스러운 도적', 즉 '예의바른 도적'으로 묘사된 데 있을 것이다. 종교가 지배한 중세는 물론 근대나 현대에 이르기까지 예의가 중시되었으므로 로빈 후드는 혐오의 대상이 아닌 자랑스럽고 믿음직한 존재였다. 당시의 서민인 농민을 위해 그들을 압박하는 관료나 성직자를 쳐부순다는 명확한 행동윤리를 견지한 점도 인기의 비결이었다. 또 독실한 그리스도교 신자로서 나쁜 고위 성직자를 쳐부순다는 점도 중세 민중의 윤리감각과 일치했다.

그러나 로빈 후드의 신앙심은 동시에 그의 아킬레스건이었음을 주목할 필요가 있다. 왜냐하면 신앙심이 깊었던 그는 미사에 참여하기 위해 교회에 가지 않을 수 없었는데 그때마다 위기에 봉착했기 때문이다. 이는 로빈 후드만이 아니라 당시 민중이 봉착한 모순이기도 했다. 이것을 두고 '숲=자연=자유'의 원리는 언제나 '도시=문명=제도'의 원리와 충돌하거나 타협하지 않을 수 없다는 상징이라고 하면 지나친 억측일까? 그렇게 보면 정치권력 역시 로빈 후드에게 교회 이상으로 위험한 적이었다. 로빈 후드와 그 일당은 주지사 세력과 혈전을 벌였다. 물론 그 결말은 해피엔딩으로, 도시에 대한 숲의 승리, 제도에 대한 자유의 승리를 노래해 민중을 열광하게 했으나 실제 역사를 되짚어보면 반대였음을 알 수 있다. 이야기와 현실은 서로를 거꾸로 비추는 거울이었던 것이다. 그리고 말할 것도 없이 이러한 현실의 불가능성이 로빈 후드를 더욱더 소중하고 확고한 민중의 영웅으로 만들었다.

개인적인 견해로 숲이라는 배경 역시 로빈 후드의 인기에 단단히 한몫하고 있는 듯하다. 숲이라는 공간은 부패한 행정 조직과 또 그에 굴복하는 사회 질서와 무관한, 혹은 그것에 대항하는 자유의 공간을 상징한

영화와 TV 속의 로빈 후드들

왼쪽 위부터 시계방향으로 1922년작 할리우드 영화 〈로빈 후드〉에 출연한 더글러스 페어뱅크스, 1938년작 할리우드 영화 〈로빈 후드의 모험〉에 출연한 에롤 플린, 1955년부터 1960년까지 이어진 TV 시리즈 〈로빈 후드의 모험〉에 출연한 리처드 그린, 1984년 시작된 TV 시리즈 〈셔우드의 로빈〉에 출연한 마이클 프레드의 모습. 에롤 플린과 더글러스 페어뱅크스는 1920~1930년대 할리우드에서 만들어진 대부분의 모험영화에 출연한 스타였다.

다. 이 자유의 공간은 또한 지금은 대부분 사라져버린 자연의 일부로서 더욱더 우리의 향수를 자극한다. 따라서 오랜 옛날과 오늘의 민중에게 하나의 유토피아를 제공한다는 점이 그 인기의 비결이라고 할 수 있다. 사람들의 입을 통해 전해진 이야기 속에서 그 숲은 추운 겨울이 없고 언제나 햇빛이 비치며 비도 내리지 않는 봄과 여름만 이어지는 아름다운 곳으로 묘사되고 있다. 그곳에는 위험한 동물도 없고 동지를 배반하는 인간도 없다. 먹을 것도 바깥 세계보다 풍부하다. 그야말로 황금시대의 완전한 행복이 실현되는 곳이었다. 그러한 숲의 이미지는 지금까지도 변함이 없다. 우리는 숲에서 살 수는 없지만 언제나 숲을 그리워하고 가끔 그곳에 가면 마음의 평화를 느낀다. 그러나 실제로 숲에서 살기란 쉬운 일이 아니다. 또 로빈 후드의 무대가 되었던 셔우드Sherwood 숲은 사실 대체로 황량하고 언제나 비가 내리며 특히 겨울에는 너무 춥다. 결국 로빈 후드의 숲은 현실의 숲이 아니라 이상의 숲이다. 하지만 오히려 존재하지 않는 숲, 꿈에서나 그릴 수 있는 공간이라는 것이 사람들의 욕망을 자극한다는 것이다.

그밖에 다른 모든 민중적 문화·문학에서와 마찬가지로 통쾌한 유머와 웃음 그리고 패러디적 요소 역시 로빈 후드 이야기의 인기를 설명하는 중요한 부분이다. 가령 로빈 후드에는 영국인이 사랑하는 아서 왕 이야기를 패러디한 부분이 많은데, 이는 영국 민중들의 구미를 당기는 요인이 되었다. 또한 선악의 구분이 명확하고 권선징악의 교훈을 강조하면서도 이야기의 역동성을 유지하는 것도 이 이야기의 매력 중 하나다. 뿐만 아니라 대화체를 중심으로 펼쳐지는 이야기는 연극적인 감흥을 불러일으키기도 한다.

만화로 각색된 로빈 후드 이야기
1989년부터 1990년대 초까지 방영되어 인기를 끌었던 BBC TV 시리즈 〈처녀 메리언과 그녀의 동료들〉의 만화판. 메리언이 소심한 로빈 후드와 그의 일당들을 배후에서 지휘하며 노팅엄 치안관과 존 왕에게 대항하는 주인공이라고 묘사했던 원작 TV 시리즈와 마찬가지로, 이 만화 역시 로빈 후드 이야기를 그 어떤 영화나 드라마들에서보다도 훨씬 독창적으로 재구성했다고 평가된다.

또 한 가지 흥미로운 사실은 『로빈 후드의 무훈』에는 후대 '로빈 후드' 작품들에서 로빈의 연인으로서 중요한 역할을 하는 여주인공 메리언Marian이 등장하지 않는다는 점이다. 그 시절 로빈 후드의 이야기는 남성적인 용맹의 세계만을 보여준다. 그런 점에서 궁정에서의 연애를 그리거나, 기사와 귀족 부인들의 이루어질 수 없는 사랑을 소재로 하는 기사도 문학과도 다르다. 우리가 아는 '낭만적인 로맨스의 주인공 로빈'은 근대적인 각색일 뿐이다.

로맨티스트에서 민족주의자로, 로빈 후드의 얼굴에 씌워진 천의 가면들

유럽의 민중문화는 축제를 통해 구체화되었고 민중설화 역시 축제를 통해 변모했다. 그에 꼭 들어맞는 예가 로빈 후드 이야기다. 형식적인 관변 행사로 전락한 요즈음의 축제와 달리, 중세의 축제는 공동체 생활과 밀착되어 민중의 적극적인 참여로 이루어졌으며, 모든 이들은 그것이 공동체에 안녕과 행복을 가져다주는 중요한 일이라고 확신했다. '메이데이'라고 하면 흔히 5월 1일 노동절을 떠올리지만 그것은 20세기에 와서 생긴 것이고, 최초의 형태는 고대 로마에서 열린 '꽃의 축제'였다. 그리고 15~17세기 유럽에서 그것은 5월 1일 또는 부활절로부터 일곱째 주 일요일인 성령강림절에 열리는 축제로 정착했다(따라서 때로는 6월에 열리기도 했다). 이 축제는 나무에 정령이 있다고 믿는 애니미즘에서 비롯되었고, 나무의 정령은 풍요와 다산을 상징했다. 사람들은 숲에 가서 나무를 잘라 '5월의 기둥'을 만들고 다시 마을로 끌고 와, 풍요와 다산의 힘을 사람들과 가축, 그리고 농작물에 골고루 나누어 담고자 했다.

그런데 16세기 이후 영국의 5월제는 '로빈 후드의 날'을 뜻하기도 했다. 그날만큼은 계층의 상하를 막론하고 모두가 로빈 후드 일당으로 가장을 하고 활쏘기 시합을 벌였다. 당시 활쏘기는 모든 남자에게 의무였다. 로빈 후드는 5월제 로빈 후드극의 주연배우로서 '5월의 왕' May King으로 불렸고, 메리언은 그 시절 처음으로 '5월의 여왕' May Queen이라는 이름으로 등장했다. 오래전 여자 대학에서 마치 참한 신부감이라도 고르듯 고리타분한 잣대로 뽑던 '5월의 여왕'이 도둑의 애인을 뽑는 데에서 유래했다니 아이러니하게 느껴지기도 한다. 이러한 메리언의 등장에 대해서는

의 적 , 정 의 를 훔 치 다

중세 프랑스의 5월제에서 상연된 목가적 희극인 『로빈과 마리온의 놀이』 *Le jeu de Robin et de Marion*에 나오는 여주인공 마리온이 영국의 오월제에 도입된 것이라고 보는 견해가 있다. 이는 메리언이 프랑스 이름이라는 점에서도 설득력이 있는 이야기나, 확실한 것은 아니다. 문헌에 메리언의 이름이 등장하는 것은 그보다 훨씬 뒤의 일이다. 군주나 귀족들도 5월제를 막지는 못했다. 치안이 지켜지는 한 그것은 민중의 활력을 발산시키는 계기가 되리라 생각했기 때문인지도 모른다. 그후 왕과 제후 등 귀족도 로빈 후드 연극을 비롯한 5월제 행사에 참여하여 민중과 함께 즐겼다. 사실 로빈 후드 이야기에는 본질적으로 반체제적인 요소가 없었기 때문에 이처럼 왕후 귀족에게도 받아들여졌던 것이다.

16세기에 새롭게 인기를 끌었던 발라드에서는 드디어 로빈 후드가 좀더 의적다운 면모를 갖추기 시작했다. 16세기 초에는 로빈 후드가 부자의 재물을 뺏을 때 특별한 저항이나 공격이 없으면 그들을 죽이지 않았다는 묘사가 등장했고, 로빈 후드는 빈민의 물건에는 손도 대지 않고 수도원이나 부유한 귀족들에게서 뺏은 물건을 빈민에게 나누어주었다는 묘사가 덧붙여졌다. 우리가 아는 의적 로빈 후드가 드디어 완전한 형태를 갖추기 시작한 것이다. 그런데 16세기 후반에 이르러 청교도를 비롯한 지배계층은 계층 간 갈등을 더 분명하게 드러내기 시작한 로빈 후드 연극을 금지시키고자 했다. 하지만 로빈 후드는 셰익스피어의 시대에도 여전히 건재하여 셰익스피어의 희곡에서도 여러 번 언급되었다. 예컨대 셰익스피어의 『뜻대로 하세요』에는 여주인공 로잘린드의 아버지가 궁전에서 추방되어 숲에서 사는 모습이 로빈 후드처럼 '황금시대'를 보내는 것으로 묘사된다. 이처럼 로빈 후드는 이미 사라진 황금시대의 주인공으로 회자되었다. 로빈 후드를 주인공으로 하는 수많은 문학 작품들이 쓰이기 시작한 것도 이 무렵부터일 것이다.

　　그런데 여기서 또 지적하고 넘어가고 싶은 것이 있다. 이러한 르네상스 연극에서 로빈 후드가 귀족 출신으로 변형되었다는 사실이다. 이는 연극의 극적인 효과를 높이기 위한 고안이기도 했으나 더욱 중요한 점은 그 시대의 보수화를 반영하는 것이기도 했다는 점이다. 마찬가지로 메리언도 귀족의 딸로 변형되었다. 이제 숲이나 자연은 밀렵꾼이 우글거리는 무법자의 세계가 아니라 궁정인과 도회인이 이상향으로 삼는 꿈의 세계로 변모했다. 중세 발라드와는 달리 귀족이 된 로빈은 용감한 무법자로서의 성격을 잃고 온화한 신사로 변모했다. 이 시기의 『로빈 후드』는 정치적인 보수화뿐만 아니라 메리언과의 사랑에 중점을 두는 연애 중심의 감상주의로 기울었다는 점에서도 중세 발라드와는 전혀 달랐다. 이러한 보수적인 신분 변화와 훔친 재산을 빈민에게 나누어주는 로빈 후드 행태의 변화를 어떻게 연관시켜 이해할 수 있을까? 언뜻 보면 전혀 다른 방향으로 변화가 생긴 것 같기도 하다. 하지만 분명한 점은 전체적인 보수화가 더욱 강조되었기 때문에 로빈 후드가 빈민에게 재산을 나누어주는 것도 긍정적으로만 바라볼 수는 없다는 사실이다.

　　18~19세기에는 연극에 대한 규제가 강화되어 연극으로 공연되던 이야기들이 다른 장르로 퍼져나가기 시작했다. 로빈 후드 역시 음악극과 낭만주의 작가들의 시와 소설로 주인공으로 자주 등장했다. 부분적으로는 낭만주의가 이성을 중시한 계몽주의에 반발하여 중세를 지향하거나 자연에 대한 동경을 노래했기 때문이기도 했다. 당대 유명한 영국 시인들이 경쟁적으로 발라드를 짓고 또 전승되던 발라드를 편찬했는데, 이 중에

메리언
1920~1930년대에 재간행된 『로빈 후드』에 실린 삽화.
메리언이 로빈 후드 이야기에서 중요한 인물로 부상하는
것은 19세기에 이르러서다.

서 특히 우리의 관심을 끄는 것은 당대 영국의 학자인 조지프 릿슨Joseph
Ritson이 편집한 전승 발라드집이다. 제목이 다소 긴 이 책은 『로빈 후드:
이 위대한 영국인 무법자에 관해 전해 내려오는 모든 옛 시와 노래, 그리
고 발라드』Robin Hood: A Collection of All the Ancient Poems, Songs, and Ballads, Now
Extant, Relative to that Celebrated English Outlaw, 1795다. 중세부터 전해졌던 서른세
편의 로빈 후드 발라드를 모은 것이다. 이 책이 19세기에만 15판을 거듭
했다는 사실은 그 인기와 영향력을 증명한다. 또 릿슨은 책의 서설로 붙
인 「로빈 후드의 생애」에서 로빈 후드가 1160년에 태어난 헌팅던 백작Earl
of Huntingdon이라는 다소 허무맹랑한 주장을 펴기도 했다. 오늘날 그 견해
는 부정되고 있으나, 여하튼 이 주장은 로빈의 정체를 밝히려는 노력에
불을 질렀다고 볼 수 있다. 이러한 노력은 19세기에 시작되어 지금까지
도 이어지고 있다.

하지만 릿슨 역시 자신이 모아놓은 로빈 후드 이야기가 실체와 얼

마나 가까운가 하는 것에는 별로 신경을 쓰지 않았다. 공화주의자로서 프랑스 혁명을 지지한 릿슨은 자신의 정치관에 비추어 로빈 후드를 재조명했을 뿐이다. 그리하여 그는 로빈 후드가 악법이나 악한 관료에게 저항했으나 국가나 왕에 대한 반역이나 모반을 도모하지 않은 애국자이자 해방자라고 주장했다. 민족주의적 공화주의자로서 로빈 후드의 미덕이 강하게 각인되는 순간이었다. 우리는 앞으로 이처럼 다양한 로빈 후드의 면모가 그후 수많은 의적들의 이야기에서 끝없이 변주되는 모습을 보게 될 것이다.

동화 속에서 재창조된 로빈 후드

아동문학은 산업혁명 및 낭만주의와 함께 태어났다. 사라진 목가의 전통을 아이들에게 들려주는 것이 아동문학의 목적이었다. 따라서 그것은, 조금 비관적으로 말하자면, 『모모』Momo의 작가 미하엘 엔데Michael Ende의 말처럼 "비인간적인 사회에 의해 아동과 성인이 공존할 수 없게 된 불행한 시대의 산물"이다. 즉 낙원을 상실한 어른이 아이들의 세계에 그 꿈을 위탁하여 동화를 만들었다는 말이다. 가장 대표적인 동화들인 『그림 동화집』1813, 『안데르센 동화집』1835~1872, 루이스 캐럴Lewis Carroll의 『이상한 나라의 엘리스』1865, 로버트 루이스 스티븐슨Robert Louis Stevenson의 『보물섬』1883이 모두 19세기에 빛을 본 점을 생각하면 이는 상당히 일리 있는 이야기다. 이러한 흐름을 타고 로빈 후드도 아동문학의 주인공으로 각색되어 등장하게 되었다. 동화 속에 갇힌 로빈 후드는 과거 영웅의 면모를 많이 잃어버리고 반半영웅의 모습으로 등장한다. 또 지금 동화로 읽혀지

매리언과 로빈 후드
1912년 헨리 길버트의 『로빈 후드와 그린우드 동료들』에 실린 컬러 삽화. 헨리 길버트의 판본은 20세기 들어 간행된 로빈 후드 동화들 중에 가장 화려한 삽화를 자랑한다.

는 대부분의 로빈 후드 이야기에는 혁명성은 묘사되지 않으나, 그런 만큼 전세계 아동들에게 널리 읽혀지며 또 다른 꿈과 희망을 심어주었다. 답답한 어른들의 구속에서 벗어나 자유를 만끽하고 신나는 모험을 즐기는 것을 어느 아이가 선망하지 않을 수 있을까? 그런 까닭에 마크 트웨인Mark Twain은 톰 소여의 입을 빌려 "미국 대통령을 오래 하는 것보다 셔우드 숲에서 1년 동안 무법자로 지내는 것이 좋다"고 말했던 것이다.

하워드 파일의 1911년 판 『로빈 후드의 즐거운 모험』 삽화

하워드 파일의 목판 삽화는 시인이자 장식예술가, 또 인쇄·제조업자이기도 했던 윌리엄 모리스의 영향을 받은 것으로 알려져 있다. 1883년 처음 출간된 파일의 이 책은 오늘날까지도 아동용 로빈 후드 이야기 중에서 최고라는 평가를 받고 있다.

19세기 말부터 20세기 초에 걸쳐 수많은 로빈 후드 이야기가 소년 소설로 끝없이 재생산되었는데, 그 중 최고는 최근 우리말로도 완역된 하워드 파일Howard Pyle의 『노팅엄 주에서 가장 유명한 로빈 후드의 즐거운 모험』The Merry Adventures of Robin Hood of Great Reknown in Nottinghamshire, 1883, 이하 『로빈 후드의 즐거운 모험』으로 줄임이다. 그밖의 최신판으로는 앞서 잠시 언급했던 로빈 후드 연구자 홀트의 『로빈 후드』Robin Hood, 1982가 있다. 파일은 1853년, 미국 델라웨어 주의 절대평화주의를 주장하는 퀘이커교 집안에서 태어났다. 그는 평생 3,000점 이상의 동화 삽화를 그리고 스물네 권이 넘는 동화를 직접 쓰고 '삽화의 아버지'라는 별명을 얻기도 한 뛰어난 작가였다. 그 중 『로빈 후드의 즐거운 모험』은 그의 나이 서른 살에 처음으로 발표한 동화였다.

이 책은 로빈 후드를 귀족이 아닌 요먼으로 그렸다는 점에서 다른 로빈 후드 동화와 구별된다. 로빈 후드는 열여덟 살에 숲 경비병을 죽인 탓으로 도둑이 되어 숲 속에서 모험을 즐긴다. 그 모험담은 중세와 근대의 발라드에 의거한 것으로서 작가가 새로 덧붙인 것은 거의 없다. 메리언이 잠깐 등장하고 마는 것도 발라드와 거의 같다.

20세기에 나온 수많은 로빈 후드 동화들 역시 파일의 책과 마찬가지로 중세의 발라드를 근거로 하여 다양하게 변주된 것이었다. 그 중에서 가장 유명한 것은 화려한 채색 삽화가 포함된 헨리 길버트Henry Gilbert의 『로빈 후드와 그린우드의 동료들』Robin Hood and the Men of the Greenwood, 1912, 그리고 로저 그린Roger Green의 『로빈 후드의 모험』The Adventure of Robin Hood, 1956이다. 이 두 작품을 비롯한 20세기의 로빈 후드 동화는 대부분 전통적인 줄거리와 주제의식이 훨씬 완화된 이야기지만, 그것들보다 더욱 독자적이고 강력한 로빈 후드 상을 추구한 작품들도 있다. 그 중 하나가 제프리 트리스Geoffrey Trease의 『영주를 향한 활』Bows Against the Barons, 1934이다. 노팅엄 출신으로 빈민굴의 아이들을 돌본 반전주의자이자 좌파 언론인인 그는 로빈 후드를 프롤레타리아의 영웅으로 재창조했다. 즉 봉건영주와 싸우며 계급투쟁에 목숨을 건다는 정치적 해석을 가미한 것이다.

이 동화는 왕의 사슴을 죽여 로빈 일당이 된 소년 디콘의 시각에서 묘사되는 부분이 많다. 그리고 디콘은 이야기가 끝날 무렵 수녀원에서 로빈이 독살된 뒤 리틀 존과 함께 살아남아 세상을 바꾸기 위한 주인공으로 부각된다. 또 이 동화에서 로빈 후드는 출신지나 신분이 밝혀지지 않은 채, 매우 늙은 남자로 묘사된다. 두 사람이 만났을 때, 소년 디콘은 그런 로빈의 모습에 실망한다. 노래나 이야기를 통해 들은 멋진 로빈과는 전혀 달랐기 때문이다.

따라서 이 동화에는 메리언은 등장하지도 않고 연애 이야기도 없다. 나아가 전통적인 로빈의 적수인 영주나 고승만이 아니라 종래 로빈 후드가 충성한 왕조차 타도의 대상으로 그렸고, 특히 로빈 후드는 농노제를 폐지하고자 한 것으로 묘사했다. 왕은 아예 등장하지 않으며 왕과 로빈 후드의 우호관계라는 것도 없다. 나아가 노르만 대 색슨, 그리스도교 대 이슬람교라는 전통적 대립은 오직 '가진 자'와 '못 가진 자'의 대립으로 바뀐다. 노르만에 대항하는 색슨 로빈 후드라는 요소는 낭만주의 소설에서부터 오늘날의 영화에 이르기까지 공통된 주제지만 이 동화에서는 그러한 요소가 전혀 없다. 사회주의 사상이 문단을 지배한 1930년대의 상황을 반영하는 이 동화는 앞에서 설명한 힐튼 류의 영국 마르크스주의 역사학의 로빈 후드 해석과 어느 정도 맥락을 같이하는 이야기라고도 볼 수

의 적 , 정 의 를 훔 치 다

있다. 물론 트리스의 동화는 그다지 널리 읽혀진 것은 아니나, 한 세대 뒤에 학문적 해석으로 다시 태어난 점은 주목할 만하다.

『로빈 후드의 무훈』

중세 발라드 『로빈 후드의 무훈』은 모든 로빈 후드 이야기의 원형이다. 따라서 이 줄거리는 우리가 알고 있는 로빈 후드 이야기와 많이 다르다. 먼저 애인인 메리언이 등장하지 않고, 로빈이 기사나 수도승들로부터 돈을 빼앗기는 하지만 그것을 빈민에게 나눠준다는 이야기는 없다. 로빈 후드 이야기에 메리언이 등장하는 것은 16세기에 이르러서고, 빼앗은 재물을 빈민에게 나눠주었다는 이야기는 18세기 이후에야 나타난다. 이러한 변형을 통해 민중의 상상력이 변화한 과정을 어렴풋이나마 짐작해볼 수도 있다.

1절: 로빈 후드 일당은 숲 속을 지나던 기사 리처드를 유인해 식사를 대접한 후 돈을 빼앗으려 한다. 그러나 리처드는 아들이 마상 창 겨루기에서 상대를 죽이는 바람에 감옥에 가게 되었으며 그 보석금을 마련하기 위해 땅을 저당잡히고 수도원장에게 돈을 빌린 상태라 무일푼이라고 설명한다. 그 말을 들은 로빈 후드는 오히려 리처드에게 돈을 빌려주고 기사 신분에 걸맞은 차림에 시종으로 자신의 동료인 리틀 존까지 붙여준 뒤 1년 후에 만나자고 한다.

2절: 리처드가 로빈 후드에게 빌린 돈으로 수도원장에게 진 빚을 갚는다. 열심히 일해 돈을 마련한 리처드는 로빈 후드에게 돈을 갚기 위해 숲으로 떠나지만 도중에 결투를 벌이고 있던 요먼을 돕다가 돈을 갚아야 할 날짜를 지나친다.

3절: 한편 리틀 존은 노팅엄 주지사를 위해 일하다가 주지사의 돈과 물건을 훔쳐 로빈 후드에게 돌아간다. 또 주지사를 숲으로 유인하여 로빈 후드의 편이 되겠다는 맹세를 받아낸다.

4절: 수도원의 식품 보관 담당 수도사가 숲으로 잡혀와 로빈 후드 일당에게 돈을 털리고, 이어 허겁지겁 나타난 리처드가 로빈 후드에게 돈을 갚는다. 리처드가 요먼을 돕다가 늦었다는 이야기에 로빈 후드는 빌려준 돈을 받기는커녕 수도사에게 빼앗은 돈까지 내준다.

5절: 한편 주지사는 로빈 후드에게 복수하기 위해 노팅엄 성에서 궁도弓道 시합을 연다. 로빈 후드가 우승을 차지해 상금을 받으려 하자 주지사는 되레 공격을 가해 싸움이 벌어진다. 부상을 입은 로빈 일당은 도망 중에 리처드의 환대를 받는다.

6절: 리처드는 로빈 일당을 내놓으라는 주지사의 요구를 거절한다. 주지사는 런던으로 달려가 왕에게 리처드를 체포해달라고 호소한다. 로빈 후드는 주지사를 죽이고 감옥에 갇혀 있던 기사를 구출한다.

7절: 왕은 로빈 후드를 잡기 위해 몸소 노팅엄으로 출동하지만 반 년이 되도록 그를 잡지 못한다. 고심 끝에 수도승으로 변장한 왕이 숲으로 간다. 로빈 후드는 왕을 잡아 돈을 빼앗지만 그가 왕의 부하라고 하자 성대한 잔치를 베푼다. 식사가 끝나고 벌어진 궁도 시합에서 상대가 왕이라는 사실을 알게 된 로빈 후드는 용서를 구하고 일당과 함께 왕을 따라 런던의 궁정으로 간다.

8절: 로빈 후드는 궁정에서 살다가 숲으로 돌아와 20년을 더 살았으나 친척인 여승 수도원장에게 독살을 당한다.

메리언의 새로운 조명

우리나라에는 로빈 후드를 민족의 영웅으로 재탄생시킨 월터 스콧의 『아이반호』만이 소개되었으나, 『아이반호』가 나온 지 3년 뒤인 1822년 토머스 러브 피콕Thomas Love Peacock이 낸 『처녀 메리언』Maid Marian을 주목할 필요가 있다. 메리언을 주인공으로 한 최초의 소설이라는 점도 독특하지만, 그 30년 전인 1792년에 출간된 메리 울스턴크래프트Mary Wollstonecraft의 『여성 권리의 옹호』A Vindication of the Right of Women의 영향을 받아 새로운 여성상인 여장부 메리언을 창조한 점에서도 더욱 주목된다. 그후 수많은 이야기 속의 메리언은 피콕이 창조한 이 원형 메리언을 따르고 있다.

『처녀 메리언』에서 메리언은 노르만 계 영주의 딸, 로빈 후드는 헌팅던 백작의 아들로 나온다. 헌팅던 백작은 왕의 사슴을 밀렵하고 대수도원장으로부터 빌린 돈을 갚지 못해 무법자 선고를 받는다. 어릴 적부터 친구 사이였던 메리언과 로빈 후드는 서로 사랑하여 결혼하려 하나 존 왕과 주지사 그리고 메리언을 짝사랑하는 귀족 몽포콘의 방해를 받는다. 메리언은 로빈 후드와 함께 숲의 무법자 여장부로서 그들과의 결투에 용감하게 나선다. 결국 기사로 변장한 리처드 1세가 정체를 드러내 그를 도왔던 로빈 후드는 백작이 되고 메리언과 결혼하여 궁정에 초대된다.

『처녀 메리언』에서는 메리언이 여장부로 등장함과 동시에 탁발 수도승 출신의 턱이 셰익스피어의 팔스태프Falstaff*처럼 세상을 풍자하는 새로운 인물로 등장하는 점도 주목된다. 피콕은 지금까지도 '성전'이라고 불리는 십자군전쟁을 사라센 족에 대한 약탈 행위에 불과하다고 비판하고 군주제에 대해서도 신랄한 비판을 가한 바 있다. 이는 나폴레옹 전쟁이 끝난 뒤 유럽을 보수주의로 몰아넣은 빈 회의가 개최된 1815년 당시의 정치를 비판한 것으로 볼 수 있다. 피콕의 작품은 대화가 많고 노래가 많아 즉시 오페라로 만들어져 인기를 끌었고, 독일어와 프랑스 어로도 번역되어 유럽 전역에서 널리 읽혔다.

알렉상드르 뒤마Alexandre Dumas는 로빈 후드를 주인공으로 한 2부작 소설 『도둑들의 왕』Le prince des voleurs, 1872과 『의적 로빈 후드』Robin Hood le proscrit, 1873를 썼다. 그러나 이는 당시 영국의 대중소설가 피어스 에건Pierce Egan, the Younger의 소설 『로빈 후드와 리틀 존』Robin Hood and Little John, or, the Merry Men of Sherwood Forest, 1840을 거의 그대로 모방한 것이었다. 두 사람의 작품 모두 로빈을 의적으로 다루는 측면은 거의 없이 메리언과 로빈의 사랑 그리고 여타 인물들의 여러 사랑에 초점을 맞추었다. 정치적인 측면이 있다면 스코틀랜드의 소설가 월터 스콧의 『아이반호』에서 존 왕에 맞서 싸우는 흑기사 로빈 후드처럼 색슨 족과 노르만 족의 대립이 그려졌다는 점이다.

* 셰익스피어의 역사극 『헨리 4세』에 등장하는 인물로 여러 가지 전통이 결합된 모습을 보여준다. 즉 그리스 희극의 허풍쟁이 군인과 중세 도덕극의 유혹자를 결합시킨 듯한 모습으로 묘사되는데 셰익스피어는 『헨리 4세』에서 팔스태프라는 인물과 분위기를 통해 희극적인 면과 사실적인 면을 동시에 표현하고자 했다.

스텐카 라진

볼가 강을 따라 흐르는 카자크 반란의 전설

스텐카 라진, 1630~1671

러시아 볼가 강 유역에서 카자크 인과 농민을 규합해 반란을 이끈 의적.

"스테판 티모페예비치는 여러분 모두에게 씁니다. 신과 군주에게, 또 대 카자크 군과 스테판 티모페예비치에게 힘을 보태고자 하는 사람이 있으면, 나는 카자크 군대를 파견하고 여러분은 협력하여, 함께 배반자와 피에 굶주린 자들을 제거해야 합니다. 빚진 자와 은총을 잃은 자는 우리 카자크 쪽으로 오십시오."
— 스텐카 라진, 1670년경 「매혹의 편지」 중에서

러시아의 의적 전통, 인민주의로 화하다

러시아 역사에는 유구한 반란의 전통이 있다. 그 반란의 여러 주인공들 중에서 특히 유명한 사람은 17세기의 스텐카 라진Stenka Razin, 본명은 스테판 티모페예비치 라진과 18세기의 에멜랸 이바노비치 푸가초프Emelyan Ivanovich Pugachov이다. 그들이 일으킨 반란은 지금까지 농노제에 대한 반발이라는 점에서 농민반란 또는 농민전쟁으로 불렸으나, 사실은 그들 민족인 카자크kazak*인의 자치를 지키고자 러시아의 중앙집권화에 반발하여 반란을 일으켰다고 보는 견해도 있다.** 나도 그 반란들의 직접적인 주체가 농민이 아닌 카자크 족이었다는 점에서 그것을 카자크 족의 반란으로 규정하는 데 동의한다. 뒤에서 보듯이 반란군에 농민이 포함된 것은 사실이나, 이를 단순히 농민들의 반란으로만 이해하는 것은 사태를 지나치게 단순화하는 것이다.

　　의적이 주로 농민들의 이해를 대변한다고 생각되는 것은 로빈 후드 이야기가 만들어진 당시 중세 유럽에서 의적이 활동하던 지역의 공동체가 농촌 공동체였고, 또 당시 농민들이야말로 지배층의 부도덕과 무능력에 가장 심각한 피해를 입은 집단이기 때문이었다. 이는 또 의적 연구의 개척자인 홉스봄의 연구가 기본적으로 중세 유럽의 사례들을 바탕으로 초기 자본주의 속에서 농민들의 대응을 중심으로 이루어졌기 때문이기도 하다. 하지만 나는 반드시 의적을 '농민'의 이익을 대변하는 사람들만으로 한정짓지는 않을 것이다.

* 코사크라고 부르기도 한다.
** 에릭 울프 지음, 곽은수 옮김, 『20세기 농민전쟁』, 형성사, 1984, 64쪽.

그런데 러시아에서 전형적으로 드러나는 이러한 의적 현상은 대단히 정치적이다. 이러한 '정치적 의적'은 명확한 정치적 의도를 의식하고 있다는 점에서 전형적인 로빈 후드 형 의적과는 다르다. 가령 라진은 젊어서 전쟁에 나가 싸운 군인이었다. 하지만 농노와 도시 빈민의 비참한 현실을 목도하고 나서 1차 반란을 일으켜 볼가 강의 무역선단이나 황실의 배를 습격하고 상인들의 상품을 탈취했으며 죄수들을 풀어주었다. 그는 페르시아와 이란까지 침략하여 여러 도시를 황폐화시키고, 또 노예시장을 파괴하여 수천 명의 노예를 풀어주기도 했다. 여기까지는 그야말로 의적으로서의 활동이다. 그러나 그는 여기에 머무르지 않았다. 2차 반란에서 그는 귀족과 지주 및 상인들에 대항하는 원정을 벌여 봉기의 열기를 러시아 전국으로 퍼뜨렸다. 결국 그가 이끈 반란은 수만 명에 이르는 봉기 가담자들이 처형되는 것으로 막을 내렸고, 그 자신도 붉은광장에서 능지처참형을 당했다. 하지만 그의 이름은 반봉건 인민전쟁의 지도자로서 역사에 기록되었다.

　　그후 18세기에 와서도 농노와 빈민의 삶은 개선되지 못했다. 지주는 끊임없이 그들을 착취했고, 농민들의 삶은 극단적인 고통의 연속이었다. 이러한 시대에 태어난 푸가초프도 라진처럼 군인으로 용감하게 싸웠으나, 병들어 집에 와 있는 동안 다른 군인들의 탈옥을 도왔다는 이유로 체포된다. 그후 탈주와 체포, 투옥이 되풀이되면서 그는 범법자 신세가 된다. 이 점에서 푸가초프는 라진보다 더욱 더 의적으로서의 성격이 뚜렷하게 나타난다. 그후 푸가초프가 도적질을 했다는 기록은 없으나, 이는 그를 영웅으로 미화하려는 의도일 가능성이 높다. 여하튼 그는 농민의 참상을 목격하고 5만 명의 농민들을 모아 조직적인 군대로 편성하고 봉기

데카브리스트들의 반란
원로원 광장에 집합해 있는 데카브리스트들. 귀족 출신 장교들이 대부분이었던 이들은 전제정치와 농노제를 폐지하라며 봉기했다. 비록 실패했지만 이들의 봉기는 러시아 최초의 혁명 운동으로 역사에 기록되었다.

를 일으킨다. 당시의 성명서에서 푸가초프는 농노와 농민들에게 '토지와 자유' Zemlya i Volya를 주겠다고 약속한다. 1774년 그는 정부군과의 치열한 접전 끝에 패배해 이듬해 처형당했다. 게다가 그의 봉기에 놀란 정부가 오히려 절대주의와 농노제를 더욱 강화하여 푸가초프가 약속한 자유와 토지는 농노들에게 주어지지 않았다. 하지만 그의 봉기는 농노제에 대항한 최대의 항거로 봉건주의의 기초를 뒤흔들었으며 혁명적 반봉건주의가 급속하게 발전하는 계기가 되었다.

농노제에서 해방되고자 하는 농민들의 저항은 그 뒤에도 끊이지 않아 19세기 초엽에는 12월당원인 데카브리스트Dekabrist의 봉기가 일어났다. 귀족 출신 장교들이 전제정치와 농노제를 폐지하라며 일으킨 이 봉기는 실패했지만, 러시아 최초의 혁명운동으로 역사에 기록되었다. 그것은 1861년의 농노해방을 낳았고, 그후 러시아에서는 농업 자본주의가 본격적으로 실시되었다. 그러나 농민들의 궁핍이 전적으로 해결되지는 못했다. 1860년대 이후 러시아를 지배한 사상은 흔히 '인민주의'로 번역되는 '나로드니키주의'Narodnichestvo였다. 이에 대해서는 여러 가지 견해가 있으나, 자유·평등·복지라는 보편적인 이념을 갖는 것으로 보면 충분하다. 그 전통의 선구자는 바로 스텐카 라진과 푸가초프였고, 나아가 그 기원은 농촌 공동체인 미르mir*의 자치였다. 이러한 사상은 톨스토이나 도스토예프스키의 작품과 사상에서도 공통적으로 볼 수 있는 것이었다.

광활한 대지와 억압적 독재가 낳은 자유의 기상

러시아가 이 세상에서 가장 거대한 영토를 가진 나라라는 점은 누구나 알고 있다. 그 거대한 자연은 러시아적 자유의 핵심이다. 러시아말로 '보리야'라고 부르는 '자유'란 바로 그러한 거대한 공간의 관념과 직결되어 있다. 이 관념은 좁디좁은 땅에 사는 우리로서는 피부로 느끼기 힘든 특유

---

* 1840년대 이후 러시아의 독자적 제도로서 주목받기 시작한 농촌 공동체. 미르에 속하는 농민들은 조세, 융자상환 등에 대해서 연대책임을 졌고, 미르가 각 농가에 토지를 할당하기도 했다. 이는 나로드니키주의에 의해 러시아가 자본주의를 거치지 않고 사회주의로 이행한 기반이라고 선전되기도 했다. 러시아 혁명 후에 부활하여 한때 강화되었으나, 1929년 말 농업 집단화 과정에서 해체되었다.

의 적 , 정 의 를 훔 치 다

한 것이어서 새삼 강조할 필요가 있다. 러시아 소설이나 그림, 또 최근에는 영화에도 자주 등장하는 대평원을 상상해보라. 그 대평원은 건장한 말을 타고 달리고 또 달려도 끝없이 펼쳐진다. 특히 돈 카자크라고 불리는 말 탄 무장집단이야말로 그런 러시아적 자유를 체현한 사람들이라고 할 수 있다. 카자크란 말도 원래 터키 어로 '자유인'이라는 뜻이었다. 이 장에서 살펴볼 스텐카 라진이 바로 그 돈 카자크의 대명사다. 굳이 이름 붙이자면 그는 농민이라기보다는 기마민이었고, '카자크'라는 말의 원 뜻 그대로 '자유인'이었다.

그런데 러시아에서 이 독특한 자유에 대한 관념이 태어난 데에는, 광활한 대자연뿐만 아니라 러시아 특유의 엄청난 억압적 제도도 한몫했다. 그것은 바로 '차르'로 상징되는 억압적 체제이다. 라진이 살았던 시대 역시 차르가 지배한 시대였다. 차르라고 불리는 러시아 황제는 세계사의 숱한 황제나 국왕 중에서 가장 독재적인 이미지로 굳어져 있다. 그러나 라진 시대를 지배한 알렉세이 미하일로비치Aleksei Mikhailovich는 많은 사료에 매우 경건하고 자비심 많은 황제로 기록되어 있다. 이러한 배경도 라진의 반란이 황제에 대한 반란이라고 보기 어려운 이유들 중 하나다.

알렉세이가 '위대한 군주'라고 입을 모으는 수많은 역사 기록들을 의례적이고 진부하다고 치부하기 십상이지만, 사실 그가 그런 이름을 얻은 것은 크렘린 궁의 자기 옆방에서 걸인·정신병자·방랑승 등을 부양하고 여러 나라의 포로들에게까지 은혜를 베풀었기 때문이다. 최소한 우리 역사에서 그런 성군을 떠올리기란 쉽지 않다. 게다가 그는 철저히 종교적인 삶을 살았다. 예컨대 사순절에는 목요일·토요일·일요일에만 식사를 했고, 나머지 날에는 검은 빵 한 조각과 소금에 절인 버섯 또는 오이 한

카자크 인의 초상
카자크 인들은 지금은 러시아에 복속되었지만 오랜 세월 동안 특유의 정체성과 역사를 지켜왔다.
스텐카 라진의 반란 역시 이러한 카자크의 역사와 정체성에 대한 이해를 바탕으로 바라봐야 한다.
러시아 화가 바실리 수리코프의 1892년경 작품이다.

조각, 그리고 알코올이 거의 섞이지 않은 맥주만을 마시고 살았다. 흔히
러시아 정교의 총주교나 주교는 라스푸틴Rasputin처럼 대단히 부패하고 권
력적인 인물로 생각되지만, 사실 그들 중에는 언제나 가난한 걸인들에게
시혜를 베푼 이들도 많다. 황제 가족이나 귀족들도 그러한 종교적 믿음과
가르침에 근거해 수많은 걸인들을 부양했다. 예컨대 러시아의 성군이라
고 불리는 표트르Pyotr 대제의 미망인 황후는 남편을 추도하기 위해 매년
5일간 300명의 걸인을 부양했다. 또 어떤 귀족은 누구에게나 제공하는
점심식사를 매일 50인분이나 준비했다. 지금도 러시아를 방문하면 그러
한 장면들을 흔히 볼 수 있다. 러시아 정교회는 지금도 이 세상 어떤 종교

의 적 , 정 의 를 훔 치 다

보다도 자선 활동에 적극적이다. 종교적 경건함이 자선 행위로 표현될 수 있다는 믿음이 있었던 것이다. 물론 이렇듯 빈곤은 사회적으로 해결해야 할 문제가 아니라 종교적으로 해결해야 한다는 관념이 일반적인 개념이 되어, 권력이 빈곤 문제를 적극적으로 해결하지 않게 되는 폐해를 낳기도 했다.

어쨌든 상대적으로 특정 차르가 자비로웠다거나 다른 나라의 종교들에 비해 러시아 정교회가 자비와 자선을 강조했다고는 해도 그 제도 자체가 억압적이고 독재적이었다는 점, 또 그 교회가 권력과 밀접한 관계에 있었다는 점에는 이론의 여지가 없다. 특히 당시 교회는 러시아 역사상 그 어느 때보다 더 부패한 상태였다. 이러한 배경에서 알렉세이와 총주교 니콘Nikon을 비롯한 일파가 개혁을 도모하기도 했다. 그들은 당시까지는 자립적이었던 러시아 정교를 차르의 지배하에 두고 나아가 변형된 의식들을 그리스 정교의 의식들로 되돌리고자 했다. 가령 십자를 긋는 방식을 두 손가락이 아니라 세 손가락으로 한다든가 교회 주변을 도는 방향을 바꾼다든가 하는 쇄신은 지금 우리 눈에는 너무나 사소한 것으로 보이지만, 당시로서는 그것이 신앙의 본질적인 문제로 간주되어 열띤 논쟁을 촉발시키고 결과적으로 수많은 사제들의 목숨을 앗아갔다. 조선시대의 당파 싸움도 따지고 보면 제사 때 옷 입는 방법의 차이에서 나온 것이니, 이해 못할 바도 아니다.

차르는 여기에 멈추지 않고 정치도 개혁하고자 했다. 그는 자신이 차르로 즉위하도록 도운 매부 모로조프Morozov를 추방했다. 최고 실권자인 그의 권위적인 정치에 민중들이 여러 차례 봉기를 일으켰기 때문이었지만 결과적으로 알렉세이는 자신의 권력을 강화할 수 있었다. 차르는 혼란을 수습하기 위해 최고 의결 기구였던 전국회의Zemskii sobor*를 소집했다. 하지만 전국회의를 주도한 귀족층은 농노제 형성이라는 성과를 얻자 더이상 열의를 보이지 않았고 회의는 곧 유명무실해졌으며, 차르의 권력은 더욱 강화되었다. 알렉세이는 정부의 요직에 자신의 수하들을 앉혀 독재정치를 실시했다. '지상의 신'에 버금간다는 러시아의 절대군주제는 이렇게 형성되었다.

길들여지지 않는 자유와 용맹의 상징, 돈 카자크

러시아는 13세기에 몽골 인(타타르 인)의 침입을 받아 키예프 공국이 멸망했다. 그 뒤에도 침공은 끊이지 않아 러시아 남부 지방에는 러시아의 '만리장성'으로 불리는 성이 건설되기도 했다. 바로 이 무렵 러시아 남부에 카자크라는 작은 집단이 형성되었다. 그 이름이 '자유로운 사람들'이나 '방랑자'라는 것에서도 알 수 있듯이 그들은 자유를 중시했다. 사실 그들은 러시아로부터 도망친 사람들이었다. 그들은 돈 강과 그 지류에 정착해 공동체를 형성하였고 마을을 세웠다. 외침이 잦았던 까닭에 그들은 작은 섬 등 생활은 불편하지만 방어가 쉬운 곳에서 사냥과 목축, 고기잡이를 주로 하며 살았고, 때로는 원정 약탈을 통해 생계를 꾸렸다. 그리고 농업을 멸시했다. 카자크 사람들은 대부분 어린 시절부터 말 타고 무기 다

* 러시아의 신분제 의회. 귀족회의와 교회회의 외에 지방영주나 도시의 대표가 참가해 중대한 전쟁, 외교, 치안, 과세 문제에 대해 논의했다. 알렉세이의 아버지인 로마노프 왕조의 창시자 미하일 로마노프는 이 회의에서 황제로 추대되었다. 17세기 초부터 빈번하게 열리다가 알렉세이 시대에 차르의 권위가 강화되면서 17세기 후반 소멸했다.

의 적, 정 의 를 훔 치 다

루는 법을 배운 용감한 전사였고, 돈 강을 비롯해 볼가 강이나 흑해까지 원정 항해하는 기술을 익힌 항해사들이었다.

따라서 당시 외침에 골머리를 앓던 러시아 정부가 카자크 족에 주목한 것은 당연했다. 정부는 어차피 변방의 카자크 인들을 통제할 힘이 없었던 데다 그 국경 지대의 경비를 담당할 능력도 없었기 때문에 무기와 곡물을 지원하여 국경 경비를 맡겼다. 즉 1570년대 당시의 차르 이반 뇌제雷帝*는 카자크 족에게 물자 지급을 조건으로 자신에게 봉사하기를 요구했고 카자크 족 역시 이를 흔쾌히 받아들였다. 그후 1613년 로마노프 왕조가 성립되자 카자크의 충성과 러시아의 물자 지급은 정례화되었다. 러시아와 국경을 마주한 오스만 제국의 황제 술탄은 이러한 밀월관계를 용납하지 않았다. 그는 러시아 정부가 카자크를 일소하기를 바랐다. 1624년 카자크가 이스탄불까지 원정하여 약탈을 일삼자 오스만 제국은 대군을 파견했다. 카자크는 러시아 군을 파견해달라고 요구했으나 러시아는 도리어 카자크에게 항복을 명령했다. 이 사건은 카자크 인들에게 깊은 상처를 남겼다. 이들은 1638년 '최고권자'를 모스크바에 파견하라는 러시아 정부의 명령에 자신들 사이에는 최고권자가 없고 모두 평등하다는 냉랭한 답을 보내기도 했다.

실제로 17세기 후반에 돈 강과 그 지류에 50개가 넘는 마을을 세운 카자크는 중심 마을의 광장에서 열린 총회에서 중요한 일을 결정했다.

* 이반 4세를 말한다. 본래 이름은 이반 바실리예비치Ivan Vasilyevich로, 차르로 즉위한 뒤 1565년부터 극단적인 공포정치를 시행하여 뇌제라는 별명을 얻게 되었다. 이 공포정치는 중앙집권에 반대하는 귀족 세력 타도에는 성과를 얻었지만, 그 피해는 농민과 시민에게도 파급되었다. 결국 행정의 혼란과 경제의 쇠퇴를 초래하였다.

러시아의 농민들
러시아의 농민들은 농노제 아래에서 오랜 세월 동안 대대로 힘든 삶을 물려받고 또 물려주어야 했다. 하지만 도도한 반란의 역사 또한 이들의 자랑스러운 전통 중 하나다.

의 적 , 정 의 를 훔 치 다

러시아 정부에 그 규모를 알리기 꺼린 탓에 기록은 없으나, 돈 강 근처의 카자크 족은 모두 1만 명 이상이었고 마을당 200명 정도였던 것으로 추정된다. 총회에는 모든 카자크가 평등한 자격으로 참여했으니 그야말로 직접 민주제를 시행한 셈이다. 물론 그 준비를 위해 선임된 우두머리와 보좌관은 있었다. 우두머리의 권한은 총회의 진행에 그쳤고 총회에서 불만을 토로하는 사람들에 의해 탄핵되기도 했다. 중요한 안건의 경우에는 전원 참가하는 총회를 소집하기도 했으나, 보통은 마을 대표들이 모여 결정했다. 그 내용은 주로 전쟁 수행과 화평 교섭, 외국에 대한 사절 파견, 차르가 지급한 물자와 전리품의 배분, 차르의 군대에 부대 파견과 지휘, 모든 관리의 선임과 해임, 새로운 카자크의 수용 등을 포함했다. 그밖에도 각 마을 주민은 선거로 우두머리를 뽑고 집회를 했다. 예컨대 명예훼손을 둘러싼 다툼·재산의 절도·교회 의식의 거부·결혼 등의 문제들이 그러한 집회에서 다루어졌다. 이처럼 카자크 사회는 자치적으로 운영되었고 총회나 집회도 민주적이었다. 그리고 위반자에 대한 처벌도 가혹하여, 잘못을 범한 자는 가차없이 마대에 넣어 돈 강에 던져버렸다.

농노제 강화에 맞선 농민들의 선택, 도망

앞서 잠깐 언급했지만 카자크 중에도 원래 러시아에서 도망친 농민들이 많았다. 16세기 말까지 러시아 농민들은 한 토지에서 다른 토지로, 한 토지 소유자에게서 다른 토지 소유자에게로 자유롭게 옮겨다닐 수 있었고 경제적으로 최소한의 생존을 보장받았다. 적어도 법적으로는 이전의 권리를 인정받고 주거를 보장받는 자유민이었고 귀족이나 수도원 등의 토지에 속박된 신분으로 아무런 인격적 권리를 보장받지 못하는 농노가 아니었다. 물론 대부분 농민들은 가을 수확 이후 변제한다는 약속하에 미리 영주로부터 돈을 빌려 살았기에 그 돈을 갚아야만 이동이 가능했다. 그러나 돈을 갚지 못한 경우라도 영주가 허용하거나 도망하는 경우 이동할 수 있었다. 그 배경에는 광대한 미개척지를 돌볼 농민 노동력이 부족했다는 러시아 특유의 조건이 있었다.

그런데 17세기에 접어들어 이동이 거의 불가능해졌다. 로마노프 왕조가 수립되자 일부 중소 귀족들은 정부에게 이전에 5년으로 제한되어 있던 도망 농민의 수색 기간을 연장하거나 아예 제한 자체를 폐지해달라고 요구했다. 물론 처음에는 대귀족들이 도망 농민을 받아들여 이익을 보았던 탓에 그러한 요구는 잘 받아들여지지 않았다. 하지만 점차 농민에 대한 통제가 강화되어 수색 기간이 마침내 폐지되기에 이르고 도망 농민을 은닉하는 경우 고액의 벌금까지 부과되었다. 그리고 이에 따라 농노제가 법적으로 확립되었다.

이제 농민들은 영주의 허가 없이 토지를 떠날 수도, 결혼을 할 수도 없게 되었다. 살인과 같은 중죄를 제외하고는 영주의 재판을 받았다. 그래도 도망 농민들은 여전히 생겨났다. 1646년 폴란드의 지배하에 있던 우크라이나에서 반란이 터져 러시아가 폴란드 및 스웨덴과 '13년전쟁'을 벌이게 되자 영주들이 대거 전장으로 향했고, 결국 탈출하는 농민들은 더욱 늘어났다. 전쟁이 끝날 무렵부터 수색이 강화되었으나 자유를 향한 이 거대한 이동을 막을 수는 없었다. 특히 돈 강의 카자크 마을들은 이들의 집결지가 되었다.

1666년 5월 약 500명의 카자크가 차르 군대에 용병으로 지원할

테니 급료를 달라고 요구했다. 러시아 정부가 이를 거부하자 카자크 부대는 모스크바 원정을 결의했다. 원정길에 다수의 농민이 합세하여 영주를 습격하는 등 원정은 반체제적인 성격을 띠게 되었다. 모스크바를 거쳐 돈 강으로 돌아온 이들 무리는 거대한 집단을 이루었다. 그리고 이는 이듬해 스텐카 라진의 원정으로 이어졌다.

스텐카 라진의 1차 반란

라진은 1630년경 돈 강 하류에서 태어났다. 그는 여러 언어를 익숙하게 구사해 카자크 족의 외교 업무를 맡기도 했다. 1663년 그는 러시아 군대를 치기 위한 원정에 나서 500명의 부대를 지휘했다. 당시 라진을 직접 목격한 한 네덜란드 인은 라진을 다음과 같이 묘사했다.

그는 위엄 있는 모습에 고상하고 점잖은 태도 그리고 큰 키에 당당한 얼굴 표정을 하고 있었다. 또한 그는 사람들에게 공포와 사랑을 동시에 불어넣을 수 있는 능력을 가지고 있었으며 그가 내린 명령은 무엇이든지 지체 없이 수행되었다.*

그리고 다시 1667년 봄 라진은 그가 지휘하는 2,000명 규모의 부대를 이끌고 아조프 바다 원정에 나섰다. 이 원정의 목적이 무엇이었는지는 역사적으로 정확하게 규명되지 않았다. 단순히 러시아의 중앙집권

* C. H. 스이로프 지음, 기연수 옮김, 『러시아의 역사』, 동아일보사, 1988, 135쪽에서 재인용.

화에 대한 반발이라고 보기도 어렵다. 오히려 당시 카자크로서는 러시아 군에 편입되어 경제적으로 지원받기를 희망했는데, 그런 요구가 거부당하자 보복 차원에서 원정에 나서게 된 것이라고 보는 편이 정확할 것이다. 라진으로서는 러시아가 다시금 카자크에 경제적 지원을 하도록 강요할 의도가 있었는지도 모른다. 물론 라진은 점령지에서 카자크와 같은 민주적 공동체를 실천하도록 했다. 실제로 그의 1, 2차 반란이 러시아 제정을 무너뜨리는 데 성공했다면, 그러한 민주 공동체를 러시아 전역에 세울 수 있었을지도 모른다. 그러나 그런 정치적인 의도가 애초에 명확히 존재했는지는 알 수 없다.

라진의 부대는 상당한 무기와 물자를 갖춘 상태로 출발했으나 초기에는 강도나 의적의 형태를 띠었다. 대상인의 배를 습격하고 유형수를 태운 정부의 배도 습격했다. 덕분에 유형 신세를 면한 이들은 라진 부대에 합세했다. 당연히 러시아 군의 추격이 이어졌으나 도리어 군인들도 자기 군대를 버리고 라진의 부대에 합세했다. 그들은 차르의 항복 요구나 평화적 해결 요청에 불응하고 러시아 군의 사자를 익사시키는 것으로 답했다.

1668년 3월 말, 부대는 페르시아 원정에 나섰다. 왜 별안간 페르시아 원정으로 반란의 방향타를 돌렸는지는 역시 알 수 없는 일이다. 라진이 앞의 경우와 마찬가지로 어떤 정치적 목적이 있었다기보다 순수한 의미에서 약탈을 목표로 삼은 것이 아닌가 짐작할 뿐이다. 여하튼 그들은 페르시아의 작은 도시들을 습격하여 가축과 식량을 약탈하고 주민 일부를 포로로 삼았다. 1년 후 그들은 다시 페르시아 군대와 싸워 크게 이겼으나 많은 군인들을 잃었다. 결국 라진은 러시아 정부의 중재에 응해 아스트라한Astrakhan에서 포로를 석방하고 페르시아 인의 재산을 돌려주었다. 그러나 러시아 정부 측이 도망 농민을 조사하고자 했을 때는 강경하게 거부했다. 아스트라한에서 다시 돈 강으로 귀향하는 길에서도 지나치는 마을마다 부랑민·노무자·도망 농민·군인들이 라진의 부대에 합세했다. 라진은 러시아 정부의 감시에도 불구하고 감옥의 죄수들을 석방하기도 하여 반체제적인 성격을 더욱 분명히 띠게 됐다.

오래전 대학생들 사이에서 많이 불렸던, 스텐카 라진의 이야기를 담은 민요가 있다. 스텐카 라진이 포로로 잡은 페르시아 공주와 사랑에 빠지자 반란군의 전의와 사기가 떨어졌고, 결국은 반란군의 승리를 위해 라진이 공주를 물속으로 던져버린다는 잔혹하기까지 한 내용이다. 승리를 자축하는 선상의 술자리, 라진 반란군이 처단해야 할 대상인 공주의 아름답지만 오만한 미소, 볼가 강에 던져진 공주, 반란군의 뜨거운 열기, 반란군의 패전, 이러한 역사의 모순과 격정을 모두 집어삼키며 도도히 흐르는 볼가 강의 물결……. 선율이 구슬프기도 하지만 마치 우화와도 같이 간결하면서도 상징적인 가사 때문에 노래를 듣거나 부르는 이들은 묘한 정서적 긴장을 느끼게 된다.

스텐카 라진의 2차 반란

1차 반란 후 돈 강 유역으로 돌아온 라진의 무리는 작은 마을을 형성하여 살았다. 그러나 당시의 부유한 카자크들은 라진의 도적 행위가 불명예스러운 것이라 생각하고 차르의 편을 들었다. 이렇게 카자크 내부에도 두 개의 권력이 생겨나게 되었다. 하지만 이듬해 봄 차르의 칙서가 도착해 총회가 열렸을 때, 라진의 무리는 그것을 받아들이자는 총회의 합의에 이의를 제기하고 차르의 사자를 강에 빠뜨려 죽였다. 라진의 강력한 대응은 그의 권위를 강화해주었다. 이어 2차 원정에 나선 라진 부대는 수가 5,000명에 이르렀고, 80척의 배, 1,500명의 기마부대에 대포까지 갖추어진 대군을 이루게 되었다. 총회에서는 "돈에서 볼가로, 볼가에서 러시아로!", "배반자 대귀족과 귀족회의의 무리, 그리고 도시의 시장과 관리를 일소하자!", "인민에게 자유를!" 등의 구호들이 채택되었다. 그 성격이 명백히 정치적인 것으로 정리된 것이다.

하지만 그것을 혁명군으로 보기에는 어려운 점도 있었는데, 그들 역시 전근대 의적이나 농민반란에 공통된 사상, 즉 서민들의 적은 대귀족

볼가 강에 배 끄는 사람들
이들은 하루 종일 배를 끌고 빵과 물로 끼니를 때울 정도의 품삯을 받았다고 한다. 볼가 강 하류를 끼고 있는 아스트라한에는 아예 신분이 주어지지 않았던 부랑자들이 이런 고된 노동을 담당했다. 이들은 라진 반란군이 아스트라한을 칠 때 라진 군에 합류하기도 했다. 러시아 화가 일리야 레핀의 1873년 작품.

이며, 그 대귀족들이 '훌륭하고 자비로운' 군주의 치세를 방해하여 서민들을 고통에 빠뜨렸다는 소박한 군주제 세계관에 기반했기 때문이다. 당시 라진의 부대에는 적색과 흑색의 비로드로 덮인 두 척의 배에 황태자 알렉세이와 총주교 니콘이 타고 있다는 소문이 나돌았다. 1667년 차르 계승자가 된 황태자는 1670년에 이미 사망했음에도 불구하고 민심을 끌어모으기 위해 그런 연극을 펼쳤던 것이었다. 한편 총주교 니콘은 차르 알렉세이를 도와 개혁을 도모했으나, 그후 독선과 아집으로 차르와 귀족에게 미움을 받아 유형당한 인물이었다. 그러나 민중은 비천한 농민 집안에서 태어난 니콘이 자신들의 고통을 잘 이해해주리라 생각했고, 그의 실각은 대귀족들의 농간에 의한 것으로 여겼다.

그 해 4월 말 라진은 볼가에 이르러 차리친Tsaritsyn, 현재의 볼고그라드을 쉽게 함락시켰다. 그리고 이 마을에 카자크 체제를 도입했다. 즉 주민 전체의 총회를 최고 의사결정 기구로 삼고, 그곳에서 우두머리를 뽑아 모든 중요 사안을 결정한다는 것이었다. 또한 주민을 1,000명, 100명, 열 명씩 나누어 조직하여 지배층에게서 뺏은 재산을 공평하게 분배했다. 카자크의 민주적 공동체를 최초로 이식한 것이다. 이어 정부군을 피해 볼가 강을 따라 내려가던 라진의 군대는 아스트라한으로 향했다. 1차 반란 때 평화협정을 맺은 곳이기도 한 아스트라한은 당시 러시아에서 손꼽히는 대도시였다. 특히 페르시아 교역의 중심지기도 했다. 그곳에서는 아예 신분 자체가 주어지지 않았던 부랑자들이 어장이나 배에서 일을 했고, 소득이 낮은 병사들이 착취를 당하고 있었다. 결국 그들 중 상당수가 라진의 부대에 합세하여 라진의 부대는 1만 명에 이르렀다. 민중은 라진 편이 되어 반란을 일으켰고 러시아 정부의 군대와 싸워 이겼다. 라진은 총회를 열어 66명을 처형하고 모든 예속민은 자유라고 선언하며 관청 서류를 모두 불태우고 감옥의 죄수들을 석방했다. 라진은 자신의 군대에 가담한 군인들에게 다음과 같이 호소했다.

마땅한 일입니다. 형제 여러분! 그대들을 노예 상태로 붙잡아둔 폭군들에게 복수를 하시오. (……) 나는 그대들에게 자유를 주기 위해 왔습니다. 그대들은 나의 형제, 내 자식들이 될 것이오. 그대들도 나처럼 행복해질 것입니다. 다만 용감해지시오. 그리고 진실해지시오.*

* 『러시아의 역사』, 136쪽.

아스트라한이라는 대도시를 장악한 라진 반란군은 볼가 강 하류 지역에 강력한 기반을 형성하고 돈과의 연락망을 구축했다. 라진의 명성은 더욱 높아만 갔고 그는 무적의 신화를 만들었다. 라진은 다시 총회를 열어 모스크바로 진격하기 위해 볼가로 갈 것인가 돈으로 갈 것인가를 물었다. 총회의 결과 볼가로 가자는 의견이 우세해, 1670년 여름 볼가 강을 건넜다. 여러 마을의 주민들은 반란군을 빵과 소금으로 환영했다. 그후 지금까지 빵과 소금은 손님을 접대하는 러시아의 관습이 되었다. 이제 이들의 반란은 농민과 이슬람교 신자인 이민족까지 가세함으로써 거대한 연합을 이룬 민중반란으로 변했다.

이 무렵 라진의 진영으로부터 반란 참가를 부추기는 「매혹의 편지」가 유포되기 시작했다. 라진을 비롯해 여러 사람이 쓴 그 글들 중 지금 전해지는 것은 라진의 것뿐이다. 그 내용은 다음과 같았다. 글에 등장하는 스테판 티모페예비치는 라진을 가리킨다.

스테판 티모페예비치는 여러분 모두에게 씁니다.
신과 군주에게, 또 대 카자크 군과 스테판 티모페예비치에게
힘을 보태고자 하는 사람이 있으면,
나는 카자크 군대를 파견하고 여러분은 협력하여,
함께 배반자와 피에 굶주린 자들을 제거해야 합니다.
빚진 자와 은총을 잃은 자는 우리 카자크 쪽으로 오십시오.

이 글에서 우리는 라진이 러시아 정교와 러시아 차르를 믿은 점, 빚진 농민이나 빈민뿐 아니라 황제의 총애를 잃은 귀족이나 관리 또는 군인

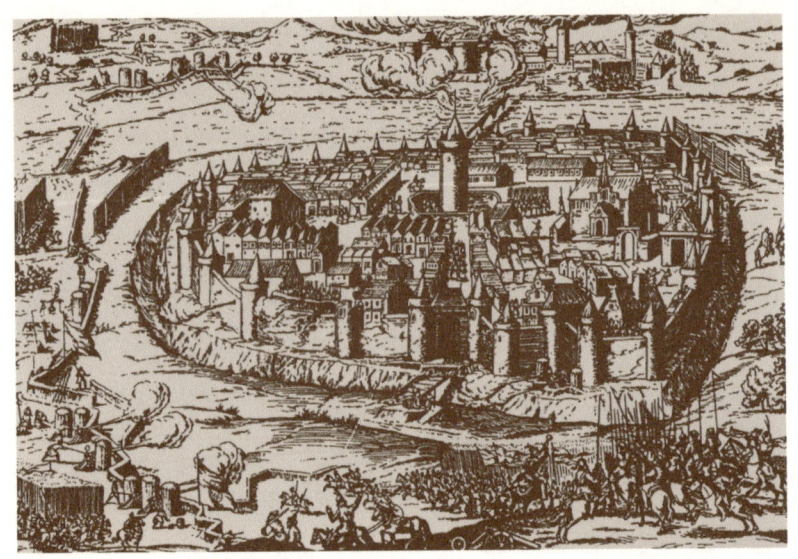

아스트라한을 공격하는 라진 부대

까지 민중에 포함시켰다는 점을 알 수 있다. 물론 정부는 반란이 차르와 신을 배반하는 극악무도한 행위고 도적 행위라고 비난했다. 정교회도 '무수한 민중의 육체와 정신을 파멸하고 흡혈귀적 범죄를 저지른 악마' 라진을 저주하는 의식을 올렸다. 라진 반란군은 대부분 경건한 정교회 신자들로서 자신의 싸움을 정교회를 위한 것이라고 주장했으나, 그 신앙은 정교회의 그것과 전혀 다른 방향의 것이었다.

정부는 1670년 카자크에 대한 급여를 중단하고 돈 강에 상인들의 출입을 금하는 경제봉쇄를 단행했다. 이어 9월에는 최신 장비를 갖춘 수천 명의 정예부대가 라진 부대 섬멸을 위한 지원군으로 출정하고 모스크바는 계엄체제로 변했다. 지원군을 포함한 정부군과 라진 부대는 볼가 강

의 적 , 정 의 를 훔 치 다

중류의 가장 중요한 요새 도시인 심비르스크Simbirsk에서 대치했다. 그곳은 카잔Kazan이나 모스크바로 진격하기 위한 중요 거점이었다. 10월부터 한 달간 지속된 지루한 전투는 라진에게 불리하게 전개되었다. 라진 부대 병사들은 대부분 전투 경험이 부족한 하층민이었고 무기도 낡은 것들이었다. 라진 자신도 부상을 입었다. 결국 라진이 탄 배를 포함한 일부만이 볼가 강 하류로 도망쳤고 나머지 대부분은 정부군에 붙잡혀 비참한 최후를 맞았다. 2만 명 가운데 살아남은 자는 수백 명에 불과했다. 전투는 라진 군의 완전한 패배로 끝났다.

패전의 가장 큰 요인은 전투 기간이 너무 길었다는 점이다. 정부 지원군이 도착하기 전에 단기전으로 끝냈으면 승리할 수 있는 전투였는데 그러지 못했다. 게다가 라진의 군대는 이제 그 수가 20만 명까지 불어난 대규모 부대였으나 대부분 전투 훈련을 받은 적이 없고 원시적 무기를 가졌던 반면, 정부군은 최신 장비를 갖춘 잘 훈련된 정예부대였다. 또한 이전 전투에서 승리한 주요 원인이 「매혹의 편지」를 비롯한 이데올로기적인 선전에 있었다고 판단한 라진은 이번에도 그런 선전을 통해 군대를 동원하고자 중요 참모들을 여러 마을로 보냈는데, 이들이 빠진 상태에서 전투를 오래 지속한 것이 오히려 패배의 원인이 되었다.

라진은 패배했으나 그 뒤 1년간 볼가 강 중류의 다른 지역에서는 반란이 계속되었다. 그 반란 지도자 중 두드러진 사람이 '러시아의 잔 다르크'로 불리는 여성 지휘관 아료나Aryona였다. 농촌 출신의 그녀는 일찍 남편을 여의고 수도원에 들어가 약초에 대한 지식을 얻었다. 당시 의료는 거의 약초에 의존한 탓으로 그녀는 주변 마을 사람들의 신뢰를 얻어 200명을 거느리고 1670년 10월경에 라진 부대에 합세했다. 그 부대는 600명으로 늘어났고, 다른 부대와 합세하여 7,000명까지 확대되었다. 그러나 라진 부대가 패배한 후 그녀의 부대도 패배하고 12월에 포로가 되었다. 그녀가 활동한 지역에서 1만 1,000명이 처형당했고 러시아 전역에서는 7만~10만 명이나 처형당했다. 당시 한 외국인 목격자는 다음과 같이 기록했다.

보기조차 무섭고 끔찍스러웠다. 사방에 교수대가 늘어서 있었고, 각각의 교수대마다 40~50명이 매달려 있었다. 여기저기에 목이 잘린 시체들이 피바다에 잠겨 있었다. 말뚝에 묶인 채 신음하는 이들도 있었는데, 그 중 몇몇은 사흘 밤낮 동안 목숨이 끊기지 않았다.*

라진의 최후와 푸가초프의 반란

1670년 말 돈으로 돌아온 라진은 새로운 부대를 모아 전투를 계속하려 했다. 그러나 돈의 카자크는 동요했고 라진에게 동조하려는 이들은 많지 않았다. 특히 부유한 카자크 인들은 정부군이 돈 지역에까지 진격하는 것을 두려워하여 라진에 적대적이었다. 이들은 라진의 거점을 공격하여 라진 형제의 아내들을 포로로 삼고 마침내 1671년 4월 라진 형제까지 포로로 잡았다. 결국 라진은 정부군이 아니라 동료에 의해 모스크바로 송환되었다. 라진은 마지막까지 차르에 대한 환상을 품었으나 그것은 곧 산산조각이 났다.

* 『러시아의 역사』, 137쪽.

배 위의 스텐카 라진
반란군과 함께 배를 타고 이동하는 스텐카 라진의 모습. 라진은 고민에 잠겨 무엇인가를 골똘히 생각하고 있고 다른 이들은 술에 취해 잠들어 있다. 한 병사가 기타를 연주하는 모습도 보인다.

6월 모스크바에 연행된 라진 형제는 크렘린에서 4일간 밤낮으로 극심한 고문을 받았으나 외마디 소리도 지르지 않았다. 이어 붉은광장에서 수많은 사람들이 지켜보는 가운데 죄인의 목을 베는 집행관이 먼저 한쪽 팔, 다음엔 한쪽 다리, 그리고 목을 쳤다. 그의 시신은 나무에 걸려 1676년 봄까지 광장에 전시되었다.

라진을 호송한 돈의 수령 야코블로하Jakowlokha는 본래 라진의 반란군에 참여했던 자였으나 1660년 수령이 된 뒤 1670년 라진을 배반했다. 라진의 호송 이후 그는 러시아 정부로부터 엄청난 포상을 받고 권력을 공고히 했다. 또 죽을 때까지 수령직을 독식했다. 라진이 동료에 의해 잡히고 모스크바로 호송된 것은 카자크 자치 원칙의 기강이 무너졌음을 보여주는 사례였다. 러시아 정부는 한번도 그런 요구를 한 적이 없었고 설령 그랬다고 해도 카자크가 응하지 않았을 것이다. 처벌 역시 카자크

인들의 합의에 따라 자치적으로 이루어져한다는 원칙 때문이었다. 기강이 흔들린 틈을 타 러시아 정부는 다른 반란 지도자들의 인도까지 요구했다. 자치권을 상실한 카자크는 곧 러시아 황제에게 충성을 맹세하게 되었다. 그 이전까지 카자크는 누구에게도 종속되지 않는 집단이라는 믿음이 구성원들 사이에 확고하게 서 있었다. 하지만 러시아 정부에 복속된 카자크는 폴란드·독일·타타르 등과의 외교권도 상실했다.

반란 후 카자크의 인구는 크게 늘어나 17세기 말에는 카자크 마을이 65개에 이르렀고 그 지역에서 처음으로 농업이 시작되었다. 1690년의 총회에서조차 농업이 금지되었을 정도로 카자크 인들의 심리적 저항이 컸으나 농업은 그 지역에 점차 뿌리를 내리기 시작했다. 표트르 대제 시대에 와서 국가가 개입의 끈을 더욱 조여 마침내 돈은 러시아 국가 영토로 편입되고 카자크 수령도 종래의 선거제가 아니라 정부의 임명제로 바뀌었으며 카자크 군대도 정부 관할에 들어갔다. 표트르 대제는 러시아의 근대화, 서구화를 지향하여 당시까지의 낡은 러시아를 일소했다. 그러한 개혁의 화살은 특히 카자크를 향해 집중되었으나, 그렇다고 해서 자유와 자치에 대한 카자크의 지향이 완전히 없어진 것은 아니었다.

라진이 죽고 한 세기 후 라진과 같은 카자크였고 같은 고향 출신인 푸가초프가 반란을 일으켰다. 라진과 다를 바 없이 에카테리나Ekaterina 2세 정부에 의해 비참한 최후를 맞았으나, 그 반란에는 라진의 후손들도 참여했다. 이는 『예프게니 오네긴』Evgenii Onegin, 1830과 『대위의 딸』 Kapitanskaya dochka, 1836로 유명한 알렉산드르 세르게비치 푸슈킨Aleksandr Sergeevich Pushkin이 1835년 출판한 『푸가초프 반란사』Istoriya Pugachova에 근거한 이야기다. 그러나 1920년대에 와서 카자크의 존재는 완전히 잊혀졌다. 다만 미하일 알렉산드로비치 숄로호프Mikhail Aleksandrovich Sholokhov가 쓴 『고요한 돈 강』Tikhii Don, 1928에서 우리는 그들의 마지막 모습을 그려볼 수 있을 뿐이다.

라진 반란에 대한 평가

라진 반란은 지금까지 농민전쟁이라는 틀 안에서 이해되어왔다. 농민전쟁이란 프리드리히 엥겔스Friedrich Engels가 『독일 농민전쟁』Der deutsche Bauernkrieg, 1850이라는 책에서 처음 사용한 개념인데, 이에 근거해 1960년대에 러시아 역사학에서는 '4대 농민전쟁'이라는 말이 쓰이기 시작했다. 이 견해에 따르면 농민을 주체로 하는 민중이 농노제에 반대하여 일으킨 투쟁 중에서 최고의 형태가 바로 러시아 농민전쟁이며, 그 네 가지란 볼로트니코프Bolotnikow의 반란(1606~1607), 라진 반란, 블라빈Vlabin의 반란(1707~1708) 그리고 푸가초프의 반란(1773~1774)이다. 이는 러시아 역사학의 중요한 주제로 등장해 이에 관해 방대한 연구가 진행되고 자료가 축적되었다. 가령 『스테판 라진 지도하의 농민전쟁』이라는 자료집이 1954년부터 간행되기 시작하여 1976년까지 네 권에 걸쳐 약 2,000쪽으로 발간되었다. 그 외 외국인에 의한 반란 기록도 두 권으로 발행되었다.

그러나 이러한 공식적 견해에 대한 이의는 소련 붕괴 이전부터 제기되었다. 특히 볼로트니코프의 반란에서는 반농노제적 요소가 없었고, 블라빈 반란의 경우에는 돈 지역에 한정되어 카자크에 의한 신분적 특권 회복을 위한 투쟁이었으므로 농민전쟁으로 볼 수 없다는 견해가 제시되었다. 라진 반란에 대해서도 부분적인 이의 제기, 즉 1차 반란 중 페르시아 원정을 농민전쟁에 포함시킬 것인가, 나아가 카자크의 역할을 어떻게 평가할 것인가에 대한 논쟁이 있었다. 그후 소련이 붕괴되자 농민전쟁 자체에 대한 이의가 제기되기 시작했다. 그때까지 라진 반란 연구를 주도한 학자들이 농민전쟁이라는 주제를 진부하고 낡은 것으로 폄훼하면서 새로운 방향에서 연구가 진행되었고, 외국에서도 새로운 연구들이 나타났다. 그 중 대표적인 것이 미국의 러시아 계 학자 미카엘 호다르코프스키Michael Khodarkovsky가 1994년에 발표한 「라진 반란은 농민전쟁인가?」라는 논문이다.

이 논문은 라진 반란의 가장 중요한 사회적 주체가 돈 카자크와 볼가 강 중류 지역의 이민족이지 농민이 아니라는 점을 지적한다. 또한 모스크바가 확대되고 남부와 남동부 변경에 대한 러시아 인의 개척이 활발해지면서 억압당한 여러 비러시아 민족이 반란에 참여했다는 사실에 더욱 주목해야 한다고 주장하기도 한다. 카자크를 단순히 농민이라는 정체성으로만 환원시켜 바라보는 것은 부적절하며, 정작 반란에 참가한 농민은 결코 많지 않았다는 말이다. 실제로 라진이 쓴 「매혹의 편지」에는 농노제의 폐지를 요구하는 부분은 없으며, 반란 진행 중에도 비슷한 지시가 내려진 적이 없다. 또한 반란을 주도한 카자크 인들 중에는 농업을 경시하는 이들도 있었다.

농민전쟁의 신화를 파헤치는 이 논문은 분명 여러 면에서 귀 기울일 만한 가치가 있는 글이지만, 그럼에도 불구하고 농민과 카자크 족을 이렇게 명확히 구분할 수 있는가 하는 점은 문제로 남아 있다. 이 두 그룹은 농노제에 반대하고 반귀족적 지향점을 갖는 등 일상적인 사회의식과 가치관에서 많은 공통점을 보이기 때문이다. 뿐만 아니라 카자크 인들은

의 적 , 정 의 를 훔 치 다

대부분 도망 농민으로서 러시아에 많은 친척이 남아 있어 그들과 일정한 유대관계를 유지하고 있었다. 폐쇄적인 자치 집단이긴 했지만 카자크 인들은 분명 러시아 남부 및 중부 농민들과는 뗄 수 없는 관계에 있었던 것이다.

푸가초프의 반란

    푸가초프는 스텐카 라진의 고향인 돈 강의 카자크 마을에서 태어났다. 그는 열일곱 살에 이미 프러시아와 터키에 대항한 전쟁에 참가하여 용감하게 싸운 덕분에 소위로 임관했다. 그는 병이 들어 집에 돌아왔으나 세 명의 카자크 사람을 탈옥시켰다는 죄명으로 체포되었다. 3일 만에 탈옥했으나, 다시 투옥되었고, 또다시 탈옥하여 무법자가 되었다. 그후 전국을 방랑하면서 빈민들의 고통을 목격하고 카자크 족과 농민들을 동원해 투쟁에 나섰다. 그의 군대는 급속히 늘어나 1774년 5월에는 5만 명에 이르렀다.

    당시는 러시아가 오스트리아, 프랑스와 동맹을 맺고 참전한 '7년전쟁'이 종결된 후였다. 러시아는 동프러시아 전역을 수중에 넣고 베를린에 입성하며 완승을 눈앞에 두었으나 전쟁을 지휘하던 엘리자베타 여제가 급사했다. 그리고 프러시아를 추종하던 표트르 3세가 즉위하면서 프러시아와 동맹을 맺고 전쟁을 종결했다. 표트르 3세의 부인인 예카테리나 2세는 쿠데타로 표트르 3세를 축출하였고, 쿠데타에 참여한 귀족들에게 보상으로 80만 명 이상의 농민들을 분배하였다. 귀족들의 농민들에 대한 착취는 극에 달했고, 농민반란이 일어났다. 당시 농민들 사이에서는 표트르 3세가 농민들에게 자유를 주려 했다는 이유로 축출당했고, 아직 살아 있다는 소문이 돌았다.

    푸가초프는 축출되어 암살당한 황제 표트르 3세를 자처하였고, 여러 지방으로 '황제'의 성명서를 발송했다. 그는 "농노와 농민들에게는 영원한 자유와 토지, 그리고 목초지와 어장을, 카자크 족에게는 현금 보수와 탄환, 그리고 화약과 군량미를 하사하겠다"고 포고하였다. 또한 바슈키르Bashkir 인들에게는 민족의 자유를, 구교도들에게는 신앙의 자유를 약속했다. 그의 군대는 노동자 출신이 지휘하고, 100명 또는 열 명 단위로 편성되어 조직적으로 운영되었다. 군대는 규칙적인 훈련을 받고 우랄과 볼가 강 유역에서 활동했다. 그들은 많은 도시를 점령하고 정부군을 격파했다.

예카테리나 2세는 터키와의 전쟁을 중단하고 정부군을 푸가초프 정벌에 내보냈다. 1774년 3~4월 전투에서 푸가초프 군은 패배하고, 그들을 지지한 광산 노동자들이 있는 우랄 지방으로 도피했다. 푸가초프는 타타르 인들의 지원을 받아 2만의 군사로 카잔을 점령했다. 카잔에서 푸가초프 군은 다시 패하여 볼가 강으로 도주했으나 지방민의 지지를 받아 다시 군대가 늘어났다. 1774년 8월 다시 패하여 볼가 강 너머로 도주했다가 부유한 카자크 인들에 의해 체포되었고, 모스크바로 압송되어 1775년 1월에 처형당했다.

봉기에 놀란 예카테리나 2세는 절대왕정과 농노제를 강화하기 위한 일련의 조치를 취했다. 즉 전국을 40명 정도의 주민들이 거주하는 50개 도로 나누고 다시 각 도는 3만 명 정도의 주민이 거주하는 군으로 나누었다. 그리고 도지사와 군수에게 각각 폭동 진압을 위한 군대와 경찰을 부여했다. 이로써 카자크 족의 '영원한 자유'는 취소되었다.

푸가초프의 반란에 대해서는 라진 반란과 마찬가지로 농민혁명이라는 전통적 견해가 있으나 이에 대한 반론도 있다. 중요한 점은 카자크 족, 농민만이 아니라, 소수 민족, 유랑자 등의 하층민 다수가 자유를 위해 투쟁했다는 것이다. 러시아의 국민작가 푸슈킨이 쓴 『대위의 딸』은 바로 이 푸가초프의 반란을 배경으로 하고 있다.

『고요한 돈 강』

　19세기 러시아 문학의 대표작을 톨스토이의 『전쟁과 평화』라고 한다면 20세기의 그것은 『고요한 돈 강』일 것이다. 전자는 19세기 대 나폴레옹 전쟁 당시의 귀족사회를, 후자는 20세기 초의 제1차 세계대전과 러시아 혁명 전후의 농민 사회를 소재로 다룸으로써 각각의 시대상을 반영한다. 또한 두 작품 모두 대작이다. 원작도 수천 쪽에 이르는 대하소설들이고 이를 바탕으로 만든 영화들조차도 전자는 일곱 시간, 후자는 다섯 시간 41분에 이른다. 할리우드 영화에 익숙한 우리에게 그 긴 영화는 느리고 지루하다는 느낌을 줄 수 있다. 그것이 미국식으로 두 시간 정도로 만들어졌다고 해도 지루하긴 마찬가지였을 것이다. 그러나 분명 걸작이다.

　『고요한 돈 강』은 러시아 남부의 광대한 자연, 뿌리 깊은 카자크 민족의 체취, 거대한 빙하를 연상케 하는 혁명의 움직임을 나약한 인간 존재와 함께 웅대하게 묘파한다. 숄로호프가 쓴 원작은 1928년에 제1부가 발표된 후 1940년에 제4부가 완성되기까지 12년이 걸렸고, 발표되자마자 소련 문학의 최고 걸작이라는 찬사와 함께 1941년에 스탈린상, 1960년에 노벨문학상을 받았다. 그러나 우리는 출판 후 거의 반세기가 지난 1980년대에 와서야 겨우 그것을 읽을 수 있었다.

　영화 〈고요한 돈 강〉은 1957년에 소련이라는 국가의 전폭적인 지원 아래 제작되었으나 세르게이 게라시모프 Sergei Gerasimov 감독은 자신의 예술관에 따라

영화를 만들었을 뿐 소위 선전영화 작가로 타락하지 않았다. 이는 우리나라는 물론 미국에서도 자주 국가가 지원하는 선전영화가 제작되는 것과 비교하면 놀라운 일이다.

공산주의 예술에 대한 우리의 고정관념은 그것이 선전예술이라는 반공주의의 정의에 영향을 받은 것이다. 특히 북한의 문학이나 예술이 그러하다. 그러나 '고요한 돈 강'은 공산주의의 선전문학이나 선전영화가 아니라 한 시골 청년의 모순적이고 이중적인 삶을 통해 인간적 고뇌를 절실하게 표현한 위대한 리얼리즘 예술이며 20세기 전기 소련 사회의 리얼한 묘사다.

『고요한 돈 강』은 『닥터 지바고』처럼 주인공의 간통이나 혁명군에 대한 배반과 같은 주제를 다루고 있으며, 톨스토이 이래 러시아 문학의 전통적인 주제인 인간의 정열을 추구한다. 주인공 그레고리 메레호프는 생명력과 정의감의 표상인 순수한 청년으로 사랑과 혁명 전쟁에서 끊임없는 모순을 경험하는 정열적인 인물이다. 개인적인 정열로서의 사랑은 아내와 연인 사이에서 끝없이 방황하는 것으로, 사회적인 정열로서의 전쟁은 혁명군과 반혁명군 사이를 운명처럼 방황해야 하는 모습으로 묘사된다. 이처럼 그는 평생을 두고 두 가지의 선택 사이에서 방황한다. 그것은 러시아 민중의 이중적 고통을 표상한다. 이 작품에는 소위 공산주의 혁명을 예찬하는 내용은 없다. 오히려 그것은 혁명의 비참함과 무상함을 묘사한다.

전쟁과 혁명 속에서 모든 가족을 잃은 한 청년의 파란만장한 삶을 담고 있는 『고요한 돈 강』의 내용을 살펴보자. 카자크의 청년 그레고리 메레호프는 돈 강 유역 타타르스키 부락의 오두막에 사는 전형적인 러시아 농민이다. 그는 아내 나타샤와 행복하게 살고 있으나 결혼 전부터 이웃집의 유부녀인 아크시냐의 풍만한 육체에도 관심이 있었다. 그의 아버지는 아들이 아크시냐와 사랑에 빠져 밀회를 거듭한다는 사실을 알게 되자 걱정스런 나머지 나타샤와의 결혼을 서둘렀다. 그러나 메레호프는 착하고 순박하기만 할 뿐, 정열적인 여인은 못 되었던 나타샤에 만족하지 못하고 아크시냐와의 관계를 계속 이어간다. 그 일로 아버지와 크게 싸우게 된 메레호프는 아크시냐와 함께 가출하여 제1차 세계대전에 참전한다. 절망한 나타샤는 자살을 기도하지만 미수에 그친다.

전쟁에 대한 웅대한 환상을 품었던 메레호프는 전쟁을 경험하면서 그런 환상에서 깨어나 전쟁이란 대규모의 집단 살인에 불과하다는 것을 깨닫게 된다. 그리고 아크시냐의 배반을 알고서 아버지와 아내에게 돌아간다. 그가 십자훈장을 탄 병사로 다시 전장에 돌아간 뒤 나타샤는 쌍둥이를 낳는다. 과거에 용맹을 떨친 카자크도 대전에서는 패배를 면치 못했고, 전쟁을 혐오하는 분위기가 국내에 퍼진다.

그리고 혁명이 시작된다. 제정이 전복되고 메레호프도 혁명군에 가담하여 대장의 신분으로 반혁명군과 싸운다. 그러나 그는 혁명 의욕의 앙양을 위해서라면 수단 방법을 가리지 않는 혁명군의 간부들에게 실망하여 대열에서 이탈, 다시 고향으로 돌아간다.

혁명으로 인한 내전은 돈 지방에까지 확대되어 카자크는 혁명군으로부터 부락을 지키기 위해 궐기하고 메레호프도 어쩔 수 없이 가담한다. 그의 마을에도 혁명군이 진주하지만, 그는 반혁명분자로 체포되기 직전에 도망하여 위험을 피한다. 시골 사람들도 혁명군과 반혁명군으로 나뉘어 끝없는 싸움을 벌이고 혁명의 운명은 시시각각 변화한다. 메레호프는 반혁명군의 간부가 되기도 하지만 무엇을 위한 전쟁인지도 모르는 채, 심신만 황폐해질 뿐이다.

이때 그를 배신했던 아크시냐가 돌아와 둘은 다시 강하게 맺어진다. 그는 반혁명군 사단장으로서 혁명군과의 전투에 나선다. 그런데 그의 아이를 임신하고 있던 나타샤는 그가 다시 아크시냐와 맺어진 것을 알고서 낙태를 하려다가 결국 목숨을 잃고 만다.

혁명군은 돈 지방을 압도하고 메레호프는 아크시냐를 데리고 피난민과 함께 도망가려고 하다가 혁명군에게 항복한 뒤 그들에게 가담한다. 아크시냐는 티푸스에 걸려 고향으로 돌아간다. 그후 그는 제대하여 고향에 가지만 반혁명 행위로 구속될 위험에 처해 도망친다.

그리고 의적단에 들어가 다시 혁명군과 싸우게 된다. 그러나 의적단이 와해되어 아크시냐와 함께 신천지를 찾아 도망가고자 한다. 야밤에 말을 타고 도망치던 두 사람은 혁명군에게 발각되고 아크시냐는 총에 맞아 죽는다. 극도의 피로에 지친 메레호프는 탈주병 대열에 숨어 방랑하다가 봄과 함께 고향으로 돌아온다. 아버지도 어머니도 아내도 애인도 딸도 모두 죽고 그의 유일한 혈육인 아들 미샤트카만이 조용한 돈의 강가에서 그를 맞는다.

돈 강은 소설은 물론 영화에서도 몇 번밖에 묘사되지 않으나 주인공인 그레고리 메레호프와 함께 주인공인 듯이 느껴진다. 나약한 인간의 변화무쌍함에 비해 변함없이 유유히 흐르는 돈 강은 작가가 주장하려는 역사다. 작품의 무대인 돈 강의 카자크 마을은 작가 숄로호프의 고향이다. 그 자신, 중학생 시절에 혁명군에 참가하여 돈 지방을 전전했고 그후 여러 노동 경험을 거쳐 작가가 되었으나 거의 평생을 두고 돈 강 유역에서 창작을 했다. 따라서 『고요한 돈 강』은 그의 평생의 대표작이라고 할 수 있다.

네스토 마흐노

우크라이나의 아나키스트 의적

네스토 이바노미치 마흐노, 1889~1935
우크라이나의 아나키스트 의적이자 반란군.
"형제들이여, 우리는 여러분을 도우러 왔습니다. 우리는 지주들과 그들의 마름들을 따랐지만 이제 우리
는 자유인입니다. 정의와 평등의 이름으로 여러분들끼리 땅을 분배하십시오. 그리고 모두의 행복을 위해
동등한 관계에서 일하십시오."
— 우크라이나의 한 늙은 농부가 전한 마흐노의 말

러시아 혁명과 마흐노

앞에서 살펴본 라진과 푸가초프가 비록 개인적으로는 불행하고 비참한 삶을 마감했을지라도, 그들의 이름만은 '러시아 인민주의'의 선구자라는 명예를 안은 채 러시아 역사를 화려하게 장식하고 있다. 그에 비하면 지금부터 살펴볼 네스토 이바노비치 마흐노Nestor Ivanovich Makhno, 본명은 네스토 이바노비치 미하인코에 대한 기록은 너무나 적다. 예컨대 우리나라에 번역 출간된 대표적인 러시아 역사책인 C. H. 스이로프의 『러시아의 역사』에서도 마흐노는 이름조차 언급되지 않는다. 이는 마흐노가 1917년 러시아 혁명의 주체인 볼세비키에 대항했고, 그리하여 볼세비키가 주도한 러시아 현대사에서 추방되었기 때문이다.

우리나라에서도 널리 알려진 일본의 비판적 지성 와다 하루키和田春樹는 『농민혁명의 세계: 예세닌과 마흐노』農民革命の世界: エセーニンとマアフノ, 1978라는 책에서 시인 세르게이 알렉산드로비치 예세닌Sergei Aleksandrovich Esenin과 의적 마흐노를 농민혁명이라는 관점에서 분석한 바 있다. 얼마 전 나는 하루키가 위안부로 불리는 성노예 문제에 대해 일본 정부의 입장을 대변하는 것을 비판한 적이 있으나, 적어도 러시아 혁명에 대한 그의 연구는 종래 소련 정부의 교조적인 입장과는 달리 퍽 새로운 관점에서 이루어진 것이기에 흥미롭다. 마흐노를 제대로 이해하기 위해서는 러시아 혁명에 대한 시각을 바꿀 필요가 있다.

1905년 행진 중이던 노동자들 수백 명을 죽음으로 몰아간 '피의 일요일' 사건을 계기로 시작된 러시아 혁명은 1917년에 본격적인 막이 올라 1년 뒤인 1918년에 끝났다는 것을 분명히 이해하고 넘어가야 한다. 볼세비키가 민중으로부터 권력을 빼앗고 그 혁명을 가능하게 했던 노동

피의 일요일 사건

20세기 초 자본가들이 과잉생산의 문제를 해결하기 위해 노동자들을 해고하는 사태가 전세계에서
벌어졌다. '피의 일요일' 사건 역시 상트페테르부르크의 공장 노동자들의 해고가 발단이 되었다. 이
부당한 처사를 '아버지' 황제에게 직접 고하기 위해 수많은 노동자들이 모여 차르의 사진을 들고
궁으로 향했으나, 니콜라이 2세는 군중을 향해 발포를 명령했다.

자·군인·농민들의 손으로 만든 소비에트를 끝낸 것이 1918년이었다.
그 뒤 20년간 레닌주의자들은 지배권을 장악하기 위한 대학살을 통해 스
탈린의 철권독재를 이룩했다. 볼셰비키의 붉은 공포정치는 1906~1910
년 사이 무자비하게 인민들을 학살한 니콜라이 2세 못지않은 것이었다.
1918년 9월 초부터 10월 말까지 정치경찰은 재판을 생략한 채 '부르주아
지 인질'로 보이는 이들을 1만 명 가까이 처형했다.

　　볼셰비키에 대한 저항 가운데 가장 중요한 사건인 크론슈타트
Kronshtadt의 봉기는 페트로그라드Petrograd, 지금의 상트페테르부르크를 멀리 바라
보는 핀란드 만의 크론슈타트 요새에 있는 수병들이 일으킨 것으로, 이들
은 1917년에 볼셰비키를 지원해 '10월혁명'을 승리로 이끄는 데 중요한
역할을 했다. 그러나 이들의 협조를 받아 혁명에 성공한 볼셰비키 정부는

이후 도시 주민들에게 식량도 제대로 공급하지 못하고 정치적 자유를 제한하는가 하면 가혹할 정도로 노동을 규제했다. 결국 도시에 있는 민중들 뿐만 아니라 소비에트 전 지역의 민중들이 볼셰비키 정부를 불신하게 되었다. 1921년 초 도시 노동자들이 파업과 시위를 일으키자, 크론슈타트 수병들도 이에 동조하며 임시 혁명위원회를 조직했다. 경제개혁 이외에도 그들은 '볼셰비키 없는 소비에트', '투옥중인 비非볼셰비키 사회주의자들의 석방', '공산당 독재의 종식', '정치적 자유와 시민권의 확립' 등을 요구했다. 이때 볼셰비키를 지지한 혁명 이론가들이 대거 군을 이끌고 반란군 진압에 나섰는데, 이때는 후에 반反스탈린 세력을 이끌었던 레온 트로츠키Leon Trotsky조차 반란군을 잔혹하게 진압했다.

이 반란은 공산당 정책에 대한 대중들의 불만을 극적으로 드러낸 사건이었다. 우크라이나에서 마흐노가 참여한 반란 역시 이러한 볼셰비키에 대한 민중의 불만과 저항을 표현한 사건으로, 이제는 그 의미를 충분히 음미해볼 필요가 있다.

의적에서 아나키스트로

마흐노는 목동이자 농부이자 아나키스트로 2년간 의적 활동을 했고, 의적을 그만둔 뒤에도 의적과 같은 아나키스트로 살다 죽었다. 의적으로서의 삶은 2년 정도에 그치지만, 의적을 지낸 사람이 평생을 아나키스트로 산 경우는 마흐노밖에 없다. 의적으로서의 마흐노와 아나키스트로서의 마흐노를 구분할 수도 있다. 하지만 그의 아나키즘은 본질적으로 의적 활동에 뿌리를 댄 실천적 이념이라는 점에서 그러한 구분이 별 의미가 없어

크론슈타트
핀란드 만 깊숙이 위치한 코틀린 섬 안에 자리한 크론슈타트는 도시 곳곳이 운하로 연결되어 있다.
1703년에 표트르 1세가 이 섬을 장악한 뒤 새로운 수도 상트페테르부르크 방어를 위해 요새를 건
설하였으며, 1880년대까지 상트페테르부르크의 상업 항구였다.

보인다.

　　마흐노는 지금은 우크라이나로 독립한 과거의 러시아 남부 지역
의 굴랴폴리Gulyai-Polye에서 빈농의 아들로 태어났다. 부농의 마부였던 아
버지가 다섯 자녀를 남기고 일찍 죽어 마흐노는 일곱 살 때부터 목동으로
일했고, 열두 살에는 고향을 떠나 농장과 주물 공장의 노동자 등으로 일
했다. 1905년 혁명 때는 고향으로 돌아왔다. 고향의 농민들도 혁명의 바
람을 타고 토지를 요구했지만 엄청난 탄압을 받았다. 1906년부터 아나키
스트 그룹에 가입한 마흐노는 의적이 되어 '굶주린 자를 위해' 라는 구호
를 내세우며 약 2년간 부잣집을 털고, 경찰관의 생명을 노리는 테러리스
트로 활동했다. 그러다 1908년 일당 열다섯 명과 함께 체포되었고 1910
년의 군사재판에서 사형을 선고받았다. 하지만 아직 어리다는 이유로 교

의 적 ， 정 의 를　훔 치 다

수형을 면하고 무기형 강제노역으로 감형되었다. 마흐노는 교도소 생활에 순종하지 못해 수감 9년 동안 자주 족쇄가 채워지거나 독방에 감금되었다. 하루키는 마흐노가 9년간의 감옥 생활에서 아나키스트들을 알게 되면서 아나키즘에 기울었다고 하나, 정확한 사실은 아니다. 마흐노는 이미 열일곱 살 때부터 아나키스트였다는 주장이 좀더 사실에 가깝다.*

여하튼 마흐노가 감옥에서 자신보다 나이도 많고 지식도 풍부했던 표트르 아르시노프Pyotr Arshinov, 1987?~1937라는 걸출한 아나키스트로부터 아나키즘의 이론과 철학을, 특히 미하일 알렉산드로비치 바쿠닌Mikhail A. Bakunin, 1814~1876과 표트르 알렉세예비치 크로포트킨Pyotr A. Kropotkin, 1842~1921의 사상을 체계적으로 배웠던 것은 사실이다. 금속 노동자 출신인 아르시노프는 볼셰비키였다가 1906년부터 아나키스트가 된 사람이었다. 그는 테러리스트로 활동하다가 러시아를 탈출했고 그뒤 1910년 아나키스트 자료를 밀반입하기 위해 귀국했다가 다시 투옥되었다. 그리고 바로 그 감옥에서 마흐노와 만났다. 훗날 그는 마흐노프슈치나Makhnovshchina, '마흐노의 반란'이라는 뜻으로 마흐노 군대를 가리킴의 역사가가 되어 마흐노의 활동과 철학을 소중한 기록으로 남겼다.

러시아의 아나키즘

아나키즘이 사회운동으로 조직화되어 나타난 것은 19세기 이후였다. 그것은 자유주의나 사회주의처럼 산업혁명에 의해 이루어진 정치적·경제

---

* 폴 애브리치 지음, 편집부 역, 『러시아 아나키스트 1917』, 예문, 1989, 141쪽.

적 집중화의 급속한 진전에 대한 반발이다. 따라서 아나키즘은 정치적 측면에서 자유주의, 경제적 측면에서 사회주의와 어느 정도 공통분모를 갖는다.

러시아를 놓고 보면 아나키즘의 배경이 되는 산업혁명은 서유럽보다 수십 년 늦은 20세기 전환기에 나타났다. 따라서 러시아의 아나키즘은 어느 정도 서유럽 아나키즘의 영향을 받았다. 그러나 그것은, 앞에서 본 라진과 푸가초프의 반란이 대변하는 러시아의 오랜 혁명적 전통에 깊은 뿌리를 두고 독특하게 발전해나갔다. 따라서 러시아 아나키즘에는 서구 아나키즘과 토착적 요소가 혼합되어 나타난다. 혁명적 전통 외에도 러시아 아나키즘의 고유성은 압제적 정치와 절대적 빈곤이라는 토양에서 영향을 받은 측면도 있다.

라진과 푸가초프를 잇는 농민반란은 1901년부터 곳곳에서 터졌다. 그러나 아나키즘은 지식인 운동에서 비롯되었다. 그들은 19세기 유럽 사회주의운동의 두 거목 중 하나인 바쿠닌을 따랐다. 바쿠닌은 잘 알려진 대로 귀족으로 태어나 유복한 유년기를 보내고 장교 교육을 받았으나 결국은 혁명가가 된 인물이다. 확고한 사회주의적 혁명가로서 폭력을 통한 기존 질서의 파괴를 역설했던 바쿠닌은 정치적인 통제·중앙집권주의·권위에 대한 복종과 같은 마르크스의 원칙들을 거부하고 러시아 농민계층에 구현된 저항의식을 내세웠다. 그는 혁명을 경제적 산물로 믿은 이론가 마르크스와 달리 그런 법칙을 신뢰하지 않는, 타고난 실천적 혁명가였다. 특히 그는 경제적 계급으로 부르주아와 프롤레타리아만을 구별하고 지식인을 경시한 마르크스와 근본적으로 달랐다. 그는 억압받는 모든 대중의 혁명을 믿었으며 지식인에게도 혁명적 힘이 있다고 믿었다. 그러

집필 중인 크로포트킨
'상호부조론'이라는 생물
학 이론에 근거해 자발성을
중시하는 아나키즘을 전개
했다. 또 10월혁명 후에는
볼셰비키의 독재에 반대하
다가 냉대를 받기도 했다.

나 지식인이 정치권력을 장악하려는 시도에 대해서는 경고했다. 그리고
정부 그 자체를 제거하는 사회혁명을 주장했다.

　　　바쿠닌의 제자 크로포트킨에 대해서는 우리나라에도 자서전이 번
역 출간되어 어느 정도 소개되어 있는 편이다.* 그는 바쿠닌과 마찬가지
로 귀족 지주 집안에서 태어나 장교 교육을 받았으며 완벽한 이성의 소유
자였다. 따라서 스승과 달리 테러리즘에 반대했고 도리어 마르크스처럼
과학적 이론을 선호했다. 물론 그것은 마르크스의 이론과 다른 것으로,
'상호부조론'이라는 생물학 이론에 근거하여 러시아 농민의 우애적 정신
과 그것을 바탕으로 한 소규모 공동체의 자발적 창조성을 중시한 것이었
다. 그래서 농업과 결합된 공업, 육체노동과 결합된 정신노동이 존재하는

---

* 표트르 알렉세예비치 크로포트킨 지음, 김유곤 역, 『크로포트킨 자서전』*Memoirs of a
Revolutionist*, 우물이있는집, 2003.

프루동과 바쿠닌

프루동(왼쪽)은 양조업자의 아들로 태어나 아버지가 파산한 후, 파리로 옮겨 고학했다. "재산이란 곧 훔친 물건"이라고 단정하며 사적 소유를 근본적으로 부정했고, 생디칼리슴을 주장했다. 바쿠닌 (오른쪽)은 모스크바에서 혁명적인 아나키즘을 받아들였다. 1848년 프라하의 봉기, 1849년 드레스 덴의 봉기, 1863년 폴란드 무장봉기 등에 참여했으며, 1864~1868년 이탈리아의 혁명운동에도 관 여했다.

사회를 이상으로 추구했다. 1905년 혁명이 터졌을 때 바쿠닌 식 테러리 즘을 지향한 아나키스트들이 그 속에서 활약했다. 그러나 그러한 활동은 오래 지속되지 않았고 곧 생디칼리슴Syndicalisme*을 중심으로 한 논쟁이 이어졌다. 그후 1916년까지는 러시아에서 사회운동으로서의 영향력이 미미한 편이었지만 바쿠닌은 프랑스의 사회주의자 조제프 프루동Joseph Proudhon, 1809~1865과 함께 19세기 아나키즘의 주창자로 평가되고 있다.

의 적 , 정 의 를 훔 치 다

논리적인 이론 체계가 마련된 것도 아니고 의욕에 찬 방대한 저술들은 미완성인 경우가 많았음에도 바쿠닌의 명성과 매력은 유럽 곳곳에 숱한 추종 세력을 만들었다. 비록 적은 수이지만 영국·스위스·독일에 아나키즘 조직이 구축되었고 프랑스에서는 비교적 프루동의 관점에 가까웠던 반면, 미국에서는 국가를 포함한 자본주의를 철폐하고 노동자를 중심으로 새로운 질서를 수립하려는 아나키즘적 생디칼리스트들Anarcho-Syndicalistes 이 세력을 과시했다. 이탈리아 및 스페인에서 바쿠닌을 따르는 이러한 아나키즘 운동은 계속 융성했으며, 특히 1936년까지 스페인의 사회주의혁명을 주도한 세력은 바쿠닌의 후예들이었다.

1917년, 자유로운 공동체를 실험하다

마흐노가 석방되어 고향으로 돌아왔을 때는 1917년, 즉 '3월혁명'이 터지고 황제가 물러나 임시정부가 꾸려진 후였다.

이미 2년여의 의적 활동과 7년의 수감으로 영웅이 된 마흐노는 고향인 굴랴폴리에서 전설적인 소비에트를 만들었다. 그는 19세기의 '나로드니키 전통'에 입각하여 농민으로부터 광범한 지지를 받은 사회혁명당에 속한 농민동맹의 지도자이자, 주물 노동자들의 노동조합인 금속·목공

---

* 19세기 말부터 20세기 초에 걸쳐 일어난 노동조합주의 운동으로 의회주의를 부정하고 노동조합을 혁명의 주체로 하여 혁명을 달성하고자 했다. 생산수단을 노동자에게로 되돌려 소생산자 개인의 자유의사에 기초를 둔 협동조합 조직을 만들고, 이들 조직을 지역적으로 연합하자는 이념이다. 사보타주·보이콧·스트라이크(동맹파업) 등의 직접행동으로 자본주의 타도가 성취된다고 주장했다.

조합의 지도자가 되었다. 또한 지역권력의 핵심인 사회위원회의 위원으로도 활동했다. 나아가 무장 농민군을 조직하여 임시정부에 도전하고, 자신이 활동하던 지역을 '자유의 마을'로 불렀다.

특히 1917년 8월에는 농민 스스로 지주의 토지와 가축 및 농기구를 징발하여 농민들에게 균등 배분하도록 했다. 그리하여 철저히 자율적인 공동체가 건설되었다. 각 공동체의 수는 약 100~300명 가량이었는데, 촌락 내의 일부 공장은 노동자들이 직접 통제하게 되었고, 경영위원회는 분배와 생산량 할당의 책임을 맡았다. 자주관리 공장과 농촌 코뮌 사이에는 가장 원시적인 형태인 물물교환이 이루어졌다. 그리하여 이제 마흐노는 단순한 의적이 아니라 과거의 라진이나 푸가초프처럼 농민의 꿈을 실현하는 지도자로 부상했다.

'11월혁명'에 의해 임시정부가 무너지고 볼셰비키 정권이 수립되자 마흐노는 네 개의 농업 공동체를 조직했다. 이는 러시아 경제를 파탄으로 몰아넣은 스탈린주의자의 집단농장인 콜호스Kolkhoz와는 전혀 다른 것이었다. 마흐노 자신은 그 네 공동체 중 한 군데에서 이틀 동안 일하고 나머지 나흘은 아나키스트 그룹과 혁명위원회에서 일했다. 마흐노가 조직한 공동체들은 베를린에서 아까운 목숨을 다한 로자 룩셈부르크Rosa Luxemburg를 기념하여 그녀의 이름으로 불렸다. 이 공동체들의 회원은 모든 사람이 자신의 능력에 따라 일하고 실천할 수 있는 최대의 평등주의를 도입했으며 상호부조의 원칙을 실천했다. 공동체의 대표는 전체 회원이 모인 가운데 선출되었고 각각의 공동체들을 연결하는 회의도 열려 그 중 세 개 회의가 모든 지역을 관할했다. 스페인 아나키스트이자 자유 교육자였던 프란시스코 페레르Francisco Ferrer의 교육 이론에 따라 민주적인 교육

의 적 ,   정 의 를   훔 치 다

스페인의 아나키스트들
1936년까지 스페인 사회주의혁명을 주도했던 세력은 바쿠닌의 후예들이었다. 사진은 스페인 내전
당시 봉기한 아나키스트 시민군의 모습.

도 실시했다.

　　볼셰비키 혁명이 터진 직후에는 보수 세력이 조직한 백군이 혁명
의 가장 큰 걸림돌이었다. 또한 온건한 상층 부르주아가 이끄는 민족주의
자들은 라다Rada라 불리는 중앙의회를 만들어 우크라이나 독립공화국을
수립하고 1918년부터 볼셰비키와 대립했다. 볼셰비키는 처음에 군대를
파견하여 이에 응수했으나 레닌은 곧 오스트리아 – 헝가리 왕국과 브레스
트리토프스크Brest Litovsk 조약을 맺어 우크라이나 전체를 오스트리아 – 헝
가리 왕국에 양도하고 우크라이나의 독립공화국인 키예프에서 점령군을
철수했다. 이러한 상황에 대해 우크라이나 공동체들은 의견 일치를 보지
못한 채로 침입자들에게 대항하는 투쟁을 전개했다. 마흐노는 보수적인

우크라이나 독립공화국의 지배를 거부하고 1918년 1월 군대를 조직해 볼셰비키에 가담했다. 이어 독립공화국 군대가 오스트리아 군과 제휴하여 마흐노의 고향을 공격하자 마흐노는 농민과 노동자로 구성된 작은 부대를 이끌고 대항했다. 그러나 형편없는 열세로 패배하여 볼가 강까지 퇴각했다.

그후 마흐노는 모스크바에 이르기까지 반 년이 지나도록 오랜 방황을 계속했다. 모스크바에서는 만남과 헤어짐의 기쁨과 상처가 세월을 뒤덮었다. 모스크바에서 마흐노는 드디어 크로포트킨을 만나게 되는데, 크로포트킨의 고귀한 정신은 마흐노에게 깊은 감명을 주었다. 크로포트킨이 마지막으로 남긴 다음의 말은 마흐노의 일생을 지배했다.

스스로 택한 목표를 향해 나아가는 길에서 모든 장애를 극복하게 하는 힘은 오로지 의지와 이타적이고 강직한 마음이다.

그러나 크로포트킨을 비롯한 아나키스트들과 모든 면에서 뜻이 맞았던 것은 아니었다. 비슷한 시기, 마흐노는 레닌을 만나 대화를 나누기도 했다. 레닌이 아나키스트들을 '공허한 환상주의'로 비판하자 마흐노는 우크라이나에서는 볼셰비키보다도 아나키스트들과 사회혁명당이 특권계급과 민족주의자를 몰아내는 투쟁의 선봉이었다고 반박했다. 혁명가 레닌의 매력이 마흐노를 감동시키긴 했지만, 모스크바에서 만난 볼셰비키 관료와 지식인들에 대한 전체적인 느낌은 그들이 '종이 위의 혁명'을 계획하고 있다는 것이었다. 모스크바 아나키스트들에 대한 인상도 그리 다르지 않아서, 이 시기 마흐노는 이론 지향의 아나키스트들과 자신의 길이 다르다는 확신을 갖게 된 듯하다.

마흐노프슈치나의 활약

결국 마흐노는 근본적으로 농민의 몸과 마음을 가진 자신과 어울리지 않는 모스크바를 떠나 고향으로 돌아왔다. 고향은 그가 없는 사이 오스트리아 군에게 점령당해 어머니의 집은 불타 사라졌고 불구의 형 역시 총살당했다. 고향에 돌아온 바로 그날 밤 마흐노는 곧바로 비정규 부대를 조직했다. 그리고 우크라이나 농민들의 피와 땀이 담긴 소중한 곡물을 빼앗은 오스트리아 군을 향해 가차없이 돌격했다. 농민들을 불러모아놓고 발표한 첫 선언문에서 그는 다음과 같이 말했다.

죽을 것인가, 투쟁할 것인가. 이것이야말로 현재의 역사적 시점에서 우크라이나 농민 앞에 놓인 양자택일의 선택지입니다. 우리는 새로운 주인에게 우리의 운명을 넘겨주기 위해서가 아니라, 우리 손으로 운명을 쟁취하기 위하여, 또 자신의 의지와 자신의 정의에 따라 살기 위해 투쟁할 것입니다.

마흐노프슈치나로 알려진 그의 부대는 순식간에 5,000명 대군으로 불어났고, 적에게서 포획한 대포와 탱크 그리고 무장 기차들이 부대의 전력을 높여주었다. 특히 뛰어난 기동성과 가벼운 차체를 자랑하는 타찬키tatchanki가 부대 대열 전면에 배치되었는데, 두 마리의 말이 이끄는 이 마차는 마흐노 부대의 상징으로 여겨지기도 했다. 그 뒤로 중앙에는 보병이, 후미에는 포병 행렬이 이어졌다. 마차부대는 2년간 모든 농민과 노동

마흐노와 아르시노프
아르시노프(오른쪽)는 감옥에서 만난 마흐노(왼쪽)에게 아나키즘의 이론과 철학을 가르쳤다. 후에
는 마흐노프슈치나의 역사가가 되어 마흐노의 활동과 철학을 기록으로 남겼다.

자 대중의 전폭적인 지지를 받아, 나중에는 '타찬키 공화국'이라는 말까
지 나오게 되었다. 전투병들은 1914년부터 1918년까지 전쟁을 경험한 농
민들이 주축을 이루었는데, 모두 자원하여 훈련을 받은 병력이었다. 또
부대 안의 모든 직책은 부대원들이 직접 논의해 만들었고 그들이 직접 적
절한 인사를 선출했다.

　　마흐노는 비상한 기동력과 뛰어난 계략으로 게릴라전을 펼쳐 적
이 예상하지 못한 곳에 불시에 출몰하여 공격하고, 순식간에 사라져 그들
에게 공포감을 심어주었다. 또한 적군으로 변장하고 적진에까지 침투해
자신들의 강령을 설파하기도 했다. 부대가 궁지에 몰려 활동 영역이 좁아
지면 부대원들은 모두 고향으로 돌아가 들판에서 일하다가 연락이 오면
다시 전투를 벌였다. 마흐노의 명성이 높아지면서 당시까지 산발적으로

존속된 게릴라 부대가 아나키즘을 상징하는 그의 검은 깃발 아래 모였고, 모든 마을에서 그의 부대에 지원하여 하루에 200리 가량을 행군했다. 그러나 쉴새없는 전투로 농민들은 지옥 같은 나날을 보내야 했다.

볼셰비키와의 대립

앞서 언급했듯이 당시 아나키스트들과 볼셰비키 사이에는 이미 골이 깊이 패여 있었다. 전략적이고 일시적인 협력 이외에 이들은 적대적인 관계를 형성했다. 그리고 1918년부터 볼셰비키는 아나키스트들의 목을 조여오기 시작했다. 대립과 응징은 아나키스트들이 10월혁명 이후 볼셰비키를 집요하게 비판하면서부터 씨가 자라기 시작했다. 아나키스트들은 특히 인민위원제, 인민위원협의회와 체카Cheka*의 설립에 따른 권력의 집중, 민족주의적인 러시아 인민권의 선포, 은행과 토지의 국유화, 공장위원회의 종속 등을 새로운 전제주의 권력으로 비판하고, 볼셰비키 독재를 '평등과 자유로운 노동에 입각한' 새로운 사회로 대체해야 한다고 주장했다. 1918년 2월, 볼셰비키가 독일과 강화조약을 체결했을 때 아나키스트들의 비판은 최고조에 이르렀고 그후 체카 유격대가 아나키스트 사무실을 습격해 대대적인 구속이 이루어졌다. 1918년 여름, 볼셰비키 정권이 식량 독재령을 내려 농민의 식량을 징발하자 농민과 함께 마흐노 군도

---

* 1917년 취약한 국내외 상황을 타개하기 위해 레닌의 뜻에 따라 창설한 비밀 첩보기관으로, 소련 비밀경찰KGB의 전신이다. 러시아 혁명, 즉 볼셰비키 혁명에 반대하는 국내외 집단 세력에 대한 테러와 사보타주, 해외첩보 활동 등을 담당했는데 혁명 기간 동안에만 처형자가 20만 명에 달했다.

파리에서 아나키스트 알렉산더 버크먼과 함께 선 마흐노(왼쪽)

거세게 반발했다. 볼셰비키에 쫓긴 아나키스트들은 마흐노가 있는 우크
라이나로 피신했다. 우크라이나는 전통적으로 러시아의 정치적 반대자
들이 피난처로 삼은 곳이었다. 그곳에 모인 아나키스트들은 혁명적 대중
사이에서 자발적으로 조직된 파르티잔, 그 중의 최고 핵심인 마흐노에 기
대를 걸었다.

아르시노프를 비롯한 지식인들은 마흐노와 협력하면서 레닌이 폐
간시킨 아나키스트 기관지를 다시 발간하고, 페레르가 세운 자유학교를
모델로 아동의 독립성과 자발성을 중시한 대안학교를 설립했다. 또한 농
민과 노동자를 위한 교육 프로그램도 계획하고, 실험적인 극장도 건립했
다. 1919~1920년에 활동한 아르시노프는 모스크바로 떠난 뒤 그곳에서

의 적 , 정 의 를 훔 치 다

운동이 분열되는 모습을 지켜보았다. 또 다른 아나키스트 볼린Voline은 아나키스트 조직 나바트Nabat의 일원으로 약 6개월 동안 군사위원회 의장직을 역임했다. 볼린이 마흐노 부대에서 함께 활동하면서 목격한 일들을 기록한 『미지의 혁명』The Unknown Revolution, 1947은 아르시노프의 『마흐노파 운동사』History of Makhnovist Movement, 1924와 함께 훗날 마흐노의 활동을 알려주는 중요한 자료가 되었다.

전쟁이 끝없이 이어지는 동안 마흐노의 자주관리 이념은 극복하기 어려운 자기모순을 드러내기도 했다. 특히 마흐노는 술을 좋아하고 술에 취하면 폭력적으로 변했으며 여성에 대해 편견을 가졌다. 다른 지휘관들도 크게 다르지 않았다. 또한 이들 부대의 전투 능력이라는 것도 항상 고르게 유지되는 것이 아니라 편차가 심했다. 가장 큰 문제는 내전에 휘말린 마흐노, 볼셰비키, 민족주의자들이 서로 사이가 좋지 못한 점이었다. 모스크바에서는 50명의 아나키스트들이 사살되거나 감옥에 갇혔다. 마흐노 부대가 우크라이나의 부르주아를 폭행하자 그들은 전쟁으로 불구가 된 마흐노의 동생을 살해하고 그의 집을 파괴했다. 이어 마흐노 부대는 처절한 복수를 감행했다. 그러자 1918년 9월에 볼셰비키는 마흐노의 아내와 아이까지 살해했다.

우크라이나 민족주의와의 대립

1918년 11월, 휴전으로 오스트리아 군이 물러가자 마흐노는 볼셰비키와 함께 우크라이나 민족주의자 시몬 V. 페틀류라Symon Vasilyevich Petlyura가 이끈 우크라이나 민족공화국에 대항했다. 12월에는 무기를 옷 속에 감춘 채

마흐노프슈치나
농민들이 주를 이루었던 마흐노
의 부대는 모두 자원하여 훈련을
받은 병력이었고 모든 부대원들
이 평등하게 부대의 운영에 관여
했다. 비상한 기동력으로 게릴라
전을 펼쳐 오스트리아 군과 볼셰
비키와의 전투에서 전력을 자랑
했다.

열차를 타고 가서 페틀류라 군을 불시에 기습하여 격파하고, 이듬해 1월
에는 우크라이나를 공격하여 안톤 데니킨Anton Ivanovich Denikin 장군이 이끄
는 백군파 군대를 쳐부쉈다.

　　1919년 전반기에 마흐노는 고향에서 지역회의를 열어 외부의 적
에 대한 '자발적 동원'과 느슨한 형태의 비권위주의적 정부인 군사혁명
협의회의 구성에 합의했다. 이미 1905년 혁명 때 설립된 아나키스트 조
직을 계승한 그 협의회는 정당원을 배제한 자치적 공동체였다.

　　그것은 지주의 토지를 몰수하고, 공장과 광산을 노동자 전체의 소
유로 하는 노동자 농민의 자유 소비에트였다. 그러나 정당 대표를 제외하
고, 체카나 당위원회와 같은 강제적이고 권위주의적인 규율을 위한 제도
를 부정하여 볼셰비키와 다시 대립하게 되었다. 트로츠키는 협의회를
'반혁명적'이라고 비판하며 회의금지령을 내리고 마흐노를 '아나키스트

산적'이라며 아예 범죄자로 규정했다.

1919년 여름부터 데니킨의 군대가 다시 공세를 취하자 마흐노는 볼셰비키와 다시 제휴하여 함께 백군을 격퇴했다. 그 무렵 마흐노는 에카테리노슬라브Ekaterinoslav에서 아나키즘을 실천했다. 자신이 새로운 법을 공포하리라고 기대한 사람들에게 그는 "어떤 일도 지시하거나 명령하지 않을 것"이라는 선언문을 발표했다. 언론·출판·집회·결사의 자유가 선포되어, 하루 만에 여섯 개의 신문이 창간되었다. 또한 그는 볼셰비키의 혁명위원회를 해산하고 그 구성원에게 "무슨 일이든 정직한 일에 종사하라"고 당부했다. 그의 목표는 모든 형태의 지배를 없애고 경제적·사회적 자치를 유도하는 것이었다. 마흐노는 1919년에 쓴 한 선언문에서 다음과 같이 말했다.

우리 삶의 모든 영역에서, 그리고 우리 스스로 옳다고 생각하는 어떤 방법으로든, 자신을 관리하고 상호 이해에 도달하는 것이 우리의 목표입니다. 이 목표의 성취 여부는 전적으로 노동자들과 농민들에게 달려 있습니다.

그러나 그의 아나키즘은 다수 노동자를 끌어들이는 데 실패했다. 기계 부품처럼 살아온 이들이 별안간 주어진 자유를 스스로 향유하기 어려웠기 때문이다.

마흐노의 실패와 그 유산

1919년 말, 마흐노는 폴란드 전선으로 이동하라는 트로츠키의 명령을 거부했다. 그 명령은 마흐노를 몰아내고 볼셰비키가 우크라이나를 점령하겠다는 음모였기 때문이다. 이듬해 1월 볼셰비키 적군이 마흐노 군을 공격한 뒤부터 8개월 동안 양측의 피비린내 나는 전투가 벌어졌다. 결국 8월에 마흐노는 루마니아까지 퇴각했다. 그러다 10월에 다시 백군의 공격이 시작되어 적군과 마흐노는 공동전선을 수립했다. 그 협조에 대한 대가로 볼셰비키는 아나키스트 전원을 사면하고 언론의 자유도 승인했다. 하지만 한 달 뒤 전세가 호전되자 볼셰비키는 협정을 폐기하고 마흐노 군의 지휘관들을 모두 살해했다. 마흐노와 몇 명만이 겨우 살아남아 파리로 망명했고 그후 아나키스트에 대한 탄압은 더욱 격렬해졌다. 망명한 아나키스트들은 조직의 혼란 때문에 실패했다고 판단하고 재조직화를 서둘렀다. 파리에서 아르시노프를 중심으로 이루어진 그 운동에 가장 적극적인 사람은 역시 마흐노였다. 이미 알코올 중독에 폐병 환자였던 마흐노는 공장에서 저임금으로 중노동을 하면서 아나키스트 운동을 부흥시키기 위해 진력했지만 다른 협력자가 없었던 탓에 결국 실패하고 말았다. 1935년, 20세기를 대표하는 정치적 의적 마흐노는 파리의 중환자용 막사에서 돌봐주는 사람 하나 없이 쓸쓸한 생을 마감했다. 이어 1936년 마흐노 부대의 잔존자들은 스페인 내전에서의 영웅 부에나벤투라 두루티Buenaventura Durruti* 군대에 합세하여 최후를 맞았다.

그러나 마흐노는 죽지 않았다. 예컨대 1954년 러시아 남부의 노릴

---

* 스페인의 아나키스트이자 혁명가. 1936년 스페인 내전에서 인민전선의 부대를 이끌어 혁명을 승리로 이끌고 바르셀로나가 완전히 노동자 수중에 들어온 후에도 프랑코의 파시즘이 장악하고 있던 사라고사를 해방시키기 위해 원정을 떠난다. 그리고 서른다섯의 나이로 그 전투에서 의문의 죽음을 맞았다.

스크Norilsk에서 격렬한 파업이 터지자 사람들은 '자유가 아니면 죽음을 달라' 는 문구가 새겨진 마흐노의 검은 깃발을 흔들었던 것이다.

두루티와 스페인 아나키스트 부대

부에나벤투라 두루티는 1896년 스페인 북부의 작은 도시 레옹에서 태어났다. 일곱 살 때 부친인 산티아고 두루티Santiago Durruti가 용접공들의 총파업에 참여했다가 체포당하는 것을 목격했다. 프롤레타리아의 고통스러운 현실을 남보다 일찍 깨우친 두루티는 학비를 대주겠다는 할아버지의 뜻을 거스르고 대장장이 수련을 받고 금속선반공이 되었다.

1차 세계대전 전후로 스페인에서는 본격적인 산업화가 시행되고 노동자들에 대한 착취는 더욱 심각해졌다. 자연히 파업과 쟁의가 끊이지 않았고 두루티 역시 무정부주의자들로 구성된 노동자국민연합CNT에 가입하여 적극적인 노조활동을 하다가 1917년 총파업 사태 이후 경찰에 쫓기는 몸이 되었다.

1910년대 말부터 두루티와 그의 아나키스트 동료들은 동맹파업자들과 해고 노동자들을 돕고 있던 노동자 조직의 재정난을 해소하기 위해서 은행을 털었다. 여러 습격 사건을 통해 호흡을 맞춘 그레고리오 후버Gregorio Jover, 프란시스코 아스카소Francisco Ascaso, 후안 가르시아 올리버Juan Garcia Oliver, 가르시아 비반코스Garcia Vivancos, 안토니오 오르티스Antonio Ortiz, 리카르도 산츠Ricardo Sanz 등은 '연대의 무리'Solidarios라는 이름을 걸고 함께 활동하게 되었다. 이들은 바르셀로나 시청의 공무원들을 습격하여 10만 페세타를 거두어들였고, 1923년 9월에는 같은 방법으로 은행을 습격하여 65만 페세타를 강탈했다. 그 직전인 1923년 6월에는 아스카소 등이 사라고사Zaragosa에서 추기경 솔데빌라Soldevila를 살해했다. 솔데빌라는 황색 노조의 배후로서 그들에게 돈을 대고 있었고, 그 돈은 또 사창가와 도박굴에서 벌어들인 것이었다.

스페인 내부의 분위기가 안 좋아지자 이들은 잠시 전세계를 돌면서 혁명에 동참한다. 그러는 동안 이들은 불법 억류와 탈주를 거듭했다. 1924년 파리에서 이들은 추방된 마흐노를 만나게 되었다. 당시 마흐노는 다소 의기소침해 있었다. 두루티는 이 우크라이나 사람의 경력에 경의를 표했다. 그리고 마흐노는 이들에게 예언과도 같은, 의미심장한 말을 전했다. "우크라이나와 볼셰비키 권력 간의 협정을 저버린 트로츠키는 우리와 싸우라고 적군을 파견했다. 그들은 우크라이나와 크론슈타트에서 군사적으로 승리를 거두었지만 혁명의 역사는 언젠가 정복자들, 즉 러시아 혁명의 파괴자들을 반혁명 분자로 선고할 것이다." *

1926년, 프랑스를 방문할 예정이었던 알폰소 13세를 암살하러 나섰던 이들은 프랑스 경찰에 체포되었다가 집행유예 처분을 받고 풀려난다.

그후에도 두루티는 여러 번 체포되어 수감 생활을 했고 스페인과 칠레, 아르헨티나에서 사형을 언도받았다. 1936년 프랑코가 이끌었던 보수적인 군대가 쿠데타를 일으키고, 내전이 발발하자 그는 혁명 투사로 핵심적인 역할을 했다. 그는 바르셀로나가 완전히 노동자의 수중에 들어온 후에도, 사라고사를 장악하고 있는 스페인 파시즘의 대부 프랑코와 투쟁하기 위해 다시 원정을 떠났다. 그러나 그는 사라고사의 경계선에 위치한 아라곤 전투에서 의문의 죽음을 맞았다. 당시 그의 나이는 서른다섯이었다.

1939년 프랑코는 공화정부를 무너뜨리고 잔인한 군사 독재를 시작한다. 1940년경 프랑코의 감옥에는 수십만 명에 이르는 정치수들이 수감되었고, 이들은 형식적인 재판을 거쳐 모두 사형당했다. 스페인에서 민주주의가 마침내 다시 복원된 것은 1979년, 독재자 프랑코가 죽은 후 3년이 흐른 뒤였다.

---

* 장 프레포지에 지음, 이소희 외 옮김, 『아나키즘의 역사』, 이룸, 2003, 446쪽에서 재인용.

광대한 바다에서 평등 사회를 꿈꾼

해적들

바다에서 꽃핀 자유의 기상, 서구의 해양문학 전통 · 해적의 재발견, 『악마와 검푸른 바다 사이에서』 · 선원 노동과 해적의 역사 · 복수의 윤리학 · 자유롭고 민주적인 정치적 · 경제적 체제의 실험

해적의 역사는 고대로 거슬러 올라가지만, 17세기 말~18세기 초 해적들의 황금기에 이르러 고유한 해적의 문화와 규율이 확립되었다. 그 중에는 평등주의, 집단적 저항 등의 요소도 포함된다.
"스틱스 강과 검은 물결이 일렁이는 아케론 강을 미소하며 응시할 수 있는 자,
자신의 최후에 용감히 맞설 수 있는 자, 그는 왕들과 신들에 비겨서 손색이 없으리라."
―「아가멤논」 중에서

바다에서 꿈핀 자유의 기상, 서구의 해양문학 전통

망망대해를 가로지르며 거대한 파도가 휘몰아치는 극한 환경 속에서도 늠름하게 바다를 지배했던 뱃사람들. 그들은 분명 우리 문화에도 존재했었다. 그러나 그 날것의 환경에 익숙지 못한 자들이 해양문화에 천하고 야만적인 이미지를 부여했고, 급기야 오늘날 우리는 "우리에게는 해양문학·해양문화가 없다"는 한탄을 종종 듣는다. 3면이 바다인 우리나라의 유리한 지형적 특질을 생각해보면, 쉽게 이해가 가지 않는 이야기다. 신라시대에는 우리나라도 '해양 실크로드'의 한 끝을 차지하고 있어 해상 무역이 활발하게 이루어졌고 해적의 황금기라 불릴 만큼 노략 행위도 끊이지 않았다. 또 장보고와 같은 위대한 해양인들이 눈부신 활약을 펼치기도 했다. 그 이후 해양문화의 전통이 사라진 것은 아마도 '뱃놈'에 대한 전통적인 멸시 때문이 아닌가 싶다. 그래서 요즘 범선과 선원의 이야기는 서양의 전매특허인 양 여겨지고 있다.

『로빈슨 크루소』1719, 『걸리버 여행기』1726, 『백경』1851, 『보물섬』1883 등의 문학작품들뿐 아니라, 수많은 해양영화들을 우리는 기억한다. 이런 책과 영화에는 해적이라는 악당이 등장하는데, 그들은 기름때에 전 반바지와 돛을 만드는 피륙 조각들을 엉성하게 기운 조끼 차림으로 해골 깃발을 휘날리는 해적선을 탄 채 바다를 누빈다. 그들 가운데는 가끔 애꾸눈이나 외팔이들도 끼어 있다.

그런 이야기들에서는 주로 멋진 선장이 서부영화의 보안관처럼 무지막지한 악당들을 쳐부수고 그들이 숨긴 보물을 찾는 스토리가 전개된다. 그러나 역사적으로 그런 관점은 본말이 뒤바뀐 것일 수 있다는 새로운 주장이 제기되고 있다. 오히려 그 선장이 악당이고 해적은 그 악당에 대항한 의적, 바다의 로빈 후드라고 보는 것이다. 역사적 경험으로 '해적은 곧 왜구'라는 편견을 가질 수밖에 없었으며, 해양에 대한 이해가 부족하고 '뱃놈'에 대한 멸시가 머릿속 깊이 뿌리박힌 우리들에게는 이상하게 들릴 수 있지만, 이 새로운 해석은 여러 면에서 주목할 만하다.

이 장에서 다룰 선한 도적들의 이야기에는 우리가 앞서 살펴본 도적들과 근본적이고 중요한 차이점이 있다. 이 이야기의 주인공들이 '선한' 것은 그들이 용감하고 고상한 자유인의 모습을 하고 있기 때문이 아니다. 그들은 그러한 개인적 영웅의 이미지에 의존하지 않고 비슷한 동기와 비슷한 능력을 가진 개별적 존재들의 연합으로 존재한다. 물론 해적들 중에서 특히 이름을 떨친 위대한 선장들의 이야기가 전해지지 않는 것은 아니지만, 영웅의 카리스마보다 매혹적인 것은 바로 그들이 형성한 독특한 공동체 문화다. 그래서 그것을 해적문화라 이름붙일 수 있는 것이다. 따라서 독자들도 바다와 맞서는 고독한 영웅의 모습을 떠올렸다면 잠시 그 모습을 머릿속에서 지우기 바란다. 이 이야기에는 주인공 영웅이 없기 때문이다.

해적의 재발견, 『악마와 검푸른 바다 사이에서』

최근 해적에 대한 책들이 여럿 출간, 번역되고 있다. 그 중에서 미국 피츠버그 대학 역사학 교수인 마커스 레디커Marcus Rediker가 쓴 『악마와 검푸른 바다 사이에서』Between the Devil and the Deep Blue Sea라는 책은 1987년 미국에서 출간되어 여러 권위 있는 학술상을 휩쓸었다. 레디커의 주요 논지는 해적들이 홉스봄이 말한 의적의 공식에 들어맞는 존재라는 것이다. 그

의 적 , 정 의 를 훔 치 다

장보고의 청해진
해상무역이 활발하게 이루어지고 해적의 행위도 성했던 9세기 무렵. 동북아시아의 해적들은 해상
왕 장보고의 출현에 흔적을 감추게 된다. 무역항과 수군진지의 성격을 모두 갖고 있었던 장보고의
청해진은 우리 해양 문화의 역사를 통틀어 가장 화려한 꽃으로 기억된다.

는 그 근거로 이들의 중요한 행위 동기가 정당한 '복수' 라는 점을 들고
있다.[*]

그러나 이 사실을 제외하면 레디커가 분석한 해적 이미지는 우리
가 일반적으로 알고 있는 의적의 요소를 갖지 못한다. 의적이라고 하면
우리는 먼저 부당한 누명으로 무법자가 되어, 악을 평정하고 부자에게서
훔친 재물을 가난한 자에게 나눠주며, 정당한 방위나 복수 이외에는 살인
을 하지 않고, 민중의 지지를 받으며, 불사신처럼 살다가 배반에 의해 죽
는 위대한 사람들을 떠올린다. 그 중 가장 중요한 것은 악을 평정하고 부

* 마커스 레디커 지음, 박연 옮김, 『악마와 검푸른 바다 사이에서』, 까치, 2001, 245쪽.

자에게 빼앗은 것을 빈민에게 나눠줌으로써 민중의 지지를 받는다는 것이다. 그러나 해적이 과연 그러했는가?

우리가 아무리 해적의 미덕을 헤아릴 준비가 충분히 되어 있다고 해도, 해적이 바다에서 노략질을 한 자들이었음을 부정할 수는 없다. 이렇듯 레디커의 책은 통상의 의적 개념과는 상당히 거리가 먼데도 불구하고, 아니 오히려 바로 그렇기 때문에 의적 연구에 결여된 부분들을 보충해주는 아주 중요한 역할을 하고 있다. 종래 의적의 이미지에서는 레디커가 지적하듯이 집단 내부의 공동체주의나 반권위주의, 그리고 평등주의라는 가치들이 간과되어왔다. 이는 의적의 이미지가 워낙 영웅주의에 크게 의존하고 있는 것과 관련된다고 할 수 있다. 의적 연구의 대부인 홉스봄도 고상한 도적이라는 부류와 조금 다른 잔혹하고 공포스러운 의적들에 대해 주목한 바 있다. 그리고 이러한 '복수자'로서의 면모를 중요한 의적의 요건으로 꼽았다.

의적은 불의를 바로잡는 사람들이라기보다는 복수를 하는 사람, 완력을 발휘하는 사람이다. 그들이 호소력을 지니는 이유는 정의의 대리자이기 때문이 아니라 가난하고 약한 자도 두려움의 대상이 될 수 있음을 보여주었기 때문이다.[*]

하지만 홉스봄은 이 특수한 경우들을 살펴보면서, 그들도 어떤 다른 면에서는 '고상한' 가치들을 갖고 있었다고 옹호한다. 또 잔혹성이라

---

[*] 『밴디트』, 100쪽. 복수자로서의 의적에 관해서는 99~116쪽 참조.

「보물섬」 표지

로버트 루이스 스티븐슨은 해적 행위를 대중문화의 인기 품목으로 옮겨놓는 데 성공했다. 『보물섬』은 보물지도, 앵무새, 안대 등 전형적인 해적 이야기의 구성 요소들을 다 갖추고 있다.

는 것도 정당한 복수, 분통 터지는 일들을 수도 없이 당한 피해자의 최종 선택으로서의 복수와 불가분의 관계에 있기 때문에, 고상한 산적들도 이를 정당하게 여기곤 한다고 덧붙인다. 중요한 지적이기는 하지만 결국 홉스봄의 논의에서도 잔혹한 복수자 무리들을 진정으로 의적답게 만드는, 이러한 집단 내부의 민주주의라는 특성은 크게 주목받지 못했던 것이다. 따라서 레디커가 해적 나름의 독특한 내부 민주주의라는 측면에서 새로운 의적상을 보여준 것은 그 자체로 의미 있는 작업이라 생각된다. 의적단이 하나의 공동체로서 의미를 갖는다면 마땅히 그들이 추구한 민주주의적 조직 원리도 새롭게 조명될 필요가 있기 때문이다.

　　사실 중세의 로빈 후드 설화 이래 의적단에서 집단주의 · 공동체주의가 중요한 부분을 차지하고, 그들이 체제의 권위나 불평등에 저항했음이 분명하므로 의적단 내부에서 스스로 권위를 부정하고 평등을 지향

해적들의 재판과 복수호를 이끈 보넷의 최후
왼쪽은 해적들의 모의재판 장면이다. 18세기의 해적선 선장이었던 찰스 베인이나 에드워드 잉글랜드도 이러한 재판을 통해 선원들에게 쫓겨났다. 격렬한 말과 몸싸움이 동반되는 이들의 재판은, 다소 거칠고 무력에 의존하는 것처럼 보였을지 몰라도 모든 구성원들의 대단히 솔직한 의견들을 바탕으로 합의를 만들어가는 과정이었다. 오른쪽은 복수호를 이끌었던 선장 보넷이 해군에 체포되어 처형된 후 거리에 전시되었던 모습이다.

했으리라는 것은 충분히 짐작할 수 있다. 그럼에도 불구하고 이제까지의 의적 연구는 그런 내부 조직의 새로운 경향에 대해 크게 주목하지 못했던 것이 사실이다. 물론 여기에는 종래 의적상이 18~19세기의 낭만주의적 경향에 의해 고착되었다는 점, 의적의 조직에 대해 분석할 자료가 충분히 남아 있지 못한 점 등의 원인들도 존재한다. 하지만 이제는 기존 연구의 폭을 넓히는 작업이 좀더 활기차게 진행되고 있고, 또 앞으로도 그래야 마땅하리라 생각한다.

　예컨대 레디커는 허먼 멜빌Herman Melville의 소설 『백경』에서 볼 수 있는 선원의 낭만적 이미지가 현실 선원의 삶과는 다르다고 지적하고, 선원을 세계인·집단 노동자·임금노동자·단도직입적 인간으로 설명한 뒤, '저항의 화신'으로서의 선원과 해적으로서의 선원을 다룬다. 그 중 우리의 관심 분야는 의적으로서의 선원의 모습을 살펴볼 수 있는 집단 노동자와 임금노동자의 경우이고, 특히 해적으로서의 선원이 주된 논의 대상이 될 것이다.

선원 노동과 해적의 역사

레디커에 따르면 선원은 17세기 자본주의의 전개와 함께 등장한 임금노동자들 중 하나다. 자본주의의 원시 축적이 이루어지는 과정에서 엄청난 노동력이 필요해지자 지배층은 강제적으로 노동자를 징발했고, 그 중 하나가 해운업에 종사할 선원 노동자들이었다. 이들은 17~18세기 집단적 산업 노동의 중심을 차지했다. 그러나 선원 노동은 대단히 위험한 데다 규율도 엄격해서 이에 맞서 스스로의 권리를 옹호하기 위한 선원들의 저항도 매우 거셀 수밖에 없었다. 가령 18세기 영국과 미국에서 선원은 가장 파업을 많이 일으킨 노동자 집단이었다. 오늘날 파업을 뜻하는 '스트라이크'라는 말 자체가 1768년, 런던 선원들이 배의 돛을 찢어 저항한 데서 비롯되었다. 비인간적이라고 할 정도로 잔혹한 권위를 과시한 선장에 대해 선원들은 폭력적인 선상 반란으로 대항했고, 그런 반체제적 무리는 좀더 적성에 맞는 해적으로 직업을 바꾸었다. 따라서 그들의 감수성은 당연히 집단주의적·반권위주의적·평등주의적인 것이었다.

서유럽의 경우에, 해적의 황금기라 불리는 18세기 해적사는 스페인 왕위계승 전쟁*이 끝나고 영국 해군이 급격히 해체되는 과정에서 일자리를 잃은 선원들이 해적으로 돌아서면서 시작되었다고 한다. 또 그 외에 상선 선원들 중에서 자발적으로 해적이 되는 무리들도 있었다. 전쟁 후 선원이 넘쳐나면서 임금이 급격하게 하락하고 동시에 규율이 강화되었는데 이러한 요소도 해적의 발생 원인이었다. 어쨌든 중요한 점은 해적의 발생에는 나름의 사회적 이유가 있다는 점이다. 그들은 노동계급, 선원이라는 출신과 배경을 공유했고, 가족과 사회의 유대로부터 떨어져나와 공동의 가치와 행동 기준을 발전시켰다. 그들은 자발적 동맹을 형성하고, 서로 싸우지 않으며, 동료가 입은 손해에 대해서는 함께 복수했다. 해적의 기하급수적인 증가 추세는 다시 해군이 늘어나면서 주춤해졌고, 정부가 철저한 해적 소탕작전을 펼치면서 점차 사라졌다. 이 과정에서 수백 명의 해적이 처형당했고, 해적과 접촉할 경우 사형에 처하는 엄중한 법이 제정되기도 했다.

　　해적을 비롯한 선원들의 집단행동은 국가와 상인 및 선장들에 의해 엄청난 탄압을 받았다. 그러나 그들은 민중문화에서 중요한 역할을 담당했다. 그들은 항구의 군중들 사이에 투쟁적으로 개입하여 시위의 형식과 내용 모두에 영향을 주었다. 특히 초기 노동자문화의 반권위적이고 평

---

* 합스부르크 가문 출신의 마지막 스페인 왕 카를로스 2세가 후사 없이 죽은 뒤 프랑스 왕 루이 14세의 손자가 펠리페 5세가 되었다. 이러한 프랑스와 스페인 제휴에 반대해 해상무역, 특히 신대륙 무역에서 유리한 위치를 확보하고자 한 영국과 네덜란드가, 스페인의 왕위계승권을 주장하는 오스트리아와 동맹을 맺고 시작한 전쟁이다. 전쟁은 1701년에 시작해 1711년까지 계속되다가 영국과 프랑스가 교섭해 1713년 위트레흐트조약을 체결하며 마무리되었다. 그 뒤에도 오스트리아는 독자적으로 전쟁을 계속했지만, 결국은 1714년 라스타드조약으로 끝을 맺었다.

　　　의 적 ,　정 의 를　훔 치 다

졸리 로저의 원형

해적기에 그려져 있는 해골은 본래 선장들이 사망자를 기록하기 위해 항해일지에 그려넣던 것이라
는 설도 있다. 위의 그림도 제이콥 베번이라는 선장의 항해일지에 그려진 것이다.

등주의적인 전통을 확립했다는 점에서 주목을 끈다. 더욱 중요한 것은 그
들이 자유로운 이동 노동자로서 다른 노동자들과 연대를 형성했다는 사
실이다. 그들의 노동운동은 노동자문화를 만들고 확장시켰다. 이들 해적
이 비록 홉스봄이 말하는 의적과는 상당히 거리가 있기는 하지만, 그들이
보여주는 정상적인 노동계층에서 도적으로의 전환 과정은 다른 어떤 의
적들의 경우보다 의적의 형성을 조장하는 부조리한 현실을 뚜렷이 보여
준다는 점에서 흥미롭다. 특히 해적 내부에서 성취하는 민주주의적 성격
은 근대 노동운동의 다양한 측면을 엿볼 수 있는 기회를 제공한다는 점에
서도 주목할 만한 가치가 있다.

복수의 윤리학

레디커가 해적을 사회적 강도 또는 의적으로 보는 가장 중요한 이유는 그
들이 정당한 복수를 위해 뭉치고 행동한다는 점이었다. 레디커는 이러한

이들의 행위를 '복수의 외침'이라 부른 바 있다. 유명한 해적들 중에는 해적선의 이름 자체가 '복수호'인 경우도 많았다. 복수의 1차 대상은 상선 선장이었다. 그들의 복수는 상선 선장들이 휘둘렀던 폭력적이고 감정적이며 전횡적인 선상 권위에 대한 앙갚음이었다. 상인을 붙잡으면 해적은 '정의를 집행'했고, 선원들에게 선장의 행실을 물어 '불만이 쏟아진 자'에게 '매질을 하고 매질한 자리에 소금을 뿌리는' 처벌을 가했다. 선장들 중 많은 사람이 해적들에게 야만적인 대우를 받았고, 경우에 따라서는 즉결처형되었다. 그러나 다소 험악하게 들리는 이들의 처벌은 매우 섬세한 나름의 원칙과 방식에 근거해 집행되었을 뿐, 결코 무차별적으로 적용되는 법이 없었다. 선원을 학대한 적이 없는 선장은 그들의 처벌 대상에서 제외되었고 해적들은 그를 무사히 돌려보냈다.

복수의 2차 대상은 국가권력이었다. 국가에 의해 체포된 해적들은 다른 사람의 사유재산을 약탈한 자들에게 내려지는 최고형인 사형을 선고받았다. 당시의 법원은 바다가 땅과 마찬가지로 지배와 소유의 대상이라는 근거하에, 해적에게는 그 소유권을 마음대로 침해할 자유가 없음을 분명히 했던 것이다. 구속된 해적에게는 교회조차 자선을 베풀지 않아 어떠한 종교의식에도 참여하지 못하게 했을 정도였으니, 그들은 인류의 적인 짐승이나 맹수와 다름없었다. 하지만 해적들도 결코 호락호락한 존재만은 아니었다. 정부와 해적들의 이러한 적대관계는 상호간에 현상금을 걸고 처형하는 악순환으로 이어졌다. 또 해적들은 정부에 의해 체포되어 사형을 당할 때도 눈물 한 방울 흘리지 않고 태연히 교수대로 걸어나가 스스로를 '떳떳한 사람', '신사'로 부르며 자신의 양심과 명예를 당당하게 밝혔다.

바다로 끌려가는 선원 지망생들
선원들이 불쌍한 이 아이들에게 선원 사회의 현실을 설명해주고 있다. 왼쪽 편의 선원이 보여주고 있는 것은 채찍이며 그 오른쪽 선원이 손가락으로 가리키는 곳에는 멀리 교수대에 매달린 해적 두 목이 보인다.

이러한 복수의 윤리학과 함께 해적 사회의 정당한 근거 중 하나가 바로 공동체 의식意識이었는데, 그러한 해적 공동체를 이끄는 제1원리는 바로 동료 사이의 이해와 협력이었다. 해적들은 다른 어떤 집단보다 동료 로서의 의식이 강했다. 따라서 서로 쉽게 동맹을 맺었으며 또 종종 전력 을 합쳐 공동의 목적을 달성하곤 했다. 국적이 달라도 평화적으로 협력했 고, 서로 공격을 삼갔다. 특히 복수심이라는 예민한 정서적 반응을 공유 한다는 자의식이 뚜렷해 그 복수의 대상자에 대한 공동의 분노가 매우 강 했다. 예컨대 어떤 해역에서 해적이 체포되거나 소탕되면 곧바로 다른 나라의 해적이 그 해역에 속한 상선에 보복공격을 가하곤 했다.

해적이라는 말을 들으면 가장 먼저 떠오르는 이미지가 바로 해골과 'X' 자로 가로놓인 뼈다귀 그림인데, '졸리 로저' Jolly Roger라 불리는 이 그림이 그려진 검은색 해적기는 해적들의 공동체 의식을 보여주는 것으로 해석할 수도 있다. 죽음을 상징하는 듯해, 보는 사람으로 하여금 공포심을 자극하는 이 해적기는 만국의 해적들이 공통으로 달고 다닌 상징물이었다. 해적기에 그려진 해골은 본래 선장들이 사망자를 기록하기 위해 항해일지에 그리던 것이라는 설도 있는데, 이를 통해 해적들이 생존투쟁 가운데 형성된 집단 정서를 표현했다고 볼 수 있다.

해적의 동류의식은 규율 등을 통해 자신들의 고유한 세계를 보존하려는 태도에서도 나타났다. 구체적인 내용은 아래에서 더 자세히 살펴보겠지만, 그들 나름의 규율과 질서는 매우 엄격했으며 자발적으로 지켜졌다. 정부는 그런 대안적 질서가 초래할 위험성을 인식하여 해적들이 일종의 새로운 공화국을 건설할지 모른다고 우려했다. 그러나 해적이 그 정도로 강력한 세력이 될 수는 없었다. 그것은 대중들의 강력한 지지 기반 위에서 활동하면서도 지역사회나 왕권 및 교권과 밀접한 관계를 맺었던 의적과는 전혀 다른 조건에 처해 있던 해적의 태생적 한계이기도 했다. 이들은 공화국을 세우기는커녕 종국에는 너무 쉽게 소탕되어 아예 흔적조차 찾을 수 없게 되었다.

자유롭고 민주적인 정치적·경제적 체제의 실험

가끔 영화나 소설에서 해적들이 선상에 모여 선장의 사회로 중요한 사안

의적, 정의를 훔치다

을 결정하는 장면을 볼 수 있다. 야유와 환호로 자신들의 의사를 표현하고, 박수로 결정된 사안을 통과시키는 모습을 보며 단 한번도 민주주의라는 말을 떠올린 적은 없지만, 따지고 보면 이러한 해적들의 회의야말로 민주주의의 원형에 가장 가까운 전원합의체 결정 방식이었다.

영국과 미국의 경우, 주로 1716~1726년의 10년 동안 약 5,000명의 해적이 활동한 것으로 보고된다. 그 대부분은 선원으로 활동하다가 해적에 붙잡혀 해적이 된 사람들이었다. 그들은 선상 권력을 집단적으로 관리하고 공유하는 독특한 평등주의를 형성했다. 따라서 규율과 관습은 구성원 모두의 동의를 받아 시행되었고, 구성원들은 그러한 합의에 기반을 두어 권위와 노획물을 분배했다. 따라서 해적 사회의 최고 권위는 위원회에 있었으며 구성원의 복지에 중요한 영향을 미칠 사안은 그 위원회에서 결정되었다. 일반적인 상선에서도 선장이 중요한 결정을 내릴 때 구성원 전원의 의사를 물어보는 것은 고대 관습의 하나였으나, 그것은 근대 이후에 사라졌고 고급 간부들만이 위원회를 꾸려 운영했다. 그것이 해적들에 의해 전원합의체로 부활된 것이었다. 위원회는 최상의 노획물을 얻는 방안이나 노획물 분배를 비롯한 의견 불일치를 해소할 방안을 토의했다. 위원회는 보통 전원이 참석하는 합의체였으나, 경우에 따라서는 특별한 결의체로서 별도로 소집되기도 했다. 어떤 경우든 거기에서 내린 결정은 절대적인 것으로 선장도 그것을 위반할 수 없었다.

그렇다면 해적들의 우두머리인 선장은 어떤 기준과 어떤 방식으로 뽑았을까? 먼저 당연히 해적선의 선장은 대담하고 항해에 능한가 하는 점이 가장 중요하게 고려되었다. 만약 겁이 많거나 해적 행위를 거부하면 지위를 박탈당했다. 드문 경우지만 거꾸로 너무 잔혹한 경우에도 선

누가 선장이 될 것인가?
해적선의 선장이 되기 위해서는 무엇보다도 싸움을 잘 해야 했다. 해적들은 결코 선상에서 결투를 하지 않았다. 뭍에 내려서 총이나 칼을 들고 동료 선원들의 감독하에 반칙하지 않고 싸워 이겨야만 승리가 인정되었다. 하워드 파일의 그림.

의 적 , 정 의 를 훔 치 다

장의 자질이 모자란 것으로 여겨졌다. 레디커에 따르면 선장에게는 특권이 없고 도리어 일반 해적들의 하수인이나 다름없었으며 침대 하나도 허용되지 않았다고 한다. 레디커는 이처럼 해적들이 선상에서 공간과 특권을 의도적으로 재편한 것은 의미심장한 현상이라고 본다. 해적선의 선장은 싸우고, 쫓아가고, 도망치는 데에는 전권을 부여받았으나, 그밖의 사안에서는 아주 사소한 문제라도 반드시 다수의 의견을 묻고 그에 따라야 했다. 해적들이 선장의 권한에 이렇듯 엄격한 제한을 둔 것은 과거에 선장을 비롯한 상관으로부터 학대를 당한 경험이 있었기 때문이다. 이처럼 민주적으로 간부나 사관을 선출하는 관행은 일반 상선 및 해군의 독재적인 명령체계와 현격히 대조된다.

해적은 또한 선장이 권위를 남용하지 못하도록 조타수에게 견제권이나 지휘권을 주었다. 조타수는 일반 상선에서는 간부로 취급되지 않았으나, 해적선에서는 분쟁을 판결하고 음식과 돈을 분배하며 상선에 대한 공격을 지휘하기도 했다. 즉 일상생활의 분쟁을 조정하는 치안판사의 역할civil magistrate을 담당하고, 공평하게 필요한 물건을 분배했다. 이처럼 조타수에게도 권한을 위임하여 권력의 1인 집중을 막은 점도 해적 사회의 중요한 특징이었다.

이들의 민주적인 체제를 입증하는 또 한 가지 근거는 바로 가입과 탈퇴의 자유와 관련된 부분이다. 이 역시 해적 사회에서 중요한 원칙으로 상정되어 엄격하게 지켜졌던 규율 중 하나다. 해적이 되기를 강요하지 말 것, 자발적인 의사에 의해 해적이 된 이상 해적의 규율을 엄격히 지킬 것, 또 더 이상 그에 동의할 수 없을 때는 자의로 떠날 것 등이 규율의 내용이었다. 이러한 원칙은 기존의 차별적 질서에 대한 강한 저항의 정신을 바

보물을 분배하는 해적들
해적들의 보물 분배는 가장 투명하게, 원칙에 준하여 이루어졌다. 선장과 조타수, 포수장과 갑판장,
간부선원, 일반 신사들이 적절한 비율로 전리품을 나누어 가졌다. 역시 하워드 파일의 작품이다.

탕으로 이루어진 것이었다. 따라서 해적 사회에서는 신입과 기존 회원 간
의 차별도 존재하지 않았다. 상선의 폐쇄적이고 권위주의적인 세계를 경
험한 그들은 특히 갈라져나갈 자유를 존중했다.

또 한 가지, 해적의 규칙은 통제가 아니라 방임을 위한 것이었다.
과오나 비행에 대해서는 선원 다수의 합의에 의해 처벌했고, 비인간적인
채찍은 사용되지 않았으며, 다른 해양 직종에서는 처벌받을 행위도 대체
로 용인했다. 예컨대 분쟁이 있으면 육지에서 권총 결투로 해결하되, 양
편이 빗맞으면 칼로 싸우고 먼저 피를 낸 사람이 승자가 되었다. 이러한
해결 방법은 승무원들의 화합을 증진시켰다. 도저히 어쩔 수 없는 중대한
규율을 위반한 경우에는 무인도에 버렸다. 그리고 극형인 사형은 일반 해
적들보다는 주로 권한을 남용한 선장에게 적용되었다.

의 적 , 정 의 를 훔 치 다

평등의 원칙은 이들이 노획물을 배분하는 과정에서 가장 극명하게 드러났다. 약탈한 재물은 내규에 따라 주로 기술과 직무에 맞게 배당되었다. 일반 해적을 1로 볼 때, 선장과 조타수는 1.5 또는 2에 해당하는 몫, 포수·갑판장·항해사·선목船牧·선의船醫는 1.25에서 1.5까지 배분받았다. 이는 상선이나 해군 등의 위계에 따른 임금의 상세한 세분화, 특히 상층부와 하층부의 엄청난 임금 격차를 평준화한 것이었다. 자본주의적 임금체계를 부정하고 이들이 채택한 다소 원시적으로 보이는 이 할당제는 당시에 가장 평등한 임금체계였다. 이는 해적들이 자신들을 임금노동자가 아니라 위험을 공유한 동업자로 의식한 것으로 해석할 수도 있다. 노획물 가운데 일부를 부상한 불구자 동료를 위한 공동기금으로 돌려 사회보장 장치까지 마련했던 점도 이들이 분배의 정의를 무엇보다 중요하게 생각했음을 짐작하게 한다.

이렇듯 해적들이 나름의 정의로운 감정에 이끌려 바다에 떠다니는 시위 군중의 역할을 담당했다는 근거들은 꽤 여러 군데서 발견된다. 그들의 정의로움은 대중들의 입장에서도 전혀 수용할 수 없는 것은 아니어서, 그들의 활동이 어느 정도 대중적 정서의 기반 위에 있었다고 할 수 있겠다. 하지만 이들에 대한 대중들의 호감이나 지지는 로빈 후드 같은 전형적 의적과는 양적·질적으로 큰 차이가 있었다. 이들의 가치관은 전통적인 농업사회나 봉건적 지역사회의 법칙과는 전제에서부터 달랐고, 이들 내부에서 서로 얼마나 평등하게 전리품을 분배했든 간에 그것을 가난한 서민들에게 나누어준 것은 아니었기 때문이다.

바르톨로뮤 로버츠 해적선의 자치규약

앞서 살펴본 대로 법을 초월해 살았던 해적들도 스스로 만든 규약은 엄격히 지키며 살았다. 먼저 중요한 것은 선장의 선출이었다. 당시 사람들은 해적들이 "정규 지휘체계가 없다"고 주장했는데, 이는 상선, 군함, 사략선의 질서와 '다른' 질서를 무질서로 오해한 것일 뿐이다. 요약하자면 그 규약은 거칠고 즉흥적이지만 효과적인 평등주의를 지향하는 것이었다. 해적선에서 시행되던 규율과 관습에는 뚜렷한 통일성이 있었고, 일목요연한 항목으로 정리되어 효력을 발휘했다. 규약에는 도박·여성 희롱·싸움·음주를 금지하는 조항들이 포함되어 있었다. 해적 규약들은 수도 많고 저마다 다양했지만 지금은 거의 자취를 찾을 수 없다. 아래의 규약은 18세기에 활약한 바르톨로뮤 로버츠 해적선의 해적들이 작성한 것*으로 현존하는 극소수 해적 규약 중 하나이다. 여기서 특히 눈에 띄는 것은 부상당한 선원들을 돕는 금전적 부조였다. 해군에서 부상한 수병들은 해변에 버려져 구걸하다 굶어죽었던 반면, 해적들은 동료들을 돌봤다. 혁명적인 사회강령이라 하지 않을 수 없다.

1. 모든 선원들은 현안에 대해 동등한 표결권을 갖는다. 어느 때든 노획한 식료품과 주류에 대해 동등한 권리를 가지며 공동선을 위해 절약하기로 결정한 경우를 빼고는 그것들을 마음대로 이용할 수 있다.
2. 모든 선원은 전리품 목록에서 공평하게 자기 몫을 요구할 수 있다. 자신의 정

당한 몫 외에도 옷을 한 벌 더 가질 수 있다. 하지만 동료의 보석이나 돈을 1달러어치라도 더 사취하면 무인도에 버리기로 한다. 동료의 것을 훔치면 코와 귀를 자르고 고생스러운 해변에 내버려질 것이다.

3. 주사위놀이든 카드놀이든 돈을 걸고 도박을 해서는 안 된다.

4. 불은 밤 여덟 시에 끈다. 이후에 술을 마시고 싶다면 불을 켜지 않고 갑판에 앉아 마셔야 한다.

5. 모든 선원은 전투에 즉각 사용할 수 있도록 늘 각자의 장비, 단검, 권총을 정비해야 한다.

6. 소년이나 여자를 배에 데려와서는 안 된다. 여성을 유혹하여 배에 데려온 것이 발각되면 죽음을 면할 수 없다.

7. 전투가 진행되는 동안 도망치는 자는 처형하거나 무인도에 버린다.

8. 배 안에서 서로 때려서는 안 되며, 언쟁이 있을 경우에는 육지에 내려서 칼이나 권총으로 결정하는데, 방법은 이렇다. 결투자들은 등을 지고 서 있다가 조타수의 명령에 따라 즉시 돌아서서 발사한다. 첫 번째 발사에서 양편 모두 빗맞으면 칼을 잡고 싸우며, 그럴 경우 먼저 피를 낸 자가 이긴 것이다.

9. 각자 저축금 1,000파운드를 채울 때까지 현재의 삶을 계속해야 하고, 그 이전에 이 생활을 그만두겠다고 말해서는 안 된다. 근무 중에 불구가 된 사람은 모두 공동기금에서 800은화를 받고, 부상자들은 부상 정도에 따라 배분받는다.

10. 선장과 조타수는 전리품 배당 몫의 두 배, 포수장과 갑판장은 1.5배, 다른 간부 선원들은 1.25배, 일반 신사들은 한 배를 받는다.

11. 악사들은 안식일에 쉴 수 있다.

---

* 이하 규약의 내용에 대해서는 『악마와 검푸른 바다 사이에서』, 239~244쪽과 앵거스 컨스텀 지음, 이종인 옮김, 『해적의 역사』, 가람기획, 2002, 277~279쪽, Daniel Defoe, *A General History of the Pyrates*, pp. 167, 211~213, 298~308을 참조했다.

살바토레 줄리아노

시칠리아 민중의 대부

지중해 시칠리아의 의적 · 이탈리아 속의 시칠리아의 역사 · '몬텔레프레의
왕' 줄리아노 · 시칠리아의 의적과 마피아 · 공동체운동으로서의 마피아

살바토레 줄리아노, 1922~1950
열렬한 시칠리아 독립운동가로 활동한 시칠리아 출신의 의적.
"위대한 사회혁명의 이름으로, 나는 부자들의 재산을 빼앗을 권리를 주장합니다. 너무 많이 가진 자들에게서 빼앗은 것을 가진 게 아무것도 없는 자들에게 주기 위해섭니다. 줄리아노 부대가 범죄자들이 아니라 용감한 군인이라는 것을 사람들은 벌써 잘 알고 있습니다. 우리는 우리의 인민들과 땅을 위해 싸우는 독립군입니다."
— 살바토레 줄리아노, 1946년

지중해 시칠리아의 의적

우리에게는 잘 알려지지 않았지만 세계적으로 인기를 끈 현대 의적 중에 살바토레 줄리아노Salvatore Giuliano라는 시칠리아 출신 의적이 있다. 이탈리아 의적이라고 하지 않고 굳이 시칠리아 의적이라고 하는 것은 그가 활동한 시대가 이탈리아에서 국가 권력이 재편성되던 시기였고, 그 역시 이탈리아 중앙 정부에 대항하여 시칠리아를 독립시키려던 의지를 갖고 있었기 때문이다.

시칠리아는 지중해에 위치해 있다. 그것도 지중해의 한가운데, 지중해 해상 교통로의 최고 요충지에 자리하고 있다. 기후가 좋아 농산물도 풍부하다. 하지만 그런 좋은 여건들 때문인지 항상 강한 민족, 부족들이 시칠리아를 넘보고 침략하고 지배했다. 사실은 지중해 지역 전체가 세계 어느 곳보다도 복잡한 역사와 민족·종족들 간의 자리다툼으로 점철되어 있다고 해도 과언이 아니다.

줄리아노는 바로 이 복잡한 지역에, 복잡한 시대에 태어나 자기가 옳다고 믿는 일들을 (법대로가 아닌) 자기 방식대로 하며 살다가 죽었다. 그곳에서 법은, 지배층이 수시로 바뀜에 따라 제 역할을 하지 못한 채 권력의 추이를 좇아 이리저리 움직였다. 그리고 무엇보다 법과 중앙권력은 민중에게서 너무 멀리 떨어져 있었다. 자연스럽게 민중은 자기들 나름의 오랜 법에 의존하게 되었다. 시칠리아는 바로 그런 곳이었다. 시칠리아에서는 경찰이나 판사보다 지역 유지나 마피아가 일반인들 사이의 분쟁을 조정하고 보호하는 역할을 해왔다.

이런 상황은 시칠리아에만 국한된 것은 아니었다. 지중해 근처의 남서부 유럽에서는 의적들이 민중들의 지지를 받으며 상당히 공적인 활동을 했었다. 그리고 이들은 꽤 현대에까지 살아남았다. 아니, 오히려 현대에 이들의 활동은 더욱 두드러졌다. 이에 대해 홉스봄은 이 지역의 '사회적 반란' Social rebel이 중세적인 성격이면서도, 왜 19~20세기에 와서 그렇게 만개했는가를 검토한다. *

　　홉스봄에 의하면 19세기 남서부 유럽은 자본주의가 서서히 발전한 서부 유럽과는 달리, 자본주의에 '갑자기' 편입됨에 따라 사회적 반란이 발생한다. 무법자outlaw는 자기 가족의 원수를 갚는 혈족 복수자와 의적social bandit으로 나타나는데, 혈족 복수자는 곧잘 의적으로 변하고 의적은 다시 농민반란을 주도하는 세력이 되었다. 농민반란은 억압과 가난에 항거하는 농민 대중의 바람을 대변하는 것이지만, 그 지향은 전통을 지키려는 보수적인 것이었다. 하지만 이러한 보수성을 근거로 농민반란의 의의를 과소평가해서는 안 된다는 게 그의 주장이다. 그는 종래 원초적 반란이 대부분 뚜렷한 정치적 의식을 갖지 못한 대중이 일으켰다는 이유로 주변적이고 사소한 것으로 무시된 것은 잘못이라고 말한다. 즉 의적을 포함한 사회적 반란은 결코 몽매하고 초보적이며 하찮은 것이 아니라는 말이다. 그들 대부분은 지금도 다수며, 그들의 정치적 각성이야말로 그 시대를 역사에서 가장 혁명적인 시기로 변화시킨 원동력이기 때문이다.

이탈리아 속의 시칠리아의 역사

앞서 살펴보았듯이 시칠리아는 그 위치의 중요성 때문에, 그리고 풍부한

---

* 에릭 홉스봄 지음, 진철승 옮김, 『원초적 반란』, 온누리, 1984, 14쪽.

농산물 때문에 외적으로부터 끊임없이 침략을 받았다.

시칠리아 섬에는 오래전 청동기 문화권의 종족들이 전통의 문화를 발전시키고 있었다. 그러다가 그 동부와 서부에 그리스와 페니키아 세력이 각각 식민도시를 세웠다. 또 그곳은 한때 포에니 전쟁의 무대가 되었다가 로마에 정복된 후에는 수백 년간 로마의 곡창 구실을 했다. 로마 제국이 쇠락한 후에 시칠리아 섬은 비잔틴 제국의 지배를 받게 되었고 9세기부터 이슬람 문화권의 사라센 인들이 쳐들어온 이후 200년이 넘는 기간 동안 이슬람 문화권의 지배하에 있었다.

1130년에는 노르만 민족이 사라센을 몰아내고 시칠리아 왕국을 건설했다. 이때의 시칠리아 왕국의 왕은 이탈리아 남부의 나폴리 왕국까지 겸하는 세력이었다. 그후 시칠리아는 노르만 민족, 독일의 호엔슈타우펜 왕가, 프랑스의 앙주 왕가의 지배를 차례로 받는다. 그후 앙주 왕가의 압제에 불만을 품은 시칠리아 사람들은 부활절 만종을 신호로 거대한 반란을 일으켰다. 이러한 일종의 독립운동 사건이 바로 '시칠리아의 만종' 사건이다. 시칠리아 인들의 무장봉기는 20년간 지속되었고 결국 앙주 왕가는 시칠리아에서 물러나 나폴리 왕국만을 다스리게 된다. 그리고 시칠리아는 스페인 아라곤의 왕 피터 3세가 다스리게 된다. 스페인의 세력은 15세기에 들어 다시 나폴리에까지 미쳤으며 16세기부터는 다시 시칠리아의 왕이 나폴리 왕을 겸하게 되었다.

16세기에는 또 오스만 제국과 베네치아, 제노바, 스페인의 신성동맹 함대가 전투를 벌이기도 했다. 그것이 그 유명한 레판토 해전이다. 레판토 해전에서 승리한 신성동맹 세력은 지중해를 제패하고 시칠리아까지도 지배하지만, 그 지배나 귀속이란 여전히 강력한 것은 아니었다. 이렇

레판토 해전

1571년 레판토 앞바다에서 베네치아 · 제노바 · 스페인의 신성동맹 함대가 오스만 투르크 함대를 격파한 해전을 말한다. 이는 지중해를 제압하고 있던 오스만 제국이 서지중해 지역으로 팽창할 것을 두려워한 교황 피우스 5세의 명령으로 일어난 전투였다.

듯 열강들의 끊임없는 지배와 침략에 시달리면서도 오히려 그 때문에 특정 정치체제의 강력한 지배를 받지 않았던 이 지역에 도적이 많았던 것은 당연하다.

1713년부터는 이탈리아의 사보이 왕국이 시칠리아 왕국을, 오스트리아가 나폴리 왕국을 지배하다가, 1743년 스페인의 왕인 부르봉의 찰스 3세가 나폴리와 시칠리아를 정복한 후 양 시칠리아 왕국을 건설했다. 그후 프랑스 혁명과 나폴레옹의 지배의 영향으로 유럽 전역에 혁명의 기운이 고조되었고, 마침내 1861년 이탈리아는 사르데냐 왕국이 북부를 제패하고 중부와 남부가 국민투표를 통해 통합에 동의함에 따라 대통일을 이루게 되었다.

18세기에 오면 지중해 지역의 도적은 더욱더 번성한다. 이 일대가

의 적 ,   정 의 를   훔 치 다

대지주들의 손에 들어가기 때문이다. 대지주들은 18세기 말부터 새로운 농법을 도입해, 종래의 농법으로 농사를 짓던 소작농들은 더욱 큰 압력을 받았다. 게다가 지주와 소작농 사이에 농지 임대차를 중개하는 계층이 생겨나 소작농의 부담은 더욱 커졌다.

시칠리아가 통일 이탈리아 왕국의 한 주로 편입된 후에도 시칠리아 민중의 삶은 나아지지 않았다. 그후에도 시칠리아는 공업화된 북부 이탈리아의 국내 식민지 취급을 받았다. 무거운 세금과 징용제 때문에 불만은 쌓여만 갔다. 1866년에는 폭동이 일어났고, 설상가상으로 제1차 세계대전이 터졌으며 1922년에는 파시스트 무솔리니가 정권을 잡아 독재정치를 펼쳤다.

지금도 시칠리아를 방문한 사람들은 그 분위기가 대륙과 너무 다른 것에 놀라곤 한다. 유럽, 아시아, 아랍의 분위기가 절묘하게 섞여 독특한 색깔을 내기 때문이다. 시칠리아 인들 스스로도 대륙과 상당한 거리감을 느낀다. 특히 잘난 척하는 북부 밀라노 사람들과는 아주 사이가 좋지 않다. 북부, 특히 밀라노 사람들 사이에도 역시 남부, 특히 시칠리아 사람들을 사회적으로 무시하는 분위기가 남아 있다. 시칠리아 사람들은 이런저런 이유로 고유의 공동체에 대한 각별한 애정을 키우게 되었다.

'몬텔레프레의 왕' 줄리아노

이탈리아 20세기 최후의 의적이라고 평가되는 살바토레 줄리아노는 시칠리아에서도 가장 덜 유럽적이고 덜 이탈리아적인 몬텔레프레Montelepre라는 곳에서 태어나 자랐다. 1943년 파시스트 정권이 무너진 뒤 이탈리아가 사회적·경제적 혼란기를 거칠 무렵, 시칠리아에는 음식이 제대로 공급되지 않아 기아와 영양실조로 고통받는 사람들이 많았다. 가족을 먹여 살리기 위해 줄리아노는 시칠리아 암시장에서 일하기 시작했고 밀수를 하기도 했다.[*] 그해 9월 줄리아노는 검문소에서 일종의 연방경찰관이라 할 수 있는 카라비니에리carabinieri가 자신을 저지하려 하자 그를 총으로 쏘아죽였다. 이때부터 몬텔레프레 변경과 산언저리를 배회하는 도망자로서의 삶이 시작되었다. 그후 그는 시칠리아의 주도인 팔레르모Palermo에서 감옥을 파괴하고 죄수들을 해방시키고 부하로 삼았다. 줄리아노는 금세 동료들을 불려나갔다. 부유한 시칠리아 사람들로부터 훔친 돈으로 음식과 무기를 사고 가난한 농민들을 밀수단에 고용했다. 강도·유괴·강탈·스파이와 경찰 암살 등 그들의 행동 범위는 넓었다. 줄리아노와 그의 일당이 죽인 사람 수만 140여 명에 이른다고 전해진다. 물론 정확한 수치는 아니다.

줄리아노를 지탱했던 가장 큰 힘은 몬텔레프레 및 그 주변 지역 주민들의 전폭적인 지지와 가족들의 헌신적인 도움이었다. 그는 자신을 지지하고 협력하는 사람에게는 매우 관대했고, 돈도 많이 주었으며, 각종 정보와 의료시설과 음식을 공급했다. 이렇게 사랑과 숭배의 대상이 되자 그의 이름은 반대 세력들의 마음속에 엄청난 두려움을 안겨주었다. 그는 자신을 배반한 이들을 죽이고 그 시체 위에 하나하나 메모를 남겼다. 이

[*] 이하 줄리아노의 일생에 대해서는 Billy J. Chandler, *King of the Mountain: The Life and Death of Giuliano the Bandit*, Northern Illinois University Press, 1988; Marianna Giuliano, *My Brother Salvatore Giuliano: The True Story*, Arnone Editore, 2000; Gavin Maxwell, *God Protect Me from My Friends*, Long mans, 1956을 참조했다.

의 적 , 정 의 를 훔 치 다

팔레르모
독특한 지중해 문화를 간직하고 있는 시칠리아에서도 특히 팔레르모는 동양과 유럽이 혼합된 아름다운 도시다.

러한 든든한 인맥과 활동 지역 주변에 대한 치밀한 지식은 줄리아노가 7년 동안이나 도망 생활을 지속할 수 있었던 힘이었다. 지역 경찰관들로서는 그를 잡는다는 것이 너무나 힘에 부치는 일이었다. 결국 그를 잡기 위해서는 카라비니에리가 개입할 수밖에 없었다.

　줄리아노에 대한 재미난 일화들은 한두 가지가 아니다. 1944년 그의 세력권 내에 있는 대농장 부재不在지주의 부하인 농장 관리인이 몬텔레프레 농민들에게 토지를 빌려주지 않자 관리인을 위협하여 빌려주게 하는가 하면, 귀부인의 집을 털면서 부인을 비롯한 그 집 사람들에게 해를 가하지 않았고, 존 스타인벡John Steinbeck의 소설을 빌리고는 며칠 뒤 사례 편지와 함께 돌려주었다는 등의 사건이 언론에 보도되어 의적으로 널리 알려졌다.

　줄리아노의 초기 경력은 그 지역에 있는 다른 무법자들, 마피아들

과 별로 다르지 않았다. 제2차 세계대전이 끝난 후 그는 정치 쪽으로 활
동 영역을 옮겼다. 그리고 1945년 4월에 시칠리아 독립선언을 발표했다.
그는 청년 장교들로 구성된 독립운동 단체 등과 접촉하여 독립군 대령으
로서 봉기에 참가했다. 또한 1945년 말에 일어난 봉기 때에는 정부 요새
를 공격하고, 이듬해 1월에는 경찰서를 파괴했다. 군대가 파견되고 계엄
령이 선포될 정도로 그의 공격은 정부군에 타격을 주었으나, 봉기는 실패
로 돌아가고 그는 다시 산으로 도망쳐야 했다. 어쨌든 그는 시칠리아 독
립군에서 열정적으로 활동했으며 정부군과 특히 카라비니에리의 거점을
정기적으로 공격했다. 뿐만 아니라 그는 이 운동을 홍보하는 데에도 적극
적이어서 트루먼 대통령에게 시칠리아가 미국에 통합되어야 한다는 내용
의 편지까지 전달한 것으로 알려져 있다. 이어 4월에 이탈리아에서 전후
최초의 국회의원 선거가 실시되었는데 그때 그는 시칠리아 독립파를 지

원했으나 결국 선거는 좌파의 승리로 끝났다.

좌파인 사회주의자들과 농민들이 토지개혁을 요구하고 지주의 토지를 점거하자, 우익은 줄리아노를 이용하고자 그에게 사면을 제의하면서 사회주의자들의 노동절 집회를 습격하도록 요구했다. 줄리아노는 살인을 지시하지는 않았으나, 일당은 열두 명을 사살했다. 줄리아노는 언제나처럼 이 사건 역시 우발적인 사고였다고 주장했다. 이 사건으로 그는 농민의 지지를 잃고 우파 정치인 및 마피아와의 관계가 강화되었다.

독립운동의 기운이 쇠퇴한 후에도 줄리아노는 시칠리아에 정치적 변화를 가져오기 위한 활동을 계속했다. 그는 정당을 바꾸었고, 또 마피아와 협력하기도 하고 대립하기도 했다. 그의 활동은 경찰과 정부 당국에게 엄청난 혼란을 야기했다. 그의 동료들, 가족들, 친구들이 줄줄이 연행되었고 그는 자신과 동료들의 사면을 놓고 정부와 협상하려고 했다. 하지만 이탈리아 당국은 그러한 접근을 원천적으로 차단했다. 줄리아노는 자신의 세력이 여전히 건재함을 과시하고 싶었다. 그래서 그에 대한 복수로 카라비니에리를 공격했다. 1949년 5월 20일 내무부장관은 그의 목에 20만 리라의 현상금을 걸었다. 마피아도 점차 줄리아노가 자신들의 권력과 권위에 위협적인 존재임을 인식하게 되었다. 1948년 줄리아노는 부하를 시켜 마피아의 거물을 살해했다. 그후 마피아 역시 줄리아노의 목에 현상금을 걸었다.

1950년 7월 5일 벌집이 된 줄리아노의 시체가 카스텔베르타노 Castelbertano의 한 구석에서 발견되었다. 당시 그의 나이는 서른여덟이었다. 카라비니에리는 총격전 끝에 그를 사살했다고 발표했다. 하지만 줄리아노의 오랜 친구이자 가장 충직한 동료였던 가스파레 피스치오타Gaspare

Pisciota는 자신이 카라비니에리와의 협상의 일환으로 그를 죽였다고 자백했다. 말 많던 그의 죽음과 함께 그는 시칠리아 최고의 의적으로 확고한 명성을 얻게 되었다.

시칠리아의 의적과 마피아

도적을 뜻하는 '밴디트' bandit란 이탈리아어로 추방을 뜻하는 'bandire'에서 유래한 것으로, 그 말은 본래 중세시대에 봉건영주나 공동체에 범죄를 저지른 경우 추방당한 자를 뜻했다. 밴디트는 법의 보호를 박탈당한 존재였다. 누가 그의 재산을 몰수하고 심지어 살해해도 범인은 처벌되지 않았다. 그러나 추방된 상태 자체는 범죄가 아니었으므로 추방된 자가 유랑을 하거나 산속에 숨어 사는 것은 범죄가 아니었다. 그러나 18세기에 오면 그들이 여러 범죄를 저지르는 존재라는 인식이 널리 퍼져 밴디트는 도적 자체를 뜻하게 된다. 여기서 우리는 중앙의 권력이 미약한 가운데 지방권력에 의해 추방된 자들이 나타났고, 그후 중앙권력이 지방권력을 압도하는 과정에서 그 추방자들이 도적으로 변모하거나 새로운 도적이 발생했음을 알 수 있다.

이탈리아 말로 도적을 브리간티briganti라고도 하는데, 그것은 의적이라는 개념에 더 가깝다. 특히 프랑스 혁명 이후, 분열된 이탈리아 전역을 지배한 부르봉 왕조가 도적을 금하고, 그들을 소탕한다는 구실로 지방에 대한 지배권을 확대하고자 했음에도 불구하고, 징병에 대한 반발로 도리어 브리간티가 빈발하게 되었다. 그래서 브리간티라는 말이 모든 형태의 집단적 저항을 행하는 의적을 뜻하는 말로 변질되었다. 새로운 의적으

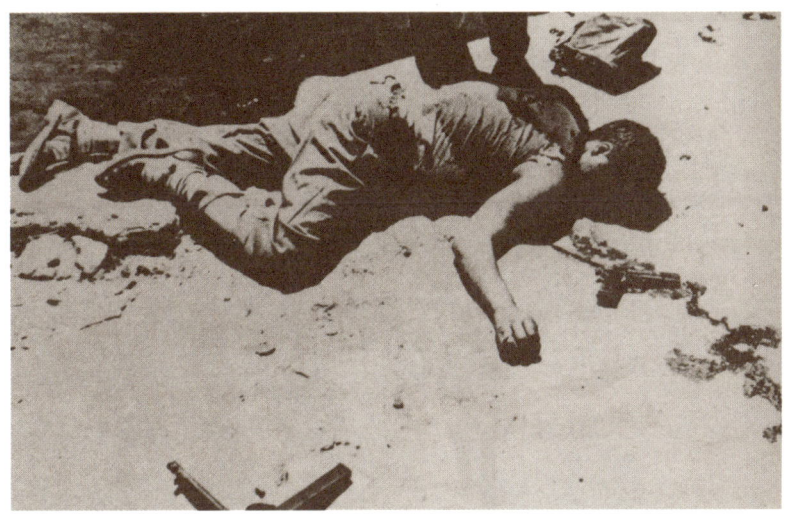

줄리아노의 죽음

시칠리아의 독립에 대한 기대가 저물고, 줄리아노는 사방에 적들을 갖게 되었다. 우선 중앙 정부와 협상하려고 했으나 뜻대로 되지 않았고, 지역에서의 지지도 예전 같지 않았다. 또 시칠리아와 미국의 마피아들과도 대립했다. 결국 그는 서른여덟 살에 동료의 손에 죽음을 맞았다.

로서의 브리간티는 특히 남부 지방인 나폴리 중심의 메조지오르노 Mezzojiorno에서 집중적으로 발생했다.

이 지역은 대토지 소유자들이 지배하는 곳이자 목축 중심지기도 했다. 19세기 들어 곡물 생산이 확대되자 방목지나 삼림지가 벌채되기 시작하여 종래의 목축 생산이나 가축의 이동이 위협을 받게 되었다. 토지 매매가 성행한 것도 지방 사회를 혼란에 빠뜨린 한 원인이 되었다. 여러 세력들, 계층들이 이권을 놓고 대립하기도 했는데, 앞서 말했듯 이를 해결하는 가장 좋은 방법은 법이 아닌 폭력이었다. 그런 시대에 브리간티는 바로 최고의 해결사였다. 그런데 브리간티는 민중을 옹호하면서도 권력

줄리아노 부대
줄리아노가 죽은 후에도 이들은 '줄리아노 부대'라는 이름으로 활동했다. 하지만 이미 마피아의 주도권이 미국 쪽으로 옮겨간 후였으며 이들은 조용히 무대에서 사라졌다.

자의 비호를 받는 이중성을 보였다.

브리간티는 사르데냐Sardegna와 함께 시칠리아에서도 발생하는데, 시칠리아의 경우 처음에는 중앙의 지배 권력이나 지주에 반항하여 농민의 불만을 표출하기도 하고, 특히 산적으로서 부자를 유괴하거나 그 가축을 훔쳐 농민의 지지를 받았다. 그러나 이러한 의적으로서의 성격은 곧 사라지고, 19세기 말부터 마피아로 불린 무장 집단으로 변질되었다.

1860년대부터 발달한 마피아는 부유한 중간계층gabelloti에 속하는 자본주의적 농장주, 법률가 등을 두목으로 하여 형성되었다. 중간계층은 봉건 부재지주에게 토지에 대한 임대료를 지불하고 농민들에게 소작을

의 적 , 정 의 를 훔 치 다

놓아 지배자가 되었다. 따라서 마피아는 봉건영주에게는 기존의 재산과 권위를 보호하는 수단이고, 중간계급에게는 그것을 얻게 하는 수단이었다. 나아가 외래 착취자를 방어하는 수단으로 대중의 지지를 받기도 했다. 그들은 자유주의자와 투쟁하고 자본주의에 대항하여 봉기를 일으키기도 했으며, 경우에 따라서는 좌파와 연결되기도 했다.

　　19세기 말 시칠리아에서 농민폭동이 일어났을 때 마피아는 반동이었다. 이탈리아 통일 후 자유주의가 확대되자 마피아는 지방권력을 장악했다. 그러나 20세기 초에 발생한 다수의 농민소요는 대중과 마피아를 분리시켰다. 제2차 세계대전 이후 사회주의에 대한 민중의 지지는 그러한 경향을 더욱 강화했다. 또한 20세기에 와서 마피아 세대 간의 분열이 생겼다. 영화 〈대부〉에 묘사된 세대간 갈등이 바로 그것이다.

공동체운동으로서의 마피아

영화 〈대부〉 등으로 널리 알려진 마피아는 이탈리아 남부의 섬 시칠리아를 배경으로 탄생했다. 그러나 홉스봄이 『원초적 반란』에서 마피아들 Mafias이라는 복수를 써서 '마피아적 경향'이라는 하나의 현상을 표현하고자 했듯이 그것은 시칠리아에만 국한되지 않는다. 정확한 의미는 아니지만 여기서는 그러한 경향을 '마피아적 운동'이라고 번역하기로 하자.

　　홉스봄은 『원초적 반란』에서 의적과 마피아를 구분하고 마피아는 1860년 이후 발전했으며 1890년이 그 전성기였다고 설명한다. 시칠리아 농민들은 외래 세력이자 멀리 떨어진 중앙정부와 지방의 봉건영주라는 이중의 지배하에 노예 생활을 했다. 따라서 그들은 군인·세리·경찰·법

영화 〈대부〉 포스터
시칠리아 출신 이민자들이 미국 사회의
저변에서 살아남기 위해 조직한 '마피
아'의 피비린내나는 싸움을 그린 대서
사시. 1972년 1편, 1974년에 2편이 나
왔으며 무려 16년 후인 1990년에야 3편
이 나옴으로써 18년 만에 대단원의 막
을 내린 이 대하 시리즈는, 수많은 화제
를 뿌렸고 말론 브랜도, 알 파치노 등
많은 스타들을 배출했다.

률로 상징되는 중앙정부나 영주를 실질적 국가나 지배자로 인정하지 않
았고, 오히려 그들을 강도 조직으로 보았다.

　　그는 마피아의 특징을 다음 두 가지로 본다. 하나는, 마피아는 특
수한 목적이나 계획을 가진 사회운동이 아니라 전통을 수호하기 위한 유
동적인 공동체운동이라는 것이다. 그래서 칼라브리아Calabria에서는 빈민
들의 사회적 항쟁, 시칠리아에서는 지방 중산계층의 열망, 미국에서는 순
수한 범죄로 표현된다. 다른 하나는 마피아는 비조직적이라는 것이다.

　　홉스봄에 의하면 마피아는 여러 의미로 인식된다고 한다. 첫째, 마
피아란 구성원이 개인적인 문제로 국가와 법에 호소하지 않고, 자신의 강

의 적 , 정 의 를 훔 치 다

인함과 용기로 명성을 얻어 존경과 안전을 확보하며, 투쟁에 의해 분쟁을 해결하는 것을 뜻한다. 그러나 현실적으로 그것은 힘있는 자에게만 허용되므로 보스인 그의 보호를 받는 다수가 존재한다. 그 다수는 가끔 하부 마피아로서도 존재한다. 여기서 후견자와 그 부하의 봉건적인 관계를 뜻하는 마피아의 두 번째 의미가 성립된다. 마피아란 본래 시칠리아 특유의 주인-손님 관계를 뜻한다.

셋째, 그것은 지방의 비밀 갱(오늘날에는 가족으로 불린다)이 공동체의 삶을 통제하는 것이다. 입회식을 치르면 마피아 구성원은 공동 대부compadre가 된다. 여기서 대부란, 영화 〈대부〉에서처럼 두목을 의미하는 것이 아니라, 구성원 모두가 성인임을 뜻하는 것에 불과함을 주의해야 한다. 이처럼 마피아는 매우 전근대적인 것이나, 1890년대에 전성기를 거쳐, 지금까지도 명맥을 유지하고 있다.

한국 사회의 조폭, 조폭의 이미지

　　격의 차이는 있으나 한때 우리 영화의 소재로 많이 등장한 조직폭력배는 영화 〈대부〉의 주인공이었던 마피아의 계보를 잇는 것으로 볼 수 있다. 홉스봄은 마피아를 의적이라고 보지는 않지만 의적과 함께 '원초적 반란'의 한 형태로 다루고 있다. 마피아나 '조폭'을 범죄 집단에 불과한 것으로 보고 무시한다고 해서 그것이 대중에게 주는 이미지까지 무시할 수는 없다. 그러한 대중의 심리를 에리히 프롬Erich Fromm처럼 권위주의적인 잣대로 비판하더라도 그러한 심리는 사라지지 않았다.

　　그러한 영화 속의 조폭은 어리석고 웃기는 조폭이다. 이는 의적이 민중에게 주는 즐거움과는 또 다른 형태의 즐거움을 주는 듯하다. 불만이 많은 사회에서는 의적이 등장하기 마련인데, 현실에 그런 의적은 없으므로 조폭이 인기를 끌게 된다는 것이다. 또 이런 영화가 등장하기 직전에 신창원이란 탈주범이 이상할 정도로 인기를 끈 적이 있다. 김영삼 정권 말기 부정부패가 만연하고 IMF라는 경제위기에 몰린 민중들이 공권력을 희롱하는 신창원에게 기묘한 매력을 느낀 것이다. 물론 신창원은 어떤 의미에서도 의적이 아니었다. 굳이 이름한다면 괴도怪盜 정도이리라. 반면에 최근 우리 사회에서 의적이라고 할 수 있다면 시인이었던 고 김남주가 가담한 남민전南民戰 정도일 것이나, 그들은 부자를 터는 도둑질을 하기 전에 잡혔다.

　　2001년에는 영화 〈친구〉로부터 〈두사부일체〉에 이르는 다섯 편의 조폭영화에 2,200만 명의 관객이 들었다고 한다. 특히 그 관람객들에는 10~20대와, 한국 영화는 물론 영화 자체에 그다지 호응하지 않았던 30~40대까지도 포함된다고 한다. 이런 조폭영화에 대한 이상할 정도의 범사회적인 차원의 경도 내지 미화는 도대체 무엇을 말하는가? 누구나 실제로는 폭력과 갈취와 매춘 등을 일삼는 조폭을 싫어하면서도 원시적 폭력을 다룬 그러한 상징을 좋아하는 이유는 무엇인가?

기존의 가부장적 질서가 무너진 것으로 인한 막강한 권력에 대한 동경이 있는 것이라면 이는 박정희를 비롯한 과거 군사정권의 독재자들이 다시 인기를 끌고 있는 것과 같은 현상이라고 생각된다. 그런 강력한 권력에 대한 동경은 위계질서가 무너지고 더이상 권력을 위한 희생을 강요할 수 없는 우리 사회의 변화에 대한 반발과 우려에서 비롯된 것이 아닐까?

조폭을 낳는 사회적 환경은 무엇인가? 나는 철저한 위계질서 속에서 충성심과 희생 및 의리를 존중하는 이러한 권위주의적 성격은 가부장적 가정에서의 육아와 학교에서의 교육 및 군대 경험을 통하여 청년기에 더욱 강력하게 형성된다고 본다. 조폭영화는 부분적으로 그런 가부장적 가정과 교육 환경을 분명히 보여주기도 하나, 더욱 현저한 환경은 군대일 것이다. 사실 군대만큼 조폭적인 환경이 다시없으나 그것은 그다지 노골적으로 드러나지 않는다. 아마도 군대가 리얼하게 조폭영화로 묘사되기에는 아직도 우리 사회가 너무나도 규제적인 탓일 테다. 조폭이 군대에서 형성되었다는 묘사가 나와야 비로소 리얼리즘이 될지도 모른다. 물론 기업도 예외가 아니다.

판초 비야

멕시코 혁명의 순수성을 상징하는

멕시코의 의적 전통 · 쾌걸 조로와 의적 아리아가 · 남아메리카 혁명의 원형, 멕시코 혁명 · 디아스 독재에 대항한 마데로 · 사파타의 아나키즘적 노동조합 주의 · 멕시코 판 '진짜 사나이' 판초 비야 · 비야의 성장기-대농장에 구속된 채무노예의 삶 · 의적에서 혁명군 장군으로 · 북부군의 전설: 1913~1914

판초 비야, 1878~1923
농업 노동자 페온 계층 출신인 비야는 의적으로 이름을 떨쳤고, 혁명군에 가담한 후로는 에밀리아노 사파타와 함께 혁명의 순수성을 가장 잘 보여준 인물이었다. 혁명이 마무리될 즈음 비야는 대농장 농장주가 되었고, 또 한때 미국 정부와 대립하기도 했다. 멕시코 역사에서 가장 중요하고도 기이하며, 또 매력적인 인물로 각인되었다.
"술을 마시되 취하지 말고, 사랑하되 감정에 매몰되지 말라.
마지막으로, 훔치되 부자들의 것만 건드려라."
― 판초 비야, 1914년

멕시코의 의적 전통

우리나라에 남미의 역사는 그다지 알려져 있지 않다. 일반인들의 관심이 늘고 관련 책들도 몇 권 나왔지만 정치사 중심의 간략한 논의에 그칠 뿐 의적에 대한 설명은 전혀 없다. 물론 서양사나 동양사에서도 사정은 마찬가지나, 특히 제3세계의 역사에서 의적은 시대착오적인 과거의 무법자로 부정되어왔다. '근대화'를 최고의 가치로 여기는 사회 분위기의 영향이었다. 예컨대 남미 의적의 상징이라고 할 수 있는 판초 비야Pancho Villa, 혹은 프란시스코 비야와 파스쿠알 오로스코Pasqual Orozco의 경우 오랫동안 잊혀 졌던 그들의 이름이 다시 기억의 수면 위로 떠오른 것은 1966년, 사후 43년 만이었다. 그와 함께 멕시코 혁명을 이룩한 프란시스코 인달레시오 마데로Francisco Indalècio Madero, 에밀리아노 사파타Emiliano Zapata, 베누스티아노 카란사Venustiano Carranza, 알바로 오브레곤Alvaro Obregon 등도 그때에 와서야 비로소 의회에서 혁명 공로자로 인정되어 의회 벽면에 이름이 새겨졌다.

남미를 비롯한 제3세계는 물론 범세계적으로 1970년대에 와서야 의적에 대한 관심이 높아진 것은, 착취와 불평등이라는 미해결의 유산을 고발하는 새로운 세대가 의적을 국민적 저항의 상징으로 재인식하게 되었기 때문이다.* 이는 1970년대 미국에서 의적을 새로운 각도에서 조명하기 시작한 것과도 관련이 있다.**

---

* Richard W. Slatta ed., *Bandidos: The Varieties of Latin American Banditry*, Greenwood Press, 1987.

** Edgcumb Pinchon, *Viva Villa! A Recovery of the Real Pancho Villa, Peon, Bandit, Soldier, Patriot*, Arno, 1970.

그러나 미국의 경우 의적에 대한 관심은 이미 1920년대부터 눈에 띄기 시작했고, 1970년대에는 그야말로 '고독한 황야의 무법자' 라는 조금은 왜곡된 낭만적 영웅에 초점을 맞추었다(이에 대해서는 이 책의 아홉 번째 꼭지 「자본주의의 반항아들, 제시 제임스와 빌리 더 키드」에서 자세히 언급하겠다). 따라서 남미에서 불기 시작한 의적에 대한 새로운 인식은 한참 뒤늦은 것이라고 할 수 있으나, 미국을 중심으로 한 제국주의적 침략에 대항하는 의미를 지닌다는 점에서 중요하다.

우리에게도 널리 알려진 멕시코의 의적 영화로 〈쾌걸 조로〉가 있다. 이미 몇 번이나 영화로 만들어져 우리에게도 친숙한 이야기지만 그것이 어떤 역사적 사건을 배경으로 하는 것인지는 알 수 없다. 그러나 중요한 것은 사실관계 그 자체가 아니라, 결과적으로 그가 로빈 후드의 경우처럼 고상한 도적, 곧 의적으로서 사람들에게 인식되었다는 점이다. 멕시코에 왜 그런 의적상이 등장하는지는 역사를 통해 살펴볼 필요가 있다.

멕시코는 기원전 2세기경에 번영한 오르메카 문명 이래 마야 문명, 토르테카 문명 등이 흥망하였고 스페인 침략 직전에는 중앙 고원에 아스텍 제국이 번영을 누렸다. 그러나 카리브 해를 침략한 스페인은 그곳에 건설한 사탕수수 농장에서 일할 노예를 구하기 위해 1518년 멕시코를 침략했다. 아스텍 제국의 황제는 스페인 인에게 황금 선물을 보내며 환대했으나 스페인 인의 보답은 전쟁이었다. 아스텍 인들의 저항에도 불구하고 8개월의 전투 끝에 제국의 수도는 함락되고 왕궁은 약탈당했으며 엄청난 사람들이 목숨을 잃었다. 당시 그곳 인구는 1,500만~2,500만 명 정도였으나 스페인 침략 후 50년이 지난 1568년에는 260만 명, 1580년에는 190만 명, 그리고 약 1세기 뒤인 1605년에는 100만 명으로 감소되었

의 적 , 정 의 를 훔 치 다

스페인 침공 전 번영기의 아스텍 문명
1519년 스페인 원정대를 이끌고 온 에르난 코르테스는 아스텍에 대한 첫인상을 이렇게 표현했다.
"그 도시는 말로 표현할 수 없을 정도로 웅장하고 아름다웠다. 도시는 그라나다보다 웅장했고, 방
어시설도 완벽했으며, 건물과 주민의 수도 그라나다보다 많았다."

다. 게다가 살아남은 나머지는 인디오란 이름의 노예가 되었다.[*]

스페인으로부터 독립한 후에도 멕시코에는 인종에 따라 약 네 가
지 계층이 존재하고 있었다. 사회의 최상층은 완전한 백인으로 스페인에
서 건너 온 '페닌술라레스' peninsulares들이었다. 그들이 멕시코에서 그들
끼리 결혼해 낳은 백인 자손들은 '크리오요' criollo였는데 이들도 유럽인과
동등한 대우를 받았다. 다음 계층은 이 백인들과 인디언들 사이에서 태어
난 혼혈로서 '메스티소' mestizo였다. 메스티소는 멕시코 인구에서 점차 늘
어나 지금은 가장 많은 수를 차지하고 있다. 마지막으로 멕시코 땅의 원
래 주인인 '인디오' 들은 사회 최하층으로, 노예나 다름없었다.

그후 멕시코는 1821년 독립할 때까지 스페인의 식민지로 착취를

[*] 백종국 지음, 『멕시코 혁명사』, 한길사, 2000, 42~53쪽.

당한다. 16세기에는 원주민들이 광산 개발에 동원되었으나, 17세기부터는 거대한 농장 아시엔다hacienda를 중심으로 한 농업 노동 착취가 일반화되었다. 즉 페온pèon이라는 원주민 채무 노동자는 반노예적 소작농으로 아시엔다에 거주하며 혹사당했으며 농장 소유자는 지역의 보스로서 군림했다.*

원래 인디오 공동체에게는 공유지가 있었다. 그것은 4,500년 이상 유지된 자치적 소유지로서 1810년대까지 존속했으나, 그 대부분을 식민지 농장에 빼앗겼다. 아시엔다는 점점 더 확대되어, 소수 계층에 대한 토지의 집중은 독립 이후 19세기 후반 토지조사 사업이 이루어지면서 절정에 이르렀다. 결국 1910년 멕시코 혁명 직전에는 전체 토지의 97퍼센트가 800여 명의 대농장주들에게 집중되는 사태가 벌어졌다. 그러나 남은 공유지에서 인디오들은 사회적·문화적으로 식민지 농장과는 다른 전통적 문화 형태를 유지했다. 이렇듯 식민지 농장과 인디오 공동체로 구성된 독특한 식민지 사회인 멕시코는 미국의 독립과 프랑스 혁명의 영향으로, 1810년 독립 선언에 이어 1821년 독립을 달성하고 1824년 공화국을 수립했다. 그러나 아시엔다 소유주 중심의 독립이었던 탓에 내정은 혼란을 거듭하고 허약한 중앙정부에 맞서 지방군벌이 할거했다. 지방군벌 역시 아시엔다 출신의 농민으로 구성된 군사력을 지녔다.

스페인이 멕시코를 지배한 기간에 의적은 거의 존재하지 않았으나, 지배 말기인 18세기부터 의적이 생기기 시작해, 독립전쟁이 일어난 19세기 초엽에는 여러 곳에서 나타났다. 스페인에서는 그런 무법자를 반

* 『20세기 농민전쟁』, 17쪽.

멕시코의 독재자 포르피리오 디아스
디아스가 대통령으로 있었던 34년 동안 멕시코는 역사상 가장 풍요로운 경제적 성장과 정치적 안정을 누리는 듯했다. 하지만 극소수의 대농장주들이나 외세와 결탁한 엘리트들에게는 천국과도 같았던 디아스의 통치 기간은 실상 페온으로 전락한 다수의 인민들에게는 지옥이나 다름없었다.

드레로bandrero라고 한다. 1821년 독립 후부터 1875년 사이에 약 800건의 민중폭동이 터졌다. 그 중에서도 반드레로의 극성기는 1850~1860년대였다. 그 시기는 멕시코의 자유주의적 개혁기로서 교회를 중심으로 한 보수파와 개혁을 주장하는 자유주의파의 투쟁이 끊이지 않던 때였다. 특히 반드레로는 치안을 유지해야 할 군대와 짜고서 훔친 물건을 그들과 나누는가 하면 그들과 공모해 공화파를 새로운 지방권력으로 세우고 그와 거래하는 등 치안을 마비시켰다. 그들은 권력의 비호를 받으며 무기를 제공받았고, 상인들도 그들과 거래하지 않을 수 없었다. 따라서 반드레로를 의적이라고 평가할 수 있는지에 대해서는 의문의 여지가 있다.

예컨대 대표적인 반드레로인 브라테오도스는 은장식의 화려한 옷을 입은 카우보이 집단으로서, 권력의 비호를 받지 않고 당당하게 도둑질을 하여 멕시코 민중에게 가장 용감한 집단으로 존경을 받았다. 하지만 그들은 통상을 완전히 장악해 상인들로부터 높은 통행세를 받았으며 보복을 두려워한 지방 당국도 그들을 건드리지 못했다. 이처럼 사리사욕을 채우는 데 그친 반드레로를 의적으로 보기는 어렵다. 그러나 그들이 실제로 의적이 아니었다고 해도 당시 민중들이 그들에게 의적의 이미지를 부여했다는 점은 부정할 수 없다. 그 증거가 바로 영화 〈쾌걸 조로〉와 같은 전설이 생겨난 것이다.

멕시코의 독재자 포르피리오 디아스Porfirio Diaz는 1876년부터 1911년까지 34년간 강력한 군사력으로 독재정치를 실시하여 중앙집권체제를 수립하고 자본주의 경제를 확대시켰다. 그 과정에서 브라테오도스 같은 대규모의 반드레로는 사라진다. 물론 소규모의 도적들은 여전히 준동蠢動했으나, 이미 국가나 지방정부에 위협적인 존재는 아니었다. 지방의 권력자도 자본주의의 확대에 따른 이익을 얻기 위해 자유로운 시장을 만들 필요성을 인식하여 디아스의 독재에 협력했다.

디아스는 헌법의 대통령 재선 금지 규정을 바꾸어 수없이 재선되어 34년간이나 대통령으로 군림한 인물이다. 그가 처음 대통령에 당선된 1877년 이듬해 비야가 태어났으니 디아스의 독재 33년은 비야의 전반생과 겹쳤던 셈이다. 디아스의 전임 대통령을 지낸 베니토 파블로 후아레스 Benito Pablo Juárez는 이상주의적 개혁가였으나, 디아스는 그것을 전면 부정한 반동적인 정치가였다. 그는 "정치보다 행정을!"이라는 구호를 부르짖었다. 즉 정치 안정을 위해 보수층과 타협하여 효율적인 행정으로 경제 발전을 도모함으로써 멕시코의 경제·사회의 발전과 근대화를 실현하자고 주장했다. 이에 따라 경제 관료와 기술 관료를 대거 등용하고, 외국자

멕시코 혁명의 주역들

앞 줄 왼쪽에서 첫번째가 베누스티아노 카란사, 세번째가 프란시스코 마데로고, 맨 오른쪽이 파스쿠알 오로스코다. 뒷줄 맨 왼쪽이 판초 비야, 세번째는 마데로의 아버지다.

본을 적극적으로 끌어들여 농업·광업·공업에 투자하게 했다. 그 결과 경제는 놀라울 정도로 발전했다. 예컨대 후아레스 시대에 650킬로미터였던 철도가 디아스 시대에는 대부분 미국 자본의 힘으로 2만 킬로미터까지 늘어났다.

그리고 농업 생산의 확대를 위해 토지조사법을 만들었고, 국내 토지의 3분의 1을 대농장주나 외국 기업에 양도하거나 불하했다. 그 대다수는 인디오의 공유지였다. 또한 수리법을 만들어 수리권을 대규모 농장주에게 우선 양도했다. 그에 따라 광대한 토지에서 단일 작물을 대량 재

영화 속의 쾌걸 조로
멕시코에서는 일찍부터 의적에 관한 전설이나 민담이 많았다. 영화와 만화 등으로 만들어져 우리에게도 친숙한 '조로'가 실존했는지는 알 수 없지만, 디아스 독재 시기의 반드레로인 아리아가는 그와 유사한 모습을 보여준다.

배하여 외국으로 수출했다. 또한 미국·영국을 비롯한 외국자본이 석유, 금은 및 구리 광산에 투자되었다.

　　그러나 이러한 빵의 정책과 함께 채찍의 정책도 실시되었다. 건수만 있으면 반란을 일으키곤 했던 지방군벌 수령을 치안책임자로 임명하여 우대하고, 그들의 부대를 국군에 편입시켰다. 또한 산적을 지방 기마경찰로 편입시켜 귀순하지 않는 집단이나 산적을 토벌하게 했다. 그리고 자신을 비판한 정치가나 언론인을 철저히 탄압했다. 그 결과는 30여 년의 정치적 안정과 경제적 발전이었다. 그러나 인디오·농민·노동자는 더욱 빈곤해졌다. 디아스 체제에 대한 최초의 저항은 외국자본이 소유한 광산에서 터졌다. 1906년 미국 국경에 가까운 구리 광산에서 일어난 대규모 쟁의가 그것이었다. 그 광산에서 멕시코 노동자들은 열두 시간이 넘는 장시간 노동에 시달리면서도 임금은 미국 노동자들의 반밖에 못 받았다. 그러나 멕시코 군대와 경찰 그리고 미국 무장 집단은 멕시코 노동자들을 무참하게 학살했다. 이어 1907년에도 여러 곳에서 파업이 일어났다.

쾌걸 조로와 의적 아리아가

강압적인 디아스의 시대에도 당연히 의적은 있었다. 강력한 군사독재에 의해 지방권력의 비호를 상실한 반드레로는 거의 소멸되었지만, 바로 그 점 때문에 이들은 국가 권력에 빼앗긴 민중의 독립성을 상징하는 존재로 환영받았다. 그들을 주인공으로 한 발라드와 같은 민중문화가 널리 확산된 것이 바로 그 19세기 말이었다.

'쾌걸 조로'는 전설에 불과하나, 그와 유사한 실존 인물이 전혀 없었던 것은 아니었다. 아리아가Arriaga로 불린 독재 시대의 반드레로가 바로 그 주인공이었다. 그는 가난한 가구 직공이었으나 수입이 적어 가끔 도둑질을 했다. 그러다가 짝사랑하게 된 엘리트 집안 처녀를 납치하여 강간해 반드레로가 되었다. 그는 당시 금권적이라고 비판받은 교회를 습격하여 사제를 유괴해서 몸값을 받거나 미사에 참석한 부자들을 털었다. 그러나 자신은 그리스도교도로서 결코 사람을 죽이지 않는다고 선언했고 사람들도 그것을 믿었다. 1884년 어느 신문에서 그를 사교적이고 문화적이며 고상하고 교양 있는 '문명화된 반드레로'로 소개하면서 국회로 보내자고 제안할 정도로, 그의 인기는 엄청났다.

그는 1884년 처음 체포된 뒤에도 두 번이나 더 체포되었으나, 세 번 모두 탈주했다. 또 체포되어도 유명한 변호사가 변호를 맡았다. 사람들은 그를 초인으로 생각했고, 당국이 그에게 누명을 씌웠다고 믿을 정도로 동정적이었다. 1884년 고리대금업자를 습격해 체포되었을 때 재판에서 그는 "고리대금업자로부터 훔치는 것이 언제부터 죄가 되었는가"라고 당당히 항의했다. 몇 번의 체포와 탈옥이 반복된 후, 그는 감옥에서 병으로 죽었다. 그러나 그가 권력에 의해 억울하게 살해당했다는 소문이 퍼져 조사단이 조사를 벌여야 할 정도로 그는 민중의 지지를 받았다. 그의 이야기는 결국 '쾌걸 조로'와 같은 전설로 남았다.

남아메리카 혁명의 원형, 멕시코 혁명

멕시코 혁명은 1910년에 시작되었다. 그것은 먼저 30여 년에 걸친 디아스의 독재 권력을 무너뜨리기 위한 정치혁명에서 시작되어 대토지 소유제하에서 고통받는 인디오와 농민의 '토지와 자유'를 추구하는 사회혁명으로 이어졌고, 마지막으로 유럽 제국주의로부터 해방된 '멕시코인의 멕시코'를 세우자는 민족혁명으로 나아갔다.

멕시코 혁명은 중국의 신해혁명, 러시아의 볼셰비키 혁명, 터키의 아타튀르크 혁명에 앞서는 20세기 최초의 대규모 개혁운동이었다. 뿐만 아니라 그후의 쿠바 혁명이나 칠레 혁명, 볼리비아 혁명, 니카라과 혁명 등 남아메리카 혁명의 원형이자 전범典範이 되었다. 쿠바의 피델 카스트로Fidel Castro가 체 게바라Ernesto Guevara를 만나 사귀면서 쿠바 혁명의 단초를 마련한 곳도 바로 멕시코였다. 당시 그들은 이곳 멕시코에서 고국 쿠

마데로의 멕시코 시 입성 장면
마데로는 혁명군을 이끌고 디아스의 독재 정권을 타도했다. 하지만 그 자신이 대농장주 출신으로 엘리트
주의의 한계를 벗어나지 못했고, 혁명 동지들과 농민들의 불만을 키웠다.

바의 독재 정권인 풀헨시오 바티스타Fulgencio Batista-Zaldvivar 정권을 무너뜨 릴 계획을 짜고 게릴라전 훈련 뒤 수십 명의 동지들과 함께 쿠바 해방을 위해 배를 탔다.

이처럼 멕시코와 멕시코 혁명은 독재 타도와 대토지 소유제의 타 도, 제국주의로부터의 해방을 목표로 한 남미의 희망과 좌절, 기쁨과 고 뇌, 정열과 죽음의 원형이었다. 멕시코의 시인으로 노벨문학상을 수상한 옥타비오 파스Octavio Paz는 『고독의 미로』El laberinto de la soledad라는 수필집 에서 이렇게 말했다.

멕시코 혁명은 나를 찾는 여행이고, 모태로의 복귀다. 그리하여 그것은 잔치이기도 하다. 마틴 루이스 구스만의 말을 빌리자면 총탄의 잔치다. 멕시코 혁명은 호사스런 잔치처럼 과도함, 낭비, 극단에의 도달이고, 희 망과 절망의 폭발, 고독과 환희, 자살과 생명의 절규로서 그 모든 것이 혼 돈 속에서 하나가 되는 것이다.*

그러나 그것이 혁명의 원형이 된 가장 중요한 이유는 '인간의 존 엄'을 지키기 위한 싸움이었기 때문이다. 멕시코 혁명은 자기 땅의 주민 이면서도 정복당하고, 자신들의 전통문화와 사회가 파괴당하고, 인간의 모든 위신을 박탈당해 노예로 살아가야 했던 사람들과 인디오의 '인간성 복권'을 위한 싸움이었다. 그리고 그 싸움의 선봉에 선 사람들이 의적 비 야와 사파타였다. 그들의 싸움은 이상주의자이자 자유주의자였던 마데

* Octavio Paz, *The Labyrinth of Solitude*, Grove Press, 1961.

로의 시대에 시작되었다.

디아스 독재에 대항한 마데로

1910년 대통령 선거 때 이미 80세가 넘은 디아스는 자신이 재선될 것을 의심하지 않았다. 그가 집권하는 30여 년이란 긴 세월 동안 다져진 군대, 대농장, 자본가, 교회의 지지는 확고했다. 게다가 그에게 맞설 만한 강력한 반대파도 없었다. 지방은 평온하고 모반을 꾀하는 자도 없었다.

그러던 중에 대농장주 출신이지만 민주주의와 공정한 선거라는 원칙을 양보할 수 없었던 마데로가 디아스의 재선에 반대하는 동맹을 결성하고 스스로 대통령에 입후보했다. 이러한 마데로의 활동은 아주 소박한 원칙주의에서 비롯된 것이었을지언정 멕시코 민중의 열화와 같은 지지와 환호를 받았다. 디아스는 선거 직전인 6월 6일, 마데로를 반란모의 혐의로 구속하고 활동가 50명을 포함한 6만 명을 구속했다. 이어 9월에 디아스는 대통령에 선출되었다. 마데로는 10월 보석으로 풀려나 미국으로 망명하면서, 대통령 선거는 무효고 자신이 임시 대통령으로 헌법에 따라 정치개혁을 이루어 민주주의를 실현하겠다고 선언했다. 이어서 그는 디아스 정부에 선전포고를 하고 멕시코 국민에게 11월 26일 오후 6시에 일제히 봉기하자고 촉구했다. 온건한 개량주의자였던 마데로가 총을 들자고 호소했던 것이다.

민중은 마데로에게 즉각적으로 응답했다. 봉기는 멕시코 각지에서 자생적으로 일어났다. 그 중에서도 가장 적극적인 곳은 비야가 태어나 살던 치와와Chihuahua 주였다. 치와와는 중심에서 멀리 떨어진 변두리이자 동시에 농업 노동자들, 광업 노동자들에 대한 착취가 가장 심한 곳이었다. 그 중에서 두각을 보인 것이 오로스코였다. 광석을 마차로 실어나르는 일을 하던 그는 광부를 비롯한 하부 노동자들과 친했다. 그는 마데로의 요청에 응해 부대를 만들었고 손쉽게 광산 지대를 점령했다. 그것은 혁명군이 멕시코 북부에서 최초로 거둔 승리였다. 일약 그의 명성은 높아졌다.

사파타의 아나키즘적 노동조합주의

전설에 불과한 '쾌걸 조로'와 달리 사파타나 비야가 나오는 영화는 실화다. 여러 편의 영화 중 가장 유명한 영화는 1952년 엘리아 카잔Elia Kazan이 감독한 〈혁명아 사파타〉Viva Zapata!로, 말론 브랜도Marlon Brando가 사파타를, 앤서니 퀸Anthony Quinn이 판초 비야를 연기했다. 우리나라에 비디오로 나와 있지는 않으나, 영화를 좋아하는 사람이면 모두 알 만한 작품이다. 비야는 남미에 조금이라도 관심이 있는 사람이라면 모르는 사람이 없을 정도로 유명하지만, 이 영화의 주인공은 비야가 아니라 사파타다. 물론 사파타와 비야는 모두 멕시코 혁명의 순수성을 가장 잘 보여주는 존재다. 하지만 사실 체 게바라처럼 지조 높고 순수하며 비극적 죽음을 맞은 영웅의 역할은 도둑에서 출발했던 비야가 아니라 혁명아인 사파타에게 어울렸다. 사파타는 멕시코 동부 지역 소농의 아들로 태어났으나, 집안 사람들이 대부분 목장 지배인들이어서 목동으로 성장했다. 사파타의 가족들은 과거에 멕시코 보수파와 프랑스에 대항하여 싸웠고, 또한 산적들의 습격에 대항하여 그 지역을 방어했다.

옥타비오 파스가 말했듯이 사파타는 목동 중의 목동이었다. 멕시코에서 말은 지배자의 상징이었고, 원주민들은 잘 이용하지 않았다. 그러나 그는 항상 마을 사람들의 복장이 아닌 카우보이 차림을 했다. 몸에 꼭 맞는 바지에 등산용 짧은 조끼를 입고, 장식이 달린 커다란 부츠를 신었으며, 금실로 짠 큰 모자를 썼다. 사파타 추종자들도 그런 복장을 했다.

그는 무학인 비야와 달리 2년간 학교를 다닌 적이 있어 신문을 읽을 수 있는 정도였다. 혁명에 참여하면서 그는 많은 진보적 지식인들을 알게 되었다. 당시의 진보적 지식인들은 마르크스보다 바쿠닌과 크로포트킨의 아나키즘에 기울어 있었다. 그 아나키즘에 대해 어느 학자는 다음과 같이 양면적으로 평가한 바 있다.

긍정적인 면은 촌락 공동체와 노동자 단체, 그리고 그밖의 다른 집단들의 자발적인 연합에 기초를 둔 사회·경제적 조직과 실질적인 개혁, 특히 토지개혁이었다. 부정적인 면으로는 제도화된 대규모의 권위, 특히 정부와 교회에 대한 극도의 적의가 있다는 점이었다.[*]

아나키즘은 멕시코 혁명의 이론적 근거였다. 그 이론은 혁명 후의 토지개혁에서 원주민 공동체의 회복을 약속하는 형태로 계속되었다.[**] 그러나 멕시코 혁명 자체가 아나키즘에 의한 것이라고는 볼 수 없다. 도

---

[*] Paul Friedrich, "Revolutionary Politics and Communal Ritual", in Marc J. Schwartz, Victor W. Turner, and Arthur Tuden, eds., *Political Anthropology*, Aldine Publishing Co., 1999, pp. 191~220.

[**] 『20세기 농민전쟁』, 37쪽.

호세 클레멘테 오로스코가 그린 사파타

의 적 ,   정 의 를   훔 치 다

리어 그것이 20세기의 다른 혁명과 달리 일관된 계획을 가진 조직에 의해 주도되지 않았다는 점에서 아나키즘 정신을 더 잘 보여준다.

혁명의 초기에는 사파타와 비야가 중심이었다. 사파타는 모렐로스Morelos를 중심으로 한 남부를, 비야는 치와와를 중심으로 한 북부를 주름잡았다. 사실 남부는 온대 지방으로 농업의 관개가 용이하여 북부보다 상대적으로 환경도 나았고 인구 밀도도 높았다. 그러나 원주민 농민은 식민지 농장의 설탕 노동자로 혹사당했다. 그들을 저항으로 이끈 지도자가 사파타였다. 그는 식민지 농장에 의해 점령된 공유지를 인수하고 농민들에게 토지를 분배했다.

사파타가 이끄는 농민과 지식인은 아나키즘적 노동조합주의의 '토지와 자유'라는 깃발 아래 뭉쳤다. 그러나 1915년에 7만 명이었던 그의 군대는 1916년에 3만 명, 1919년에는 1만 명으로 줄었다. 그가 산업 노동자들과 민족운동가들을 이해하지 못한 것이 결정적인 이유였다.

멕시코 판 '진짜 사나이' 판초 비야

멕시코 혁명의 최대 영웅은 사파타였지만, 인간적인 면에서는 사파타보다 비야가 더 매력적인 인물이었다.

사파타가 활약한 남부 농업 지역과 달리 비야가 활약한 북부 지역은 대지주의 토지 집중 경향이 현저했다. 그런 대지주에 반대한 세력은 대규모 목장에서 일하는 목동들이었으나, 그들은 농민이 아니었던 까닭에 토지개혁에는 다소 무관심했다. 그들은 밀수, 강도, 가축절도를 일삼는 비적들과 긴밀한 관계를 맺었다. 목동과 비적의 기마부대는 다양한 활동을 통해 폭넓은 영향력을 행사했다. 비적으로 출발한 비야는 뛰어난 지도력을 바탕으로 이들의 우상이 되었다. 의적 출신이 혁명가로 바뀐 경우는 흔치 않다. 그래서 사람들에게 사파타보다 비야가 더 인기가 있는 것인지도 모른다.

비야는 도로테오 아랑고Doroteo Arango라는 자신의 본명 대신 부자의 재물을 뺏어 가난한 자들에게 나누어준 전설 속 의적의 이름인 판초 비야를 썼다. 비야는 의적보다 '혁명가'의 이미지가 강하다. 혁명은 혁명가의 신화를 낳는다. '남성다운 남성'의 신화가 바로 그것이다. 빈농의 자식으로 태어나 청년 시절을 산적으로 보내고, 혁명이 터지자 게릴라전에서 승승장구하는 장군으로 개선한 판초 비야가 바로 그 보기다. 그는 반인반마인 켄타우로스로 불릴 정도로 말을 잘 탔고, 멕시코 남자라면 누구나 좋아하는 투우와 투계에 심취했으며, 가는 곳마다 여자를 사랑하여 몇 번이나 결혼식을 올린 인물이었다. 또 동료의 죽음에는 한없이 눈물을 흘리면서도 배신자는 가차없이 죽이는 화끈한 성격이었다. 바로 멕시코 남성이 이상으로 삼는 '진짜 사나이'였다.

비야의 성장기-대농장에 구속된 채무노예의 삶

판초 비야는 1878년 멕시코 북부 지방의 대농장에서 일하는 가난한 일용 농업 노동자의 아들로 태어났다. 어려서 아버지를 여의어 가족을 부양해야 했던 그는 부지런하고 의지가 강한 소년으로 성장했다. 얼마 후 그는 다른 농장에서 일하기로 마음먹고 대농장을 떠났다가 붙잡혔다. 그리고 맨발로 말 뒤에 묶인 채 농장까지 끌려와서는 광장에서 채찍질을 당했다.

아시엔다로 불린 이 대농장은 100만 에이커가 넘는 규모에 농장 둘레의 담만 해도 만리장성을 방불케 할 정도였으며 농장의 중앙에는 거대한 저택이 있었다. 비야만이 아니라 멕시코 농민 대부분이 그런 대농장에서 노예처럼 살았다.

멕시코 농촌은 과거 인디오 마을의 모습을 상실하고 토지가 없는 인디오와 농민들의 반 이상이 농장에 이주되어 마요르도모mayordomo라고 불리는 마름의 감시를 받으며 일했다. 권총을 차고 손에 채찍을 든 이 마름들은 말 위에서 농민들에게 가차없는 폭력을 휘둘렀다. 그들은 농민들에게 촌장이고 경찰이며 재판관이었다. 농장에는 감옥이 있어 농민들은 걸핏하면 그곳에 갇혔다.

대농장의 주인들은 중세 유럽의 영주처럼 그 지방의 정치와 경제를 멋대로 지배하고 농민의 생살여탈권을 행사했다. 그러나 중세 유럽의 영주와는 달리 농민에게 정치권력을 행사하고 농민들을 보호하여 농민들이 거둔 수확의 일부를 세로 거둬들이는 방식이 아니었다. 즉 광대한 토지는 어디까지나 농장주가 사적으로 소유하는 재산이었다. 농장주는 농지에 상업용 작물, 예컨대 사탕수수나 용설란을 대량 재배하여 다른 지역이나 외국에 수출하여 이익을 얻는 것을 유일한 목표로 삼았다. 한편 농민은 고작해야 하루 빵 네다섯 개를 살 수 있는 수입으로 살았다. 따라서 주식인 옥수수나 부식인 야채, 조미료인 고춧가루·기름·소금을 현금으로 사려면 농장주에게 돈을 빌려야 했다. 농민은 처음부터 빚쟁이가 되어야 했고 그 빚은 법에 의해 자동으로 상속되었다. 게다가 출생 때의 세례 비용에서부터 잔치 비용, 의복 비용, 결혼 비용, 치료 비용, 죽을 때의 장례 비용에 이르기까지 일체를 농장주에게 빌려야 했다. 게다가 빚을 진

토레온 점령 직후의 비야(왼쪽)와 1914년경의 비야
왼쪽 사진에서 비야는 멕시코 혁명군의 트레이드마크기도 했던 챙이 넓은 모자를 쓰고 있다. 마데로 정권의 실험이 실패로 끝나자 그는 미국 망명 생활을 접고 멕시코로 돌아와 전설적인 북부군을 조직했다. 비야의 토레온 점령은 반혁명적인 우에르타 정권의 몰락을 결정한 사건이었다.

농민이 도망했다가 경찰에 잡히면 비야처럼 참혹한 형벌을 받았다.

의적에서 혁명군 장군으로

비야가 태어난 멕시코 북부 지방은 비교적 단순한 지형으로 서쪽은 평균 고도 2,000미터가 넘는 산맥이고, 동쪽으로는 평탄한 고원이었다. 따라서 그 지역의 내륙은 비가 적고 지극히 건조한 사막을 이루고 있었다. 자연히 인구도 적고 중요한 산업은 광대한 토지를 이용한 목축업이었다. 비야는

의 적 ,   정 의 를   훔 치 다

소와 말을 방목하는 목부로 살다가 그후 소 절도 행위에 가담한 듯하다.

열여섯 살에 비야는 또다시 농장 탈출에 실패한 뒤 말 도둑들과 함께 훔친 가축을 살해한 혐의로 투옥된다. 몇 달 뒤 풀려나서는 치와와로 나와 광산이나 벽돌 공장에서 막노동을 하며 가족을 부양했다. 물론 경찰에 쫓겨 산으로 도망다니기도 했다. 그후 도살 식육업을 하며 평범하게 살던 그는 막내 누이동생이 농장주의 아들에게 버림당하자 그를 살해하고 시간제 노새몰이꾼이 되었다(이 사건의 진위 여부는 알 수 없고, 거리에서 남자를 죽여 산으로 도피했다는 이야기도 있다). 그러다가 시에라 마드레Sierra Madre 산으로 들어가 지역의 유명한 의적이었던 이그나치오 바야Ignazio Valla의 일당이 되었다. 부자들의 농장을 습격하고 가축을 도둑질하지만 훔친 돈과 물건을 가난한 자들에게 나눠주었던 이 일당은 빈민들 사이에서는 전설적인 의적으로 떠올랐는데, 비야는 이때부터 이름을 판초 비야로 바꾸고 수염도 길렀다. 그후 바야가 정부군에 의해 살해되자 비야가 그 두목이 되었다.

마데로가 독재자 디아스 타도와 사회개혁을 선언하고 멕시코 혁명을 일으킨 지 한 달 만인 1910년 11월 비야는 15명의 부하와 함께 산으로 들어간다. 그는 며칠 뒤 370명으로 늘어난 군대를 이끌고 치와와 부근의 마을을 점령하고 정부군 소부대를 격파했다. 이 최초의 승리로 비야군은 500명으로 늘었다. 비야 부대는 오로스코 부대와 합류하여 정부군을 공격했으나 포격을 받아 패배했다. 그러나 이듬해 1911년 1월, 몇 개의 시를 일시 점령하고 치와와를 공격했다. 이때 마데로가 치와와 시 부근으로 귀국하여 비야는 그를 만나 의기투합했다. 마데로는 임시 대통령의 자격으로 비야가 열여섯 살부터 당시까지 저지른 범죄를 사면하고 혁명군 지휘관으로 임명했다. 오로스코도 마데로와 만나 마데로 부대에 합류해 해방군 북부 제1사단으로 재편되어 마데로의 지휘를 받게 되었다.

5월 초 마데로는 오로스코에게 준장, 비야에게 대령의 계급을 부여했다. 이어 5월 말 마데로는 디아스 정부와 협정을 체결하였는데 디아스는 대통령직을 사임하고 외무부장관이 임시 대통령으로서 새로운 선거를 실시한다는 내용이었다. 흥미롭게도 협정문을 발표할 당시의 사진을 보면 마데로 측 인사들은 모두 양복을 차려입었는데 비야만 목장 인부 차림을 하고 있어 눈길을 끈다.(161쪽 사진 참조)

그 직후 디아스의 대통령직 사임을 요구하는 시민들에게 군대와 경찰이 기관총 세례를 퍼부어 200여 명을 사살하는 사건이 벌어졌으나, 결국 디아스는 협정대로 대통령직에서 물러났고 이어 혁명군도 해체되었다. 이때 비야도 고향으로 돌아갔다. 마데로는 멕시코 혁명에 불을 댕긴 장본인이었고 멕시코 국민 대부분의 지지를 받고 있었지만 혁명에 대한, 또 민주주의에 대한 그의 이해는 다소 추상적이었다. 게다가 엄청난 부와 권력을 상속받은 대농장주 출신이라는 것과, 아마도 출신에서 비롯되었을 엘리트주의는 그의 가장 큰 약점이었다. 결국 마데로는 대통령에 취임한 후, 혁명을 위해 목숨 걸고 싸운 동료 장군들의 의견에 귀 기울이지 않았다. 결국 혁명군이 기대한 토지개혁은 실현되지 못했다. 사파타를 비롯한 혁명군은 마데로가 혁명의 본질인 농민의 현실과 꿈을 전혀 이해하지 못한다고 결론내렸다. 그리고 얼마 후 사파타는 정식 대통령에 취임한 마데로 정부에 대해 선전을 포고했다. 당시 비야는 자기 부대를 마데로에게 넘기고 치와와로 돌아와 본래의 도축업에 종사하면서 결혼해 가정까지 이루고 평화롭게 살고 있었다.

의 적 , 정 의 를 훔 치 다

사파타의 선전포고에 이어 1912년 3월 오로스코가 치와와 시에서 반란을 선언하고 대농장주들과 결탁했다. 오로스코는 반란 직전 비야에게 반란에 참가하라고 요구했으나 비야는 이를 거부하고 치와와 시를 탈출했다. 비야는 오로스코처럼 마데로에게 반기를 들지 않고 오히려 군사를 모아 오로스코에 저항했다. 사실 그 역시 토지개혁에 대해 사파타의 생각에 어렴풋이 동의했지만, 그는 마데로의 선의와 민주주의에 대한 열망이 진심임을 알고 있었다. 물론 이는 비야가 '의리파'이기 때문이기도 했다. 첫 전투에서는 패배했지만, 그후 비야는 마데로에게 준장 계급을 부여받고 군대를 증강해 오로스코 군을 격파했다.

　　그러나 비야는 마데로가 북부 멕시코 군사사령관으로 임명한 보수파 빅토리아노 우에르타Victoriano Huerta와 대립하여 체포되었다. 비야가 감옥에 가게 된 사건의 전말은 이랬다. 비야는 이 반혁명 인사를 애초부터 혐오했고 또 자신의 부대가 정규군이 되는 것을 바라지도 않았다. 우에르타 역시 자신의 우상인 디아스를 쫓아낸 이 산적 두목을 전혀 좋아하지 않았다. 하지만 마데로는 비야를 우에르타 휘하의 정규군으로 귀속시켰다. 결국 둘 사이의 갈등이 깊어지자, 음흉한 우에르타가 말도 안 되는 죄를 뒤집어씌워 그를 총살시키려 했다. 이 상황을 지켜보고 있던 장교 하나가 급히 마데로에게 연락을 취해 이 사실을 알렸고, 비야는 목숨을 구한 대신 군사재판을 받는다는 명목으로 군사감옥으로 이송되었다. 그는 감옥에서 문자를 깨치고 사파타의 농업개혁 정책에 대해 더 잘 알게 되었다. 그는 그 생각에 전적으로 동의했지만 한 가지, 도대체 마데로 같은 착한 사람을 적대시한다는 것에 대해서는 끝까지 이해할 수가 없었다. 어쨌든 비야는 탈옥하여 미국으로 도주했다.

북부군의 전설: 1913~1914

1913년 2월, 우에르타가 '비극의 10일'로 불리는 쿠데타를 일으켜 마데로를 암살하고 대통령이 되었다. 비열한 배반자 우에르타는 원래부터 디아스의 심복으로 구체제 인사들 사이에서나 인기가 있었다. 그가 결국 본색을 드러내고 다시 디아스와 결탁해 마데로를 암살했던 것이다. 마데로는 이런 구체제적인 인사들을 요직에 앉혔고 그들의 의견을 혁명군의 의견보다 존중하는 듯한 인상을 주었다. 결국 마데로는 스스로 제 무덤을 판 것이나 다름없었다. 우에르타는 마데로 파를 일소하고 의회와 법원을 봉쇄했다. 미국에서 쿠데타 소식을 들은 비야는 마데로 학살에 보복하기 위해 즉시 귀국했다. 치와와 시 주변을 돌며 모병을 하여 수백 명의 부대를 조직했다. 동시에 각지에서 산적이나 농민 출신의 무장집단이 자생적으로 생겨났다.

우에르타의 군사 독재를 환영한 것은 물론 미국이었다. 미국은 1910년까지 멕시코에 최대의 자본을 투자했다. 그 결과 미국 자본은 멕시코 철도의 3분의 2, 광산의 76퍼센트, 제철업의 72퍼센트, 석유의 58퍼센트, 농장과 목장 등의 68퍼센트를 소유하여 멕시코 부의 반 이상을 지배했다. 그런 상황에서 미국은 당연히 마데로의 민족주의적 정책을 지지하지 않았다.

비야는 이러한 분통 터지는 상황을 그냥 지켜보기만 할 사람은 아니었다. 도피 중이던 미국에서 이 소식을 들은 비야는 1913년 3월 여덟 명의 동지와 900달러의 군자금, 아홉 정의 장총, 500발의 탄약, 2파운드의 커피, 2파운드의 설탕, 1파운드의 소금, 그리고 두어 개의 철사 절단기를 갖고 밤을 타서 미국-멕시코 국경을 넘었다. 전설적인 비야 북부군의

의 적 , 정 의 를 훔 치 다

미국 투손에 세워진 비야의 동상

시작을 알리는 이 순간은 멕시코 혁명사에서 가장 유명한 장면이 되었다. 비야의 혁명전에 대한 대중의 호응은 뜨거웠다. 그의 부대는 눈덩이처럼 불어나, 1914년 말 비야는 4만 명의 군대를 통솔했다. 비야 반란의 중심지는 멕시코 북부의 치와와였다. 그곳에서 그는 목동·농장주·광부들 사이에서 추종자를 규합했다. 그러나 비야는 스페인 지주들의 재산을 몰수하면서 남부에서 사파타가 한 것처럼 농민에게 직접 분배하지 않고 전쟁 과부와 고아들을 먹여살리고자 정부에 인계했다. 그가 그렇게 한 것은 북부 토지의 대부분을 차지한 거대한 목초지를 작은 토지들로 나누면 토지의 경제성이 떨어졌고, 미국과의 국경에서 보급품과 무기를 공급받기 위해서는 그것과 교환할 많은 양의 가축이 필요했으며, 무엇보다도 비야 부대를 구성한 목동들이 토지개혁을 원하지 않았던 데다가, 또 북부군 내부에 압수한 토지를 할당받고 새로운 부르주아로 변신한 부대원들이 생겼기 때문이다.* 비야의 북부군과 사파타의 남부군 등 혁명군의 눈부신 활약으로 우에르타 정권은 무너지고 우에르타는 망명했다. 하지만 다시 이 혁명군 동지들은 지주·민족자본가·중간층 등을 대표한 카란사·오브레곤 파와 빈농을 대표한 비야·사파타 파로 재차 분열되어 같은 해 가을부터 내전에 돌입하였다. 비야와 사파타의 군대는 한때 거의 전 국토를 점령하였으나, 카란사가 일부 노동계급의 협력을 얻기 시작하면서 전세는 뒤바뀌었다. 결국 사파타는 카란사에게 암살당하고 카란사 역시 다른 혁명군의 손에 총살당했다. 비야는 오브레곤에게 항복했다. 아래 글은 멕시코 혁명의 이러한 혼란스러운 양상을 잘 정리하고 있다.

노동자가 노동자의 군대를 죽이고 농민들이 농민의 군대를 축출하였다. 비야나 사파타 군을 빼면 다수의 혁명군들이 농민을 학살하고 노동자들을 대포밥으로 징용하였다. 무엇 하러 혁명을 일으키는지 모를 지경이었다. 카란사에게 보낸 편지에서 나타난 바와 같이 카우디요들의 통치를 종식시키려고 나선 혁명군의 지휘관들이 새로운 카우디요로 등장하였다. 사실 2차에 걸친 혁명을 마데로나 카란사와 같은 농장주들이 주도하였다는 것 자체가 혁명을 불가능하게 하는 요소였다. 이들의 영향력으로 혁명은 줄곧 혁명을 배반하는 자가당착적 길을 걷고 있었다.**

* 『20세기 농민전쟁』, 47~48쪽.
** 『멕시코 혁명사』, 395~396쪽.

결국 1920년 카란사 정권이 무너지고 오브레곤이 대통령이 됨으로써 10년에 걸친 멕시코 혁명은 끝이 났다. 오브레곤은 비록 카란사에게 동조하기는 했지만 기본적인 멕시코 혁명의 정의와 목표를 잊은 사람은 아니었다. 그는 1917년에 제정된 신헌법에 카란사의 반대를 무릅쓰고 노동자의 권리와 토지개혁에 관한 사항을 명시했다. 또 농토뿐만 아니라 외국자본이 소유하는 광산·석유·철도 등의 국유화를 가능하게 하는 조항도 삽입했다. 비야는 이 정도로 만족했다. 비야는 이제 50여 명의 호위병과 1만 헥타르의 토지를 하사받고 자신이 좋아하는 목장 생활로 돌아갔다. 수십만 헥타르의 땅을 하사받은 다른 장교들에 비해 약소하다고는 하지만, 농장주라는 말은 혁명가 비야에게는 그다지 어울리지 않아 보인다. 어쨌든 비야는 정열적으로 농장을 가꾸었다. 농장 안에는 자신이 생각하던 이상적인 공동체를 꾸리고 싶어했다. 그러나 비야는 1923년 오브레곤 측에 의해 암살되었다.

그의 삶 중 이 마지막 부분은 혁명에 대한 배신으로 평가될 수도 있다. 그러나 의적이 본질적으로는 반권력적임에도 불구하고 혁명에 참여하여 권력의 일부를 형성한 점이나, 정규의 군율이나 정치적 이데올로기를 갖지 못하면서도 정치에 참여한 점은, 비록 그것이 실패로 끝났을지라도 20세기의 새로운 정치적 의적의 사례를 보여주었다는 점에서 높이 평가할 만하다.

브라질의 캉가세이루

캉가세이루Cangaceiro는 포르투갈 말로 도둑을 뜻한다. 캉가세이루는 포르투갈 말을 사용하는 브라질의 저항 집단을 일컫는 말이다. 브라질은 멕시코보다 민주화가 늦게 시작되었다. 따라서 캉가세이루도 1870년대에 나타나기 시작해 1920~1930년대에 극성기를 맞는다. 그 가운데 브라질의 로빈 후드로 불리는 안토니오 실비노Antonio Silvino가 있었다. 부유한 농민 출신인 실비노는 1897년 가족 집단 사이의 대립으로 아버지가 살해되자 가족의 명예를 세우기 위해 캉가세이루가 된다.

그는 농지와 가족 간 분쟁을 조정하고 부자에게 재물을 빼앗아 빈민에게 나누어주되 여성에게는 손을 대지 않아 가족의 명예를 지켰다고 하지만, 그것이 모두 사실인지는 분명하지 않다. 실비노는 오랫동안 브라질 민중에게 의적으로 알려져왔으며 홉스봄도 그를 의적으로 인정하고 있으나, 최근 그가 보통의 캉가세이루와 달리 10여 년 이상 활동한 것은 가족 관계를 중심으로 한 권력의 비호로 가능한 것이었으므로, 의적으로 볼 수 없다는 연구가 발표되었다. 본래 부유한 출신인 그는 많은 대토지 소유자 친척을 두었고, 그들이 자신들에게 저항하는 반란 민중을 살해하기 위해 실비노의 무력을 이용했다는 것이다. 따라서 그는 로빈 후드가 아니라 정치집단에 고용된 조직폭력배에 불과했다고 주장한다.

그러나 당시 언론에서 그가 1907~1911년 사이에 철도회사의 전보시스템을 공격하여 민중의 지지를 받았다고 평가한 것은 사실이다. 그는 1914년 배신당

의 적 , 정 의 를 훔 치 다

해 체포되었고 1937년 석방된 뒤 가난하게 살다가 죽었다. 의적 논의에서 중요한 것은 사실 그 자체라기보다 민중이 의적으로 본 이미지다. 적어도 그가 대자본 철도회사를 공격하여 민중에게 장렬한 쾌거로 인정받은 것은 부정할 수 없다.

브라질에서 가장 유명한 의적은 1920~1930년대에 활약한 람피앙Lampião이다. 그도 실비노처럼 대농장 지주의 아들이었으나, 이웃 집안과의 갈등으로 아버지가 살해당하자 스물네 살에 캉가세이루가 되어 아버지의 원수를 갚고 부자를 습격한다. 그후 람피앙은 '신의 왕국'을 건설하고자 했던 시세루cicero 신부의 가르침에 귀의한다. 오늘날의 해방신학을 연상시키는 시세루 신부의 주장은 19세기 말부터 공인된 가톨릭을 비판하고 메시아운동이라는 농촌 종교운동을 펼쳐 부패한 성직자와 지주에 반대하는 것이었다. 그러나 곧 신부로부터 외면당한 람피앙은 폭도로 변모하고, 지방권력의 비호를 받으며 살다가 경찰에게 사살당했다.

람피앙은 살아 생전에 브라질 민중의 영웅으로 여겨져 여러 민요의 주인공으로 등장했다. 게다가 여성에게 신사적이었으며 사회적 의식을 가진 원초적 반란자로 묘사되기도 하지만 그 모든 것이 사실은 아니다. 특히 그는 무자비한 폭력을 휘두른 까닭에 의적으로 볼 수 있는지에 대해 의문이 제기되어왔다. 이것 역시 사실에 근거한 문제제기로 사실보다는 민중의 이미지를 중시한 홉스봄의 연구에 대한 비판이다. 그러나 람피앙이 일반적인 의적과는 달리 '복수자'로서의 의적에 해당된다는 홉스봄의 주장은 여전히 옳다.

홉스봄은 폭력을 극단적으로 행사하는 점을 그런 의적들의 특징으로 보았다. 그런 그들이 민중에게 영웅 대접을 받는 것은 정의로운 행위를 해서가 아니라, 농민 역시 그들처럼 복수심을 갖기 때문이다. 즉 부자를 죽이거나 그들의 재물을 훔치고 그 집을 불태우는 것이 부패와 사악을 일소하는 쾌거로 여겨졌다. 이러한 복수자로서의 의적 역시 20세기의 산물이다.

인도 의적의 여왕

풀란 데비

이미지 속의 인도, 역사 속의 인도 · 인도의 다코이트 전통 · 의적의 여왕, 꽃
의 여왕 풀란 데비

풀란 데비, 1963?~2001

'꽃의 여왕', '도둑의 여왕'으로 불리며 인도 전역을 무대로 활동한 의적.

가난과 여성에 대한 폭력, 하층민에 대한 억압에 수도 없이 짓밟혔던 이 '꽃의 여왕'은 자기 힘으로 자신을 지키기 위해 칼과 총을 들었다. 인도 수상을 상대로 천민계급과 성폭행당한 여자들의 인권 회복, 동지들의 안전을 협상 조건으로 내걸고 자수한 후 50개가 넘는 혐의로 11년을 복역한 뒤 석방되었고, 하층민 집단거주지에서 하원의원으로 당선되어 2001년 암살당할 때까지 정치인으로 활발한 활동을 했다.

"나는 정의에, 악마나 다름없는 이들에 대한 복수에 굶주렸다. 내 몸은 그 엄청난 허기에 따라 움직였다. 그것들은 내 힘의 원천이었다."

— 풀란 데비, 1996년

이미지 속의 인도, 역사 속의 인도

10년 전인 1995년에 인도의 여성 도둑을 다룬 영화 〈밴디트 퀸〉Bandit Queen
이 일반인에게는 세계 최초로 우리나라에서 상영되어 감격한 적이 있다.
그것이 만들어진 인도는 물론이고 영화 제작을 도운 영국에서도 상영이
금지되었는데, 우리나라에서 세계 최초 상영이라니 믿기지 않을 정도였
다. 그후 TV에서도 여러 번 방영되었다.

영화는 주인공 풀란 데비Phoolan Devi가 불행한 결혼을 하는 것으로
시작되어 의적 생활을 청산하고 주지사(영화에는 대통령으로 나온다)에
투항하는 것으로 끝난다. 영화 마지막 장면에서는 그녀가 영화 촬영 당시
자선사업을 하고 있는 것으로 소개되었지만, 그 직후 1996년에 실시된
인도 통일선거에서 국회의원으로 뽑혔다. 수많은 사람들을 죽이거나 부
상을 입히고 엄청난 강도짓을 저지른 그녀가 10년형만을 살고 풀려나고,
사회당 정권의 집권으로 석방된 지 3년 만에 국회의원이 되었다니, 우리
상식으로는 이해하기 어렵다. 이 사실을 이해하기 위해서는 오랜 전통을
가진 의적에 대한 인도 민중의 지지를 살펴보지 않으면 안 된다.

일반적으로 우리가 아는 인도는 대단히 신비화된 인도다. 요즘에
는 인도에만 가면 누구나 해탈이라도 할 듯 사람들을 미혹하는 기행문들
과 소개서들이 넘쳐나고 있다. 한국에서 고통스럽게 살다가 인도에 가서
비로소 마음의 평화를 얻었다는 내용의 소설도 나왔다. 그러나 이는 인도
를 현실의 공간이 아닌 상상의 공간으로 탈바꿈시킨다는 점에서 인도에
대한 편견을 낳기도 한다. 내가 본 인도는 우리와 조금도 다름없는, 아니
더욱 고통스러운 나라였다. 인도를 낭만적으로만 그리는 것은 이러한 인
도의 역사적·현실적 고통에 대한 관심을 가로막을 수 있다는 말이다.

신비화된 정도까지는 아니라고 해도, 여전히 우리 주변에는 인도를 대표하는 인물인 오쇼 라즈니쉬Osho Rajneesh나 모한다스 카람찬드 간디Mohāndas Karamchand Gandhi, 라빈드라나트 타고르Rabindranath Tagore의 이야기가 존재한다. 한때는 제3세계의 지도자 격으로 자와할랄 네루Jawāharlāl Nehru가 받들어지기도 했다. 하지만 그들 역시 일반인들에게는 매우 신비화된 경향이 없지 않다. 나 역시 간디나 네루를 어릴 적부터 좋아했고 그들의 유적을 찾아 한동안 인도 대륙을 방랑하기도 했다. 나에게 간디는 진정한 아나키스트로, 네루는 진정한 사회주의자로 인식되는 측면이 적지 않았다. 하지만 인도에 대해 더 많이 알게 되고, 특히 인도의 비참한 계급적 현실을 직접 눈으로 확인한 뒤에는 그들에 대해 일정한 비판의 시각마저 갖게 되었다. 그때부터 간디가 카스트라는 지독한 계급 문제나 빈부갈등을 인도적인 미덕인 양 호도하는 것에 대해 도저히 공감할 수 없었다. 특히 경제적인 빈부와 카스트의 계급에 따른 차별이 엄존하는 농촌을 이상적인 공동체인 양 말하는 간디에 대해, 그리고 그가 죽은 지 반세기가 지났음에도 '밴디트 퀸'을 낳을 정도로 여전히 차별이 존재하는 인도의 현실에 대해 회의에 빠지지 않을 수 없었다. 인도는 해탈과 평화의 땅이 아니라, 갈등과 고통의 땅이다. 그런 곳에서 의적이 등장하고 많은 사람들의 지지를 받는 것은 당연할 수밖에 없다.

홉스봄은 인도처럼 폐쇄적인 공동체에서는 의적이 출현하기 어렵다고 말한 바 있으나 이는 오리엔탈리즘적인 편견일지도 모른다. 물론 인도 역사에 분명히 나타난 의적의 존재 자체를 부정한 것은 아니나, 대단히 소극적으로 평가한 것은 사실이다. 홉스봄은 인도의 의적들을 뛰어나고 자유로운 도둑 해방자를 뜻하는 동유럽의 의적 집단 하이두크에 대한 설

영화 〈밴디트 퀸〉 포스터

세자르 카푸르 감독의 1994년작. 비록 풀란 데비 자신은 이야기가 많이 왜곡되어 있다고 불평을 했지만, 이 영화는 그녀의 이름을 전세계에 알리는 계기가 되었으며 인도와 영국에서 상영이 금지되어 논란을 빚기도 했다.

명의 주로써 취급한다.[*]

　　그러나 20세기 후반에 등장한 거의 유일한 의적이라 할 만한 '밴디트 퀸'은 사실 의적 연구에서 좀더 대접을 받아야 마땅하다. 더욱이 '밴디트 퀸'의 등장을 가능하게 했던 인도 고유의 의적 전통인 다코이트 dacoits에 대해서는 더 자세히 다룰 가치가 있다.

인도의 다코이트 전통

근대 이후 인도에서 의적이 등장하는 것은 영국의 본격적인 인도 지배 이후다. 물론 의적들이 당시의 식민 지배자였던 영국이나 과거의 지배자가 그대로 유지된 지방 정부에 저항한 것은 아니지만, 의적의 발생 원인이 영국 자본주의의 강제적 도입으로 인한 가난에 있었다는 사실은 유념해야 한다. 특히 1857년 동인도회사의 인도인 용병들인 '세포이의 항쟁'이 일어나기 전까지 민족적 저항은 대부분 의적 활동뿐이었다. 세포이 항쟁 이후 영국은 종래의 동인도회사를 통한 간접 지배의 시대를 끝내고, 인도를 직접 지배하게 된다. 그 뒤에도 의적은 끊이지 않고 출몰했으나, 점차 더욱 조직적이고 이념적인 정치·사회운동이 등장하게 된다. 따라서 인도의 의적 활동은 그런 운동의 시발점이라는 점에서 평가할 만하다.

　　18세기에 접어들면서 유럽 열강의 인도 지배를 둘러싼 쟁탈전은 영국의 승리로 끝나고, 영국은 1765년 뱅골의 영유권을 획득하게 된다. 그것을 시작으로 영국은 인도에 식민지화의 손길을 뻗치기 시작한다. 초

---

[*] 『의적의 사회사』, 98~99쪽의 주. 하이두크에 대해서는 이 책 여덟번째 꼭지 참조.

인도의 전통 물레와 인형
왼쪽은 인도 전통 물레. 풀란 데비가 1983~1994년 감옥에 수감되어 있을 때 사용했던 것으로 알려져 있다. 오른쪽은 역시 풀란 데비의 고향인 인도 자무나 강 유역의 전통 인형이다.

기에 영국은 인도에서 자국 생산품인 면직물의 판매망을 확대하려는 경제적 이권 추구에 몰두했다. 그 영향으로 인도의 전통 산업이 점차 쇠퇴하자 많은 이들이 직업을 잃고 최하층 빈민이 되었다. 특히 브라만, 크샤트리아, 바이샤, 수드라라는 전통적인 4계급 카스트에서 제외된 제5의 계급인 불가촉천민不可觸賤民, 그야말로 손이 닿아서도 안 되는 천민인 아디수드라를 중심으로 빈곤이 극대화하기에 이른다. 따라서 그들이 계급타파 운동의 중심이 된 것은 어쩌면 예견된 일이었는지도 모른다. 간디 역시 이들을 신의 아들이라 부르며 이들의 저항을 지지했다. 영국 식민지 당국이 다코이트라고 부른 인도의 도적단이 생겨난 것은 바로 이러한 배경에서였다. 북부 인도의 다코이트 중에서 가장 유명한 것은 바다크Badhaks였다. 그들은 본래 이슬람교도나 힌두교도였으나, 그들이 속한 카스트 계급에서 추방되어 아디수드라 천민이 되었고, 부랑자나 다른 종족 가운데 죄를 짓고 쫓겨난 사람들을 받아들여 계층과 종족을 초월한 집단

의적으로 활동하던 때와 투항 당시 풀란 데비의 모습
1983년 풀란 데비는 동료들의 사면, 성폭행당한 여성들의 인권 회복 문제, 아동 학대 금지, 계급제 폐지 등을 조건으로 내걸고 정부에 투항했다(오른쪽). 그녀가 수감되어 있는 동안 그녀가 투쟁을 벌인 지역에서 천민과 여성을 옭아매는 55개의 악법이 철폐되었다.

을 형성하였다.

이처럼 그들은 카스트를 부정하기는 했지만, 결코 반체제적인 성격의 도적단은 아니었다. 바다크의 두목은 1830년대에 원숭이에게 재주를 부리게 하는 일로 먹고 살다 가난에 못 이겨 도둑이 된 자로, 단순한 도둑에 그치지 않고 의적으로 활약했다고 전해진다. 그는 항상 자신의 행위는 국왕을 위한 장사라고 강변했고, 결국은 마을의 유력자를 위협하여 강의 연락선을 운행하는 특권을 향유한 인물이었다. 영화 〈밴디트 퀸〉에

의 적 , 정 의 를 훔 치 다

도 산적들이 산에서 내려와 마을을 점유하여 지배자가 되는 장면이 묘사되어 있다.

　북부 인도에 존재한 또 하나의 다코이트인 산시아Sanxia는 세습적인 부랑 시인과 족보 제작자로 구성된 도둑이었다. 바다크와 달리 지배계급에게 시를 읽어주거나 족보를 만들어주는 등의 봉사를 하는 한편으로 도둑질을 하여 그 일부를 서민에게 나누어주기도 했다. 그러나 그들 역시 바다크처럼 외부인을 자유롭게 받아들인 점에서 반카스트적이었다. 다코이트 가운데 공포감을 줄 만큼 의적으로서의 성격이 가장 두드러졌던 집단은 중부 인도에서 활약한 미나스Minas였다. 그들은 본래 농민이나 시골의 야경을 담당하다가 토지를 잃고 산으로 도망하여 직업적인 도둑이 된 사람들이었다. 그러나 그들은 재산의 수송을 호위해주는 대가로 토지를 무상으로 대여받았다.

　마지막으로 검토할 것은 인도와 마찬가지로 영국의 식민지였던 미얀마(과거의 버마)에서 발생한 다코이트다. 영국이 중국과의 아편전쟁 이후 미얀마를 인도의 일부로 병합하자 이에 저항하는 민중반란이 발생했다. 그 반란에는 직업적 범죄자도 참가했는데, 식민 당국은 그들만이 아니라 멸망한 미얀마 왕조의 관리에게도 다코이트라는 낙인을 찍었다. 이렇게 해서 모든 반식민운동은 다코이트로 불리게 되었으나, 민중은 도리어 그들을 존경했고 사실상 그들의 지배에 자발적으로, 때로는 적극적으로 몸을 맡겼다. 그러나 20세기에 들어오면서 영국의 참혹한 탄압으로 다코이트는 점차 역사에서 사라지게 된다.

의적의 여왕, 꽃의 여왕 풀란 데비

의적의 여왕 풀란 데비는 현대의 다코이트다. 영화에서는 그녀가 1957년생으로 나오지만, 1958년생이라는 주장도 있다. 요즘에는 1963년생이라는 설도 있다.* 천민은 당시나 지금이나 자신의 나이도 모를 만큼 무관심과 냉대 속에서 자라난다는 사실을 입증하는 이야기 같기도 하다. 그녀는 사냥꾼이나 뱃사공이 속한 불가촉천민인 말라 족 출신이다. 인도에서는 그런 최하층 출신의 여성은 지배 카스트에 저항할 수 없었다. 제2차 세계대전 후 카스트에 의한 신분 차별이 법으로 금지되었음에도 불구하고 현실에서 그 힘은 여전히 막강했다. 데비가 태어난 시골에서는 더욱 그랬다.

데비는 어려서부터 용감하고 자존감이 강했다. 데비의 아버지가 상속받게 되어 있는 땅과 소를 데비의 숙부가 빼앗자 아버지는 소송을 제기했다. 그러나 마을의 유력자였던 숙부를 두려워한 마을 사람들은 어느 누구도 데비 집안을 돕지 않았고 이를 본 어린 데비는 빈부 차이를 뼈저리게 느끼고 숙부에게 복수하기로 결심한다. 영화에서는 이 사건이 생략된 채 데비의 결혼에서부터 이야기가 시작된다. 데비는 열한 살에 자기보다 서른 살이나 많은 남자와 불행한 결혼을 한다. 가난한 부모가 자전거 한 대와 침대 하나, 그리고 암소 한 마리를 받고 데비를 결혼시켰던 것이다. 미성년자의 결혼을 금지하는 법도 극한의 가난과 사악한 전통 앞에서는 무력했다. 남편으로부터 잦은 폭행과 성적 학대에 시달린 그녀는 사회 불의에 대해 더욱 강한 분노를 느끼게 된다. 아니, 부자가 지배하는 사회

---

* 이하의 내용은 Phoolan Devi, *I, Phoolan Devi: The Autobiography of India's Bandit queen*. Brown&Co. 1996; Mala Sen, *India's Bandit Queen: The True story of Phoolan Devi*, Indus, 1993을 참조했다.

1996년 하원위원으로 선출된 후의 풀란 데비
한 정치집회에서 동료 정치가들과 함께 찍은 사진이다.

에 대한 복수를 갈망하게 된다.

　　지옥을 빠져나와 친정으로 도망친 적도 있었지만 친정도 그녀가
쉴 곳은 못 되었다. 결국 남편과 이혼한 후 마을에서 쫓겨난 데비는 친정
으로 돌아가지 못하고 먼 친척이 사는 티요가 마을로 가게 되었다. 유난
히 산적이 많았던 그 마을에서 데비는 어느 산적 두목에게 붙잡혔다. 지
긋지긋한 일은 거기서도 반복되었다. 그녀는 그 두목에게도 상습적으로
성폭력, 폭행을 당했다. 산적 무리 가운데 그것을 보다 못한 자가 두목을
죽이고 무리를 접수한 후 둘은 사랑에 빠지게 된다. 그의 이름은 비크람
말라Bikram Mala였는데, 그가 두목이 된 다음부터 이들 산적 집단은 의적으
로 변모한다. 당시의 산적은 대부분 카스트 사회에서 추방당한 최하층으
로 구성되었고, 오직 돈을 뺏기 위해 마을을 습격하는 도적단이 많았으

나, 부자로부터 돈을 뺏어 빈민에게 나누어주는 의적단도 존재했다. 또한
도적단이 마을의 지배자와 결탁하여 권력집단으로 변하기도 했다. 안타
깝게도 비크람은 마을의 지주들과 결탁한 도적단에 의해 살해되었다. 데
비는 도적단 두목에 의해 마을로 끌려가 20여 일에 걸쳐 끔찍한 성적 학
대와 폭력에 시달린다. 놀랍게도 가해자들은 마을에서 목에 힘깨나 주고
다니는 지배층 인사들 전부였다. 그들과 끊임없는 투쟁을 벌이는 동안 데
비는 잔혹한 산적 두목이 되어 있었다. 결국 의적의 여왕으로 등극한 데
비는 1년 후 자신을 집단 성폭행했던 마을 지주들 스물여섯(어느 기록에
는 스물두 명이라고도 한다)을 모두 죽이는 데 성공했다.

　　그러나 실제로 데비가 공격한 대상은 빈민을 골수까지 착취하는
부자 상인과 높은 신분의 카스트 가족이었다. 그리고 그들로부터 훔친 것

을 빈민들에게 나누어주면서 빈민이 본래의 정당한 소유자라고 주장한다. 특히 여성이나 아이들에게는 전혀 피해를 주지 않으려고 애썼다. 그런 까닭에 빈민은 그녀의 도둑 행각을 결코 밀고하지 않았다.

영화에서는 지배계급이 된 도적단과 여성 착취, 특히 데비가 자신을 성폭행한 자들에 대해 분노를 키워 복수하는 측면이 강조되다 보니 의적으로서의 활동이 조금 단순하게 그려진 것이 아닌가 하는 느낌도 든다. 또 10년도 채 안 되는 의적 활동을 중단하고 정부에 투항해 국회의원까지 지낸 그녀의 후반생에 대해서는 안도감과 함께 서운함마저 드는 것이 솔직한 심정이다. 로빈 후드를 비롯하여 대부분의 의적들이 죽을 때까지 체제에 반대해 투쟁하는 것이 아니라, 만년에는 민중의 인기에 편승하여 정치적 출세를 하거나 경제적 풍요를 누리는 것이 일반적이기는 하다. 하지만 데비는 그마저도 충분히 누리지 못했다.

2001년 7월 25일, 풀란 데비는 뉴델리에서 복면을 쓴 괴한들에게 저격을 받고 숨졌다. 머리와 가슴이 온통 총알로 벌집이 되어 형체를 알아볼 수 없을 정도였다. 수백 명의 사람들이 그녀 집으로 몰려와 추모했다. 데비의 지역구에서는 100여 명의 노동자들이 범인 체포를 요구하며 시위를 벌이기도 했다. 하지만 같은 시간 라지푸트라는 마을에서는 잔치가 벌어졌다. 이 마을은 바로 풀란 데비가 자신을 성폭행한 상위 카스트들 스물여섯 명을 공개 처형했던 곳이다. 카스트의 지배가 여전히 강력한 라지푸트 출신인 범인은 스스로 고향 사람들의 원수를 갚기 위해 범행을 저질렀다고 자백했고 영웅이 되었다. 물론 라지푸트를 뺀 인도 전역은 애도의 물결로 뒤덮였다. 전세계에서도 이 비범한 여성 의적 출신 정치가의 때 이른 죽음을 슬퍼했다.

아프리카의 의적

아프리카는 1884~1885년 영국·프랑스·독일 세 나라가 모여 체결한 '콩고분지조약'에 따라 급속하게 분할이 진행되었다. 분할은 무력 점령으로 영유권을 정당화하고 경제적 이익을 위하여 특허회사를 설립하는 방향으로 이뤄졌다. 유럽 열강의 침략에 대항할 군사력이 전무했고 무력하기만 했던 아프리카에서의 저항이란 무법자로서의 저항일 수밖에 없었다. 아프리카에서의 정치운동·사회운동·노동운동 등은 20세기에 나타났으며, 19세기에는 의적 활동만을 찾아볼 수 있다. 엄밀히 말하자면 의적 활동조차 역사에 제대로 기록되지 않았다.

여기서는 그 중에서 최근까지 게릴라 내란으로 소란스러웠던 짐바브웨의 의적을 살펴본다. 사실 그 게릴라 내전은 19세기 말의 의적 전통에서 비롯된 것이었다. 짐바브웨 지역에서는 한때 토착 부족의 국가가 번성하기도 했으나, 1855년 영국의 탐험가이자 선교사인 데이비드 리빙스턴David Livingstone이 빅토리아 호수를 발견한 이래 유럽 열강의 침략을 받기 시작했다.

짐바브웨는 제국주의 지배와 반식민지 투쟁의 와중에 성립했다. 제국주의자 세실 로즈Cecil Rhodes가 설립한 '영국 남아프리카회사'는 인도를 지배한 동인도회사 같은 것이었다. 1893년 이에 대항한 투쟁이 벌어졌으나 진압당하고 이 지역은 로즈의 땅이라는 로디지아Rhodesia라고 명명되었다. 그 지역이 현재의 짐바브웨다. 영국은 담배·면화·옥수수·땅콩 등의 농작물을 플랜테이션 방식으로 대량 생산하기 위해 현지 주민을 강제노동에 투입시켰다. 주민의 반항은 끊이지 않았고 그런 가운데 많은 도적 집단이 생겼다. 그 중에는 의적이라고 할 만한 집단도 적지 않았다. 특히 유명한 의적은 마본데라Mabondera와 샴베Shambe였다. 그들 일당은 징세나 강제노동을 거부하고 도망친 농민과 노동자들로, 식민지에 충성을 맹세한 부족장의 반대자들이었다.

그들은 식민지배의 상징인 대농장, 저택, 정부출장소, 세무서, 노동자 징용 사무소, 상점 등을 공격하고, 농민을 지켜줌으로써 그들로부터 정신적인 지지는 물론, 식량 지원도 받았다. 이처럼 그들은 언제나 농민과 유기적 관계를 유지하면서 농촌 주민을 억압하는 제도를 파괴하고 농민을 보호했다. 그들은 1920년대까지 활동했는데, 1960~1970년대의 게릴라전도 그 전통에 근거한 것이라고 할 수 있다.

아프리카의 의적으로 꼽을 수 있는 또 하나의 집단은 짐바브웨와 영국령 남아프리카연방 그리고 모잠비크의 국경지대에서 활동한 샹간Shangan 족 밀렵꾼들이다. 지금은 밀렵꾼이라고 하면 아프리카의 동물을 함부로 죽이는 범죄자들로 비난받지만, 당시 국경을 접한 지역에 사는 밀렵꾼들은 국경을 무시하고 밀렵을 하는 방법으로 식민지제도에 위협을 가하여 민중들의 지지를 받았다.

홉스봄이 아프리카에서 의적으로 부른 인물 가운데 에티오피아의 파타 하고스Pata Hagos가 있다. 에티오피아는 서해안의 라이베리아와 함께 식민지화를 면한 나라였는데, 그 식민지화를 막은 황제들은 대부분 도적과 연관되었다. 황제의 부하에게 살인과 강도를 당한 마을 주민과 함께 도적이 된 하고스는 제국주의 침략자 이탈리아를 돕기도 하고, 반대로 에티오피아 황제를 도와 이탈리아 군과 싸우기도 했다. 그런데 의적이 민중의 영웅으로서 정치적으로 출세하는 것은 정치 엘리트가 부족했던 19세기 아프리카적 현상이다. 또한 인도나 아프리카의 의적은 로빈 후드처럼 신사적인 의적도 아니고, 미국 서부 시대의 빌리 더 키드처럼 고독한 황야의 무법자 같은 낭만성도 없다. 사실 영화 〈밴디트 퀸〉을 보면 그 잔혹한 묘사에 혀를 내두를 정도다. 그러나 그것이 바로 아시아, 아프리카의 현실이다.

로자 샨도르

헝가리의 민족 영웅이 된 하이두크

오스만 제국의 관용적 지배 · 16~18세기 동유럽 의적의 변천 · 로자 샨도르 · 헝가리의 의적문학 전통 · 헝가리 민중의 마음에 살아 있는 샨도르

로자 샨도르, 1813~1878

하이두크 출신의 대표적인 헝가리 의적.

"설마 로자 샨도르가 강도나 악당이라고 생각하지는 않겠지! 그는 정의를 사랑한 위대한 사람이었단다. 그 시절 정의를 실현할 수 있는 유일한 길을 따랐던 거지. 그는 부자들의 재물을 빼앗아 가난한 이들에게 나누어 주었단다. 노예나 다름없는 불쌍한 농부의 집이 불에 타면 샨도르가 그에게 다시 집 지을 돈을 주었지. 물론, 살인 따위는 하지 않았단다. 다른 악당들이 사람을 죽이고 돈을 빼앗은 것을, 오스트리아 영주들이 모두 그에게 덮어씌웠단다. 그 사람들 눈에는 샨도르가 아주 못된 놈이었거든. 샨도르가 다른 의적들과 함께 전쟁에 나선 것도 모두 사실이란다. 그가 싸운 곳에서 승리는 항상 우리 것이었지. 그는 항상 맨 앞에서 군대를 이끌었지만 총알들은 샨도르를 해치지 못했단다."

— 헝가리의 민담 중에서

오스만 제국의 관용적 지배

우리에게 동유럽은 아직도 낯선 땅이지만, 의적이 동유럽만큼 화려하게 등장하는 곳도 없다. 특히 16~18세기에는 그러한 현상이 더욱 두드러진다. 왜 유독 동유럽에서 그런 현상이 더 활발하게 나타나는가? 서유럽과 비교하여 상대적으로 더욱 빈곤하고 억압적인 상황이었다는 것이 그 첫째 이유일 것이다.

동유럽도 서유럽과 마찬가지로 15세기경 봉건제도가 붕괴되기 시작하여 농노 가운데 자유로운 농민이 등장했다. 그러나 16세기에는 대항해에 의해 세계적 규모로 통상이 이루어지면서 영주들이 대규모 농장을 경영하여 세력을 넓혔다. 결국 과거보다 더욱 민중들을 가혹하게 착취하는 봉건적 체제가 부활했다는 것이다.

노예로 전락한 농민들은 영주농노제라는 이 새로운 지배 체제 속에서 영주의 배를 불리기 위해 소처럼 일해야 했다. 이렇게 영주들의 힘과 부가 막강해지면서 중앙정부의 힘은 상대적으로 약해졌다. 오스만 제국은 바로 이 시기에 동유럽으로 진출했고 허약한 정부들을 무너뜨렸다. 동유럽의 의적은 이런 배경에서 등장하게 된다.

오스만 제국은 투르크 족, 즉 터키 인이 세운 것이다. 터키 인이 동유럽을 지배한 역사는 16세기부터 19세기에 이른다. 이 기간에 서유럽에서는 현대 민주주의와 자본주의의 뿌리가 된 르네상스·종교개혁·과학혁명이 서서히 발전했으나, 오스만 제국에 속했던 동유럽은 서유럽의 발전과는 철저히 격리되어 이슬람 문화에 포섭되었다. 그러나 동유럽은 결코 이슬람에 전적으로 동화되지는 않았다.

그 이유는 오스만 제국이 서구에서 일반적으로 말하는 제국주의

아나톨리아 원정에서 투르크 족의 약탈

14세기 무렵 아나톨리아의 변방에서 오스만이 그 지역 투르크 족을 집결했다. 이들은 놀라운 속도로 세를 확장해 비잔틴 제국을 멸망시키고 그 뒤를 이을 제국을 건설했다. 이 제국은 곧 세 대륙에 모두 걸치는 규모로 확장되었고 찬란한 문화를 이룩했다. 위 그림은 이들이 애초에 얼마나 용감하고도 잔혹한 병사들이었는지 잘 보여준다. 이들의 제국은 1922년 터키 공화국이 건설될 때까지 유지되었다.

적 성격과는 전혀 다른, 그야말로 '황제가 다스리는 나라'라는 의미의 제국에 불과했기 때문이다. 따라서 지배의 강도도 느슨한 지역적 결속 정도에 불과했다. 말하자면 제국이란 그저 땅덩이를 가리키는 것에 불과했고, 제국에 속한 각 속주는 사실상 제국과 분리되어 피지배 민족을 독립적으로 다스렸다. 또한 오스만 제국은 피지배 계층에 대해 강제로 이슬람의 종교나 생활양식을 강요하지 않았고, 제국 자체에 도전하지 않는 한 그들에 대한 저항 세력까지도 관대하게 지배했다.

　　흔히 이슬람은 한손에 코란, 한손에 칼을 든 무지막지한 폭압적 종

에거의 여인

1552년 투르크 인들이 7만 군대를 몰고 헝가리의 에거의 성을 포위했을 때 성 안의 모든 사람들이 그 침략을 막아내기 위해 힘을 모았다. 성 안에 있는 사람들은 여성을 포함해도 2,000명에 불과했는데, 특히 여성들의 활약이 두드러졌다고 전해진다. 베르탈란 체켈리의 1867년 작품.

교로 오해되고 있으나, 이는 서구가 이슬람에 적대하여 조작한 오리엔탈리즘에 불과하다. 이교도에 대한 강제 개종을 금지하는 교리를 갖는 이슬람은 서유럽이 여러 식민지에서 그리스도교를 강요한 것과 달리, 동유럽 사람들에게 자신의 종교를 일방적으로 강요하지 않았다. 즉 그리스도교보다 이슬람이 더욱 관용적인 종교였던 것이다. 그래서 동유럽에서는 각 민족 고유의 독자적인 종교가 발전했다. 그 중심은 그리스 정교회였다. 동유럽이 이슬람에 동화되지 않은 또 다른 원인으로 주민들 대부분이 폐쇄적인 농촌 지역에서 살고 있던 농민이었다는 점을 들 수 있다.

보치코이 이슈트반

오스만과 합스부르크 세력권으로 나뉜 복잡한 정세 속에서 헝가리의 이해관계를 옹호했다. 합스부르크 세력이 헝가리 왕국에서 헌법을 말살하고, 프로테스탄티즘을 받아들였던 헝가리 인들의 종교적 자유를 박탈하려 하자 트란실바니아에서 봉기를 일으켜 합스부르크 병력을 몰아냈다. 이때 하이두크들은 용병으로 나서 큰 역할을 했다. 보치코이는 이들에게 사례로 땅과 집을 제공했다. 1605~1606년 사이에 1만 명 이상의 하이두크들이 이곳에 자리를 잡았고, 이러한 정착의 흐름은 17세기 내내 계속되었다.

16~18세기 동유럽 의적의 변천

동유럽 여러 나라 중에서 의적이 가장 광범하게 등장한 곳은 헝가리다. 천년왕국을 자랑하던 헝가리는 1526년 오스만 제국에 패함으로써 오스만 제국의 지배를 받는 지역, 그 보호국이 된 트란실바니아, 합스부르크 국으로 계승된 북부 헝가리 왕국, 이렇게 세 나라로 나뉜다. 이런 상황에서 16세기에 하이두크라는 의적이 출현하여 여러 제국주의 세력에 게릴라식으로 저항한다.

하이두크라는 말은 본래 헝가리의 소몰이꾼들을 뜻했다. 소몰이꾼들은 헝가리에서 오스트리아나 독일 또는 북이탈리아의 도시로 소를 몰아가면서, 봉건영주의 군대나 오스만 제국의 군대로부터 자신들과 소떼를 보호하기 위해 무장했다. 그리고 그들은 오스만 제국의 진출에 의해 소몰이라는 직업을 잃게 되자 무법자 의적이 되었다. 여기에 역시 오스만 제국의 진출로 시골에서 쫓겨난 사람들이 가세했다.

의 적 , 정 의 를 훔 치 다

불가리아의 하이두크 파나요트 히토프
불가리아의 전설적인 하이두크인 히토프는 자
신의 의적 생애를 자서전 형태로 남기기도 했
다. 이 책은 아직까지도 동유럽 하이두크와 의
적 연구에 소중한 자료들을 제공하고 있다.

그들은 오스만 제국 군대에 게릴라식으로 저항하면서 의적으로
불렀다. 그러나 16세기 말부터 15년에 걸쳐 일어난 보치코이Bocskay반란
등에서 활약하다가 17세기에 와서 영주들과 타협해 토지를 얻어 정착하
게 된다. 그렇게 되자 그들의 의적으로서의 삶은 끝이 난다. 17세기 말에
오스만 제국은 헝가리에서 물러나고 대신 합스부르크 제국이 헝가리를
지배하게 되었다. 이번에도 역시 합스부르크 제국에 대한 저항이 일어났
고, 의적이 그 운동에 가담하나 성과는 미미했다.

한편 발칸 반도에서는 오스만 제국의 지배가 헝가리보다 더 빠른
14세기에 확립되어, 더 늦은 19세기까지 이어졌는데, 17세기부터는 많은
수의 하이두크가 등장한다. 발칸 반도, 특히 불가리아에서는 이 시기 하
이두크의 저항을 오스만 봉건제의 부정에 반발하여 일어난 민족적 자각

운동이자 영속적 저항운동으로 평가하는 경향이 있다. 더 나아가 광범한 농민의 지지를 받아 발칸 전체의 저항운동을 결합시킨 것으로 평가한다.

그러나 한편으로는 그들이 농민의 지지를 받기는커녕 공포의 대상이었고, 조직적인 집단행동을 한 것이 아니라 지역적으로 산발했으며, 19세기에 와서야 민족운동의 영웅으로 떠받들어졌다는 의견도 있다. 여하튼 중요한 것은 불가리아에서는 초등학교 때부터 교과서에 의적의 이야기가 등장할 정도로 그들이 사회주의 운동의 선구자라는 이미지가 강하다는 점이다.

로자 샨도르

헝가리에서는 최초의 의적으로 '천사'로 불린 '귀족 출신 미남자 의적'인 포트코 반디Patkó Bandi가 등장하여 의적의 전형적인 이미지를 확립한다. 이어 서구에도 널리 알려진 요시카Jóska라는 의적이 시와 노래에 능한 예술가인 미인에게 탈취한 반지를 돌려주며 키스하는, 더욱 낭만적인 의적상을 수립한다. 그들의 실제 삶은 그런 낭만적 이미지와는 달랐으나, 민중에게는 그런 이미지로 각인되어 일반 서민에게 사랑받는 의적상이 만들어진다.

헝가리 의적 중에서 황제와 같은 지위에 있던 사람은 로자 샨도르Rósza Sándor였다. 그는 귀족 출신이었으나 말 도둑이 된 후 의적으로 활동했다. 스물셋이라는 어린 나이에 그는 이미 감옥에 갇힌 죄수였다. 그가 갇혀 있던 곳은 엄혹하기로 악명 높은 세게드Szeged 감옥이었다. 하지만 그는 멋지게 탈출에 성공했다. 이 사건은 지배층에 불만이 많던 민중에게

로자 샨도르와 지그몬트 모리츠
왼쪽은 1860년경에 샨도르가 세게드 성의 감옥에 갇혔을 때 찍은 모습이다. 헝가리에서는 우리나라의 홍길동이나 장길산처럼 민중의 친구이자, 민족의 영웅으로 아직까지도 사랑받고 있다. 헝가리의 국민작가 모리츠(오른쪽)는 농촌을 중심으로 변혁기 사회 속에서 살아가는 인간의 생활을 묘사해, 헝가리 문단에서 사실주의 작가의 제1인자가 되었다. 『로자 샨도르』는 기념비적인 역사소설로 손꼽힌다.

짜릿하고 통쾌한 감동을 주었던 것 같다. 그는 이 탈옥 사건 이후 헝가리 전역에 이름이 알려지고, 온 민중의 사랑을 독차지하게 되었다. 1848년 혁명이 일어나고, 그후 1849년까지 지속된 독립 전쟁에서 그는 자유부대를 조직해 저항에 동참했다. 합스부르크 제국 군대에 맞서는 그의 게릴라 부대는 정규군 못지않은 활약을 했고, 그는 곧 불사신이나 다름없었다. 당연히 그의 인기는 식을 줄을 몰랐다. 아래의 민담은 당시 민중들의 관점을 잘 대변해주고 있다.

설마 로자 샨도르가 강도나 악당이라고 생각하지는 않겠지! 그는 정의를 사랑한 위대한 사람이었단다. 그 시절 정의를 실현할 수 있는 유일한 길을 따랐던 거지. 그는 부자들의 재물을 빼앗아 가난한 이들에게 나누어 주었단다. 노예나 다름없는 불쌍한 농부의 집이 불에 타면 샨도르가 그에게 다시 집 지을 돈을 주었지. 물론, 살인 따위는 하지 않았단다. 다른 악당들이 사람을 죽이고 돈을 빼앗은 것을, 오스트리아 영주들이 모두 그에게 덮어씌웠단다. 그 사람들 눈에는 샨도르가 아주 못된 놈이었거든. 샨도르가 다른 의적들과 함께 전쟁에 나선 것도 모두 사실이란다. 그가 싸운 곳에서 승리는 항상 우리 것이었지. 그는 항상 맨 앞에서 군대를 이끌었지만 총알들은 샨도르를 해치지 못했단다.*

전쟁이 독립군의 패배로 끝난 후에도 그와 그가 이끄는 무리들은 부자들의 재산을 징발하는 의적 활동을 계속했다. 그는 두 번이나 감옥에 갇혀, 별다른 증거가 없는데도 두 번 다 사형을 선고받았다. 하지만 사형에 처해지지는 않고 재판 후 무기형으로 감형되었다. 그리고 감옥에서 죽었다고 전해진다. 그의 일생은 수많은 사람들의 입을 거치며 가감되어 하나의 전설로 회자되었다. 로자 샨도르에 관한 민담이나 민요, 발라드는 헝가리의 전 지역에서 언어권을 망라하고 발견된다. 특히, 19~20세기에 걸쳐 끊이지 않고 수많은 민중의 설화와 소설로 꾸며졌는데, 헝가리의 국민작가로 일컬어지는 지그몬트 모리츠Zsigmond Móricz의 소설에서는 가난한 민중을 위해 의적 활동을 하고 뒤에는 독립운동을 하면서 여러 여인과 사랑을 하는 낭만적 주인공으로 미화되었다. 모리츠의 의적 소설은 1965년에 미클로시 얀초Miklos Jancsó에 의해 〈라운드업〉The Round-up으로 영화

* Iván Balassa, Maria and Kenneth Bales trans., *Hungarian Ethnography and Folklore*, Corvina Kiadó, 1974, p. 588.

의 적 , 정 의 를 훔 치 다

화되기도 했다.

그러나 최근 샨도르에 대한 보다 객관적인 연구를 통해 그러한 대중적 미화에 많은 문제가 있다는 지적이 나오고 있다. 특히 소설이나 영화에서 샨도르의 이데올로기로서 찬양되는 자유라는 것이 사료를 통해서는 입증되지 않고 있다. 모리츠는 샨도르를 19세기 헝가리를 풍미한 농촌 인민주의의 선구자로 묘사하고 있지만, 실제로 그러했는지는 의문이다. 그러나 샨도르가 사회주의 시대였던 20세기 후반에도 그런 이미지로 부각되고, 체제가 붕괴된 지금도 그 이미지가 끝없이 재생산되고 있는 것은 여전히 헝가리 민중의 마음에 그가 살아 있기 때문이리라.

헝가리의 의적문학 전통

헝가리에서는 다른 어느 나라에서보다도 의적에 관한 민중문학이 발달했다. 민요나 민담, 발라드 중에서 가장 자주 다루어지는 소재는 물론 사랑이지만, 의적에 관한 것들도 그에 못지않게 큰 비중을 차지한다. 심지어 의적 발라드betyárballada라는 장르가 따로 존재할 정도다. 물론 실제로 의적이나 도적들도 많았고, 앞서 살펴보았듯이 이들은 공적인 역사에서도 엄청난 활약상을 보여주었다. 그리고 무엇보다도 이들은 개인적인 탐욕이나 죄를 저지르고 도둑이 된 사람들이 아니라 외세가 지배하던 시절에 모든 것을 빼앗기고 어쩔 수 없이 도둑이 된 사람들이었다.*

민요들을 먼저 보면, 특히 목동들에 관한 민요들은 많은 수가 의

---

* 정병권, 한경민 외, 『동유럽 사람들은 삶을 어떻게 노래했을까』, 월인, 2003, 112쪽. 이후의 내용은 *Hungarian Ethnography and Folklore*를 참조했다.

영화 〈라운드업〉 중 한 장면

헝가리의 대표적인 영화감독인 미클로시 얀초는 1972년 〈붉은 시편〉으로 칸 영화제 최우수 감독상 등 세계적인 상을 휩쓸었다. 그 외 '10월혁명' 50주년 기념으로 헝가리, 소련이 합작으로 제작한 영화 〈적과 백〉의 연출을 맡기도 했다. 〈라운드업〉은 로자 샨도르의 생애를 담은 작품이다.

적 민요와 연관되어 있다. 목동들은 오래전에는 그래도 좀 나은 삶을 살았고 농부들이나 농업노동자들보다도 더 자유를 누린다고 여겨졌다. 그래서 많은 경우에 그들은 마을 사람들의 영웅이었다. 또 목동들은 곧잘 의적으로 바뀌곤 했는데, 그래서 많은 민요에서는 목동과 의적이 함께 등장하기도 한다. 그리고 의적들에 관한 노래나 목동에 관한 노래는 형식도 비슷했다.

사실 8세기에 의적, 곧 베트야르betyár라는 말은 일을 찾아 떠돌아다니는 수공업 노동자들을 의미했다. 그들은 여기저기서 잠깐씩 일을 맡을 수 있었다. 젊은 사람들 주변에는 점차 이런 떠돌이 출신들, 학정을 피

의 적 ,   정 의 를   훔 치 다

하고 자유를 찾아 고향을 버린 사람들이 점점 더 늘어났다. 이 사람들은 경찰이나 군대에 추격을 당하곤 했는데, 결국 그들과 맞서기 위해 무장을 하게 된다.

베트야르는 원래 그냥 도둑과는 달랐다. 그들은 꼭 필요한 것만을, 못된 부자들에게서 빼앗았다. 목동들뿐 아니라 노동자들이나 가난한 농민들도 이들과 한편이 되어 이들에게 은신처를 제공하곤 했다.

이들은 19세기 전반에 숨기 쉬운 산속에서 급격히 늘어났는데, 목동들의 거처에서 숨어 지내기도 했고, 여럿이 모여 살면서 군사훈련도 했다. 두세 명으로 이루어진 집단도 있었고, 50~60명에 이르는 경우도 있었지만 대체로는 10~15명 정도였다. 이들은 19세기의 헝가리의 역사를 역동적인 저항의 시기로 만든 장본인이었다.

신은 우주를 만들었을 때 말했네.
세상을 베트야르 의적들로 점점이 수놓으세.
만일 세상에 이 모든 베트야르들이 없다면
하늘의 주인님들은 그에게 기도하는 자들의 기쁨을 모르는 거라네.*

사람들은 또 의적들이 곧잘 해방군으로 바뀐다는 것을 알고 있었다.

사람들은 나를 베트야르라는 이름으로 부르지.

* *Hungarian Ethnography and Folklore*, p. 499.

하지만 나는 누구 앞에서도 부끄럽지 않다네.
시간이 흘러 때가 되면, 아마도 곧,
이 나라는 후사르와 거친 군인이 있었기를 바랄 거라네.*

대부분의 의적들의 삶에서 그들이 의적이 될 수밖에 없었던 어떤 운 나쁜 사건들을 찾아볼 수 있다. 모두 다 그럴 만한 이유가 있었기에 의적이 된 것이었다. 의적들은 보통 겨울날 경찰이나 군인에게 포위되어 재판도 받지 못한 채 가까운 나무에 교수형에 처해지는 경우가 많았다.

마을 끝에 미루나무 한 그루가 있네.
그 위에 산적 하나가 매달려 있네.
그가 아래로 떨어지면, 짐승들이 먹어 치우겠지.
하늘의 새들은 구슬피 울겠지.

맙소사, 내가 주위를 돌아본다면
나의 전 인생에 대해 무어라고 쓸 말이 있을까?
나는 교수대 꼭대기에서 말라가네.
초록빛 풀처럼 나도 그렇게 시들어간다네.**

사실 의적 민요와 발라드가 명확히 구별되는 것은 아니지만, 헝가리에서 가장 대표적인 의적문학은 아마 발라드라고 해도 그리 틀리지 않

* *Hungarian Ethnography and Folklore*, p. 499.
** 『동유럽 사람들은 삶을 어떻게 노래했을까』, 141쪽.

의 적 , 정 의 를 훔 치 다

19세기 헝가리의 하이두크를 소재로 한 통속 소설들

목동 출신 산적들의 모습
소금통에 그려진 장식의 일부다. 헝가리 민요나 민담에는 유난히 의적이나 산적에 관한 것이 많다. 그들에게 산적은 두려움이나 숭배의 대상이라기보다는 그저 자신들의 삶의 자연스런 한 부분이었다.

을 것이다. 이러한 발라드들은 서사시 같은 어조로 씌었는데, 극적인 사건 전개를 통해 영웅을 노래하는 것이 아니라 아주 사실적인 묘사를 통해 노래한다. 때때로 이러한 차분하고 사실적인 어조로 그렇게 잔혹한 이야기를 한다는 것 자체가 매우 놀라울 정도다. 서술자의 목소리는 숨 막히는 긴장을 포함하는 이전 발라드들과는 달리, 편안하고 형식도 자유롭다. 그야말로 새롭고 자유로운 어조였다. 바로 이러한 자유로운 어조와 단순한 묘사가 헝가리의 의적 발라드를 러시아나 우크라이나의 의적 발라드, 스페인의 잔혹한 도둑 발라드, 영국의 로빈 후드 발라드와 구분짓는 독특한 요소다. 의적 발라드가 간혹 잔혹한 살인 발라드와 연결될 때도 있지만 그것은 더 후대의 일이고, 전성기 대의 의적 발라드는 민중적이면서도

의 적 , 정 의 를 훔 치 다

예술적으로 한층 무르익은 상태를 유지하고 있다.

로자 샨도르는 벨벳 말에 안장을 차네.
서른세 명의 경찰들이 그의 뒤를, 그의 흔적을 쫓고 있다고.
로자 샨도르는 농담을 한 것이 아니라네.
벨벳이라는 이름의 말에 껑충 올라타고, 길을 떠난다네.

"세리의 아내여, 안녕하시기를.
말 탄 경찰들이 여기 왔었다면, 진실을 말하라!"
"아니요, 말 탄 경찰들은 오늘 여기 오지 않았어요.
세게드의 의적들은 멀리 가버렸어요."

"세리의 아내여, 이 컵에 와인 한 잔을 따르라.
하녀를 보내 망을 보게 하라, 어서!"
깜짝 놀라 겁을 집어먹은 하녀는 총총 걸음으로 와서,
"아홉 명의 말 탄 경찰들이 이리로 급히 오고 있어요."

로자 샨도르는 농담이라고 생각지 않았네.
말 위에 올라타고 그는 떠나네.
말이 구덩이에 빠져 넘어지면서 그를 내동댕이쳤네.
로자 샨도르는 쓰러진 채로 체포당했네.

"이봐 상병 나리, 내가 원하는 건,

여기 내 오른팔, 내 오른팔을 좀 풀어주지 않겠소?"

하지만 상병 나리는 그의 말을 듣지 않았다네.

아홉 명은 모두 그를 향해 납탄을 쏘았다네.

로자 샨도르는 헌병대 경찰들에게 이끌려

감옥 계단을 올라갔다네.

세게드 마을, 노란, 어두운 노란 도시여*

로자 샨도르는 모든 것이 아래로 내려다보이는, 그곳에 갇혔네.**

이러한 발라드들은 사람들이 의적들의 용감한 모습을 얼마나 자랑스러워하고, 또 그들의 체포나 죽음을 얼마나 슬퍼했는지 잘 보여준다.

헝가리 민중의 마음에 살아 있는 샨도르

1919~1921년 세계는 격변했다. 러시아 혁명이 성공하고, 비록 실패했지만 독일에서도 역시 혁명이 터졌다. 그 기운은 헝가리까지 이어졌다. 1919년의 헝가리는 오스트리아 제국의 영토였다. 그 전 해인 1918년 10월, 헝가리의 수도 부다페스트에서 폭동이 일어났다. 11월부터 토지의 몰수, 공장의 점거, 죄수의 석방, 공동체 평의회의 설립, 농업 개혁 등이 실시되었다. 이어 공화국이 선포되고 소비에트가 지배권을 획득했다. 오스트리아 빈에서도 공화국이 선포되었다. 그러나 이듬해 8월혁명은 실패로

---

* 노란색은 합스부르크를 상징하는 색이다. 여기서는 오스트리아의 억압적 지배를 상징한다.

** *Hungarian Ethnography and Folklore*, p. 540.

끝나고 군주제가 부활했다. 그후 공산주의자들이 권력을 장악했으나 민중의 저항은 최근까지 계속되었다.

요즘의 의적사 연구는 주로 의적의 이미지와 실제 모습의 차이를 밝히는 것에 중점을 두고 있다. 그러나 일반 사람들은 그러한 연구를 통해 밝혀진 세세한 사항에 그다지 흥미를 느끼지 못한다. 오히려 그런 차이보다 이미지로 지속되어온 역사, 그리고 그 이미지가 시대의 역사와 어떻게 관련되었는가에 관심을 갖는다. 그러나 불행하게도 그런 관점에서 씌어진 의적사는 아직 보기 어렵다.

가령 나로서는 헝가리의 샨도르가 여전히 살아 있는 민중의 영웅으로서 지속되는 점이 몹시 흥미롭다. 비록 그 중심 이미지가 사회주의 이전, 사회주의 기간, 그리고 사회주의 이후에 조금씩 변화를 겪기는 하지만 그는 지금까지도 민중들에게 여전히 추앙받는 존재이기 때문이다. 그러나 유감스럽게도 지난해 유럽에 갔을 때 그런 변화의 지속성을 명쾌하게 밝힌 책이나 논문을 찾을 수 없었다. 게다가 헝가리 어를 구사하지 못하는 필자의 한계 때문에 농촌 지역에서 지금도 서민들이 그를 기억하고 있는지조차 확인할 수 없었다. 안타까운 일이었다.

동유럽 다른 지역의 하이두크들

　19세기 오스만 제국의 지배하에 있던 지중해·동유럽의 그리스·세르비아·불가리아·루마니아 민족 역시 앞서 헝가리의 경우에서 살펴본 것처럼 독립의 열망이 강했다. 이 과정에서 하이두크들의 역할이 중요하게 부각된다. 동유럽에서 이들은 아무리 작은 역사책에라도 반드시 등장할 정도로 유명한데, 그만큼 역사적 중요성을 인정받고 있는 셈이다. 우리나라에 출간된 관련 연구서 가운데 김성진의 『발칸 분쟁사: 유고슬라비아 내전의 역사』 역시 이들의 활동을 자세히 소개하고 있다.

　앞서 언급했듯이 19세기에 들어서면서 오스만 제국의 지배는 그 근위병인 예니체리yeniçeri*의 학정으로 피지배 민족의 저항을 불러일으킨다. 하이두크는 그런 배경에서 생긴 반체제 세력이었다. 그 최초의 인물은 코르쵸라는 목동 출신 의적이었으며 독립운동가로 활약한 세르비아인 페트로비치 카라조르지예 Petrovic Karadjordje, 불가리아 민중봉기 지도자 파나요트 히토프, 그리스 독립전쟁의 영웅 테오도로스 콜로코트로니스Theodoros Kolokotronis 같은 인물도 중요하다. 물론 그밖에도 많은 의적들이 있었다.

　세르비아어로 '검은 조지'라는 뜻의 카라조르지예는 돼지 상인 출신으로서 처음부터 하이두크는 아니었으나, 산악지대에서 반反오스만 활동을 한 하이두크들과 함께 행동하면서 군사력을 키웠다. 그는 세르비아의 독립을 위해 무장한 하이두크들과 오스만 제국의 예니체리를 공격했다. 당시 거대하고 강력한 국가가 된 러시아 제국은 카라조르지예를 이용해 발칸 반도를 정복하려는 야욕을 품고 있었다. 러시아는 먼저 카라조르지예에게 군사적 지원을 하면서 독립 후 정치적·군사적 기반을 다질 수 있도록 도왔다. 러시아의 협력을 받은 카라조르지예는 오스만 제국에 대항해 전쟁을 벌였고 독립을 쟁취한 듯했다. 그러나 오스만 제국을 정복하기에는 시기상조라고 판단한 러시아가 지원을 중단하고 군대를 철수하자, 오스만 제국이 다시 세르비아로 쳐들어와 그의 독립을 위한 노력은 수포로 돌아갔다.

세르비아와 달리 불가리아에서는 반오스만 투쟁이 늦게 시작되었다. 양치기 출신의 히토프는 가축상인으로 출세한 뒤 오스만 제국 관리와 다투어 발칸 산맥에 들어가 하이두크가 되었다. 1860년대에 그가 이끈 하이두크는 오스만 제국의 관리, 군인, 대상인을 습격하여 민중의 지지를 얻어 그들로부터 피난처와 식료 등을 제공받았다. 그후 그는 루마니아에서 불가리아 독립운동을 벌였던 바실 레프스키Vasil Levski와 함께 독립운동에 뛰어들어 게릴라 저항조직을 군대로 개편했고, 1872년에는 불가리아 혁명 중앙위원회에 참가했다.

세르비아나 불가리아와 달리 그리스는 16세기 이래 오스만 제국 내에서 아르마톨Armatol이라는 특별한 자치경찰대를 조직할 수 있는 권한을 부여받았다. 그런데 그 아르마톨이 당시 클레프트kleft라 불리는 의적 집단과 연합하여 반反투르크 운동을 전개했다. 18세기 그 중심에 선 의적이 콜로코트로니스로서, 그는 1820년부터 시작된 그리스 독립전쟁에서 오스만 대군을 격파하여 임시정부로부터 장군에 임명되었다.

---

* 14세기경 창립된 오스만 제국의 상비군인 보병 군단을 말한다. 정복된 유럽 속령 내의 그리스도교도 중에서 장정을 징용하여 이슬람교로 개종시키고 엄격한 훈련을 실시한 다음 술탄의 상비 친위군에 편입시켰다. 이들은 14~16세기의 정복 전쟁에서 많은 무공을 세웠으나, 뒤에 군기가 문란해져 횡포가 심하고 정치에도 개입하게 되어 1826년 폐지되었다.

JESSE JAMES

자본주의의 반항아들

제시 제임스와 빌리 더 키드

미국식 의적 · 19세기 미국 서부 민중의 적, 은행과 철도회사 · 제시 제임스에 관한 진실과 거짓말 · 빌리 더 키드는 로빈 후드인가, 로빙 후드인가 · 황야의 무법자들을 바라보는 시선의 변화

제시 제임스, 1847~1881
미국 서부 개척 시대 철도회사와 은행 등 거대 자본을 공포로 몰아넣은 의적.
"우리는 생포되기를 바라지 않습니다. 우리를 아는 사람들이라면 굳이 말하지 않아도 충분히 알 만한 이
야기입니다. 하지만 공평한 재판이라면 기쁜 마음으로 받아들이겠습니다. 또 그 기나긴 불침의 밤이 끝
났다는 데 대해서도 기쁜 마음입니다."
— 제시 제임스, 1874년

빌리 더 키드, 1859~1881
가축 도둑으로 경력을 쌓기 시작한, 영원한 황야의 키드.
"전사다운 죽음이라면 조금도 두렵지 않다. 다만 무방비 상태의 개처럼 죽고 싶지 않을 뿐이다."
— 빌리 더 키드가 주지사 류 월러스에게 보낸 편지 중에서, 1879년

미국식 의적

제시 제임스Jesse James나 빌리 더 키드Billy the Kid의 이름을 기억하는 사람들은 많지 않지만, 영화를 좋아하는 사람이라면 그들의 이야기를 듣고 '아, 그 도둑놈들' 하면서 금방 무릎을 칠 것이다. 나도 그들이 주인공으로 등장하는 영화를 몇 번이나 보았으나, 대부분 시시한 내용이어서 제목은 하나도 기억하지 못한다. 무려 서른여덟 편이나 되는 제시 제임스를 주인공으로 한 영화 가운데, 2001년 제작된 〈파이브 건스〉American Outlaws의 경우도 제목만 봐서는 그의 이야기인지 알 수 없다. 영화의 원제는 '미국 무법자'다. '미국의 대표 무법자' 또는 '미국식 무법자'라는 뜻이라고 할 수 있다. 하지만 과거 〈황야의 무법자〉For a few Dollars More에 붙여진 '마카로니 웨스턴' macaroni western*이라는 별칭처럼, 그 영화에도 별칭을 붙인다면 이탈리아식이라고도 할 수 있고, 시나리오의 원작이 일본 것이었으니 일본식이라고 할 수 있을지도 모른다.

그러나 사실 미국 의적은, 유럽이나 아시아의 의적들과는 또 다른 맥락에서 생겨났다. 다시 말해 미국의 의적은 전통사회의 가치를 수호하려는 농민들의 반발을 배경으로 태어난 것이 아니다. 그야말로 미국이라는 황야에 새롭게 세워진 은행이나 철도회사와 같은 자본주의 제도에 대한 직접적인 반발로 나타난 것이다. 이것이 바로 미국식 무법자의 특징이

---

* 이탈리아에서 미국의 서부극을 본떠 만든 영화. 미국 서부극과 같은 개척정신의 요소는 없고, 주로 멕시코를 무대로 총잡이를 등장시켜 잔혹한 장면을 강렬하게 묘사한 것이 특색이다. 1964년 세르지오 레오네Sergio Leone가 〈황야의 무법자〉(클린트 이스트우드 주연)를 제작한 이래 미국 서부극을 압도할 기세로 선풍을 일으켰다. 한국에도 1966년 〈황야의 무법자〉가 상영된 이래 여러 편이 수입되어 붐을 일으켰다.

제시 제임스
왼쪽은 1875년에 찍은 결혼기념 사진이다. 오른쪽은 게릴라 부대에서 활약하던 1864년에 찍은 사진이다. 그는 열다섯 살 되던 해에 콴트릴의 게릴라 부대에 합류했다. 여기서 콜 영거와 그의 형제들을 만났고, 이들과 자신의 형인 프랭크와 함께 훗날 제임스 갱을 만든다.

다. 따라서 어느 마을에서 극악무도한 악당을 홀로 처부순다는 식의 '황야의 무법자' 시리즈는 미국 실제 역사에 등장했던 의적인 은행 및 철도 강도와는 거리가 멀다.

그런 강도 가운데 가장 유명한 제임스나 키드는 모두 미국 자본주의가 비약적으로 발전한 1870년대에 도둑질을 하다가 1880년대 초에 죽음을 맞는다. 그들은 둘 다 자본주의의 급속한 발전으로 혼미한 상태에 빠진 미국 민중의 꿈을 어느 정도 충족시킨 존재라는 공통점을 갖는다. 다른 점이 있다면 제임스가 자신의 일당과 함께 생전에 의적으로서 서민의 폭넓은 지지를 받은 반면, 고독한 키드의 경우는 그런 지지 기반이 없었다는 점이다. 그러나 그들 사후에는 '사회성'이 강한 '서민적' 제임스

의 적 ， 정 의 를 훔 치 다

와 달리, '반사회적이고 고독한' 키드가 개인주의가 강한 미국의 범국민
적 영웅으로 인기를 얻는다.

19세기 미국 서부 민중의 적, 은행과 철도회사

제임스나 키드가 활약한 시기는 1860년대 초 남북전쟁 기간부터 1880년
대까지로, 미국의 혼란기였다. 1848년 정점에 이른 골드러시와 서부 개
척으로 들뜬 시대는 끝나고, 전쟁이 남긴 상처로 정신적·사회적 혼란이
가중되었다. 그후 공업 발전, 철도 건설, 은행 대두로 상징되는 자본주의
의 비약적인 발전은 많은 사회적 모순을 야기했고, 동시에 그에 저항하는
의적들도 낳았다.

사실 미국에서 민중의 저항은 이미 유럽인의 미국 정착이 시작되
는 1600년대부터 발생했다. 대부분 소작을 했던 민중은 몇몇 부유한 지
주 가문에 세금과 지대를 납부해야 했다. 지주에 대한 소작인들의 조직적
인 저항은 1839년부터 시작되었다. 특히 소작료 납부를 강제했던 보안관
들이 그러한 저항의 직접적인 대상이었다. 1845년 뉴욕 주에서 2만
5,000명의 소작인이 서명한 반反지대법안에 대한 청원이 주의회에 제출
되었으나 기각되었다. 이어 농민 게릴라와 보안관 민병대가 격렬한 전투
를 벌인 끝에 농민 지도자는 체포되어 반역죄로 종신형을 선고받고 오랫
동안 감옥에 갇혔다. 그런 탄압에도 불구하고 미국 전역에서 저항의 물결
은 잠잠해지지 않았다.

남북전쟁 이후 기계의 도입이 농업을 근본적으로 변화시키자 농
민들은 토지와 농기구를 사기 위해 은행에서 돈을 빌려야 했다. 그러나

고되게 노동을 해도 빚을 갚을 수 없었던 농민들은 은행에 집과 땅을 빼앗기거나, 대자본의 철도회사에 토지를 헐값에 팔아야 했다. 결국 농민들을 기다리는 것은 파멸뿐이었다. 정부도 은행과 한편이 되어 농민들의 고통을 가중시켰다. 당시에 씌어진 「농민은 인간」이라는 시는 그 고통을 슬프게 웅변한다.

농민은 인간
농민은 인간
가을이 올 때까진 빚으로 사네
높은 이자를 물며
그래도 용케 죽지 않고 살아 있네
그놈의 저당권자가 모두 다 가져가 버리는데도

농민은 인간
농민은 인간
가을이 올 때까진 빚으로 사네
이젠 바지도 다 낡아버렸고
죄악과 같은 상태 속에서
그가 그놈들 모두를 먹여살리는 인간이라는 것도 잊어버렸네.*

* Howard Zinn, *A People's History of the United States*, Harper Collins, 1980; 하워드 진 지음, 조선혜 옮김, 『미국민중저항사』, 일월서각, 1986, 350쪽에서 재인용.

제시 제임스에 관한 진실과 거짓말

제시 제임스를 다룬 영화 〈파이브 건스〉의 원제 '미국 무법자' 는 진정한 미국의 무법자를 보여준다는 의미에서 붙여진 듯하다. 그러나 우리나라에 와서는 그 제목이 터무니없이 '파이브 건스' 로 번안되었다. 파이브 건스란 다섯 명의 총잡이를 뜻하는데, 바로 제임스 두 형제와 영거Younger 세 형제로 구성된 제임스 일당을 말한다. 그들은 미주리 주 리버티 마을에서 함께 태어나 자란 사촌지간이다.*

그 일당의 두목인 제시 제임스는 1847년, 꽤 유복하고 교양 있는 가정에서 목사의 아들로 태어났다. 하지만 아버지는 그가 태어난 지 3년 만에 죽었고 어머니는 그후에 두 번이나 재혼했다. 그는 네 살 위의 형 프랭크 제임스Frank James와 함께 지극히 평범한 소년 시절을 보냈다. 제시의 삶은 남북전쟁이라는 역사적 배경과 긴밀하게 맞물려 있다. 남북전쟁이 터지자 18세의 프랭크가 남군에 소집당하고, 윌리엄 콴트릴William C. Quantrill이 이끄는 게릴라 부대에 편입되었다. 남북전쟁 당시 어린 소년이었던 제시도 프랭크의 뒤를 이어 그 부대에 들어갔고 거기서 빠른 시간 안에 자신이 용감한 전사이자 유능한 지휘관임을 증명해냈다. 이렇게 어린 시절에 게릴라 부대에서 쌓은 경험과, 그때 맺은 교우관계가 그후의 의적 활동에 도움이 되었다.

영화는 전쟁이 끝났음에도 불구하고 그들이 말 탄 게릴라로서 북

* 이하 제시 제임스에 대한 설명은 Robertus Love, *The Rise and Fall of Jesse James*, University of Nebraska Press, 1954; Marley Brant, *Jesse James: The Man and the Myth*, Berkley Books, 1998; Homor Croy, *Jesse James was My Neighbor*, University of Nebraska Press, 1997 참조.

군과 한판 전투를 벌이는 장면으로 시작한다. 북군은 숫자도 압도적으로 많고 기관총까지 가진 정규군이었지만, 제임스 일당의 신출귀몰하는 게릴라식 공격에는 당해내지를 못 했다.

1865년 전쟁이 끝나자 제임스 형제는 고향 농장으로 돌아온다. 그러나 북군이 마을을 점령하고, 동료 게릴라였던 콜 영거Cole Younger를 처형하려 한다. 당시 게릴라는 정규군과 달리 반역죄를 지은 범죄자로 교수형을 당했다. 반역죄는 철도회사가 강요한 땅 매입을 거부하는 농민들에게도 적용되었다. 회사는 당시 가장 악명 높았던 핀커튼 탐정회사를 앞세워 농민들에게 땅을 헐값으로 팔라고 협박했다. 제임스 형제는 그들을 몰아내려 하지만 그들이 순순히 물러갈 리 없었다.

제임스 형제는 처형 직전의 콜 영거를 가까스로 구해낸다. 그들이 적대하는 철도회사와 탐정회사 그리고 보안관은 과거의 서부영화에서는 선의 화신인 주인공들이었다. 그러나 영화가 보여주듯이 사실 그들은 농민을 착취하는 악한 지배자들이다. 재미있는 것은 007영화의 주인공이었던 티모시 달턴Timothy Dalton이 핀커튼 회사의 악독한 탐정으로 나온다는 사실이다.

철도회사를 비롯한 지배자는 마을의 파티장을 습격하고, 제임스 형제의 집을 불사르며 그들의 홀어머니를 죽인다. 제임스 형제는 철도회사의 만행을 막기 위해서는 그 자금책인 은행을 털어야 한다고 생각한다. 법으로 맞서자는 애인에게 제시는 이렇게 말한다. "법은 무능하므로 우리가 정의를 세워야 해."

결국 제임스 형제는 영거 형제와 함께 미주리를 중심으로 은행을 터는 강도가 된다. 특히 백주에 은행 강도를 벌인 인물은 미국 역사상 그

제시 제임스의 생애를 소재로 한 영화와 소설들

들이 처음이었다. 그 최초의 범행은 1866년 2월의 밸런타인데이 대낮, 미주리 주 리버티에서 벌어진 약 6만~7만 달러의 은행 강탈이었다. 범인 수는 10명 정도였고, 은행 앞을 지나던 청년이 살해되었다. 이어 10월에도 그 부근에서 대낮에 2인조 강도에 의해 2,000달러가 털렸다. 그리고 다음해에도 두 차례 범행이 이어졌다.

이후 서부영화에 흔히 등장하는 수색대가 조직되어 제임스 일당을 잡기 위해 마을을 샅샅이 뒤지지만, 그들은 잡히지 않고 계속 강도 행각을 벌인다. 1871년의 어느 날, 그들은 백주에 은행을 턴 뒤 마을 광장에서 열린 정치집회에 참가하여 바로 자기네들이 은행 강도라고 말하고는 유유히 사라진다. 그러나 당시 농기구를 구입하기 위해 은행에서 돈을 빌리고 높은 이자 때문에 고통을 받아야 했던 농민들은 제임스 일당에게 적대감은커녕 열렬한 지지를 표명했다. 게다가 제임스 일당은 훔친 돈에서 거금을 떼어내 교회에 헌금하고, 학교 건설비를 제공하는 등 농민을 도와 그들에게 영웅 대접을 받는다. 또 1872년, 캔자스 시에서 가을축제가 열린 날, 회계원이 입장료 1만 달러가 든 금고를 은행으로 옮기던 중 말을 탄 세 남자의 습격을 받고 돈을 강탈당한다. 아무도 총을 쏘지 않았으나, 한 소녀가 말에 차여 부상을 입었다. 며칠 뒤 신문에 제시의 투서가 실렸다. 거기에는 자신들은 수백만 달러를 훔치는 정치가나 자본가보다 도덕적이며, 소녀의 치료비를 지불할 것이고, 정당방위일 경우 외에는 살인하지 않으며, 부자에게 훔쳐 가난한 자들에게 나누어줄 것이라는 내용이 들어 있었다.

당연히 실제 이야기는 영화와는 좀 다르다. 제임스-영거 형제의 갱은 강도를 일삼으며 몇몇 무고한 시민을 죽음으로 몰아넣었고, 이들은

의 적 , 정 의 를 훔 치 다

인근 지역에서 악명을 떨치게 되었다. 유명한 다른 무법자들과 마찬가지로 사람들 입에 오르내리는 이들의 경력에도 실제보다 훨씬 많은 강도와 절도 사건들이 추가되었다. 보다 못해 신문에 투고를 한 제시는 자신이 강도 행위와 관련이 없음을 주장했다. 그를 가장 열렬히 지지했던 사람은 바로 일간지 기자였던 존 뉴먼 에드워즈John Newman Edwards였다. 그는 그들의 행위가 사회적 정의를 위한 것이라며 박수를 쳤다. 남북전쟁 이후의 시기에 남부연합 지지자들은 북부의 거대 자본인 은행과 철도회사가 자신들의 재산을 강탈하고 있다는 피해의식에 사로잡혔다. 그들은 제시와 그의 일당을 자신들이 당하는 부당함에 대한 사회적 복수자로 바라보기 시작했고, 그들이 저지른 살인이나 그들이 괴롭힌 가난한 자들의 고통은 점차 기억 속에서 잊혀져갔던 것이다.

1873년, 제임스 일당은 미국 역사상 최초의 열차 강도 사건을 저질렀다. 아이오와 주 애데어Adair 역에서 태평양 철도를 탈선시켜 현금수송 차량의 금고에서 현금 2,000달러를 턴 것이었다. 이에 대해서는 설이 많다. 먼저 이들이 열차 시간을 잘못 계산해 엉뚱한 열차를 털어 돈이 얼마 안 되었던 것이라는 이야기도 있다. 어쨌든 열차 안에 생각만큼 많은 돈이 존재하지 않자, 더 많은 시민들이 죽어나갔고 열차 승객들은 호주머니를 털어 돈을 내놓았다. 이 아름답지만은 않은 사건은 단지 미국 최초의 열차 강도 사건이라는 이유로 민중의 상상력을 사로잡았다. 수많은 싸구려 소설들에 제시와 프랭크의 일화가 소재를 제공하기 시작했다. 이 소설들에는 제시 자신도 알지 못하는, 제시의 흥미진진한 모험담이 가득해 제시마저도 어리둥절해했다는 말도 있다. 또 제임스-영거 일당이 계속해서 강도질에 성공하고 당국의 추적을 따돌리자 이 소설들과 뉴먼의 신문은 불티나게 팔려나가기 시작했다. 가령 이들이 열차 강도를 할 때는 승객의 손을 조사하여 노동자나 그 부인이 아닌 신사들만 털었다는 이야기도 이런 소설들이 만들어낸 것이다. 그후 사람들 사이에서는 제임스 일당이 남군의 병사였던 자나 그 미망인의 빚을 갚아주었으며, 못 가진 자나 약자에게는 친절했고 무익한 살인은 절대로 하지 않았다는 전설이 전해졌다.

당시의 농민에게는 철도회사 역시 불신의 대상이었다. 철도 건설에 필요한 엄청난 자금의 상당 부분을 그 지역에 사는 농민들이 부담해야 했기 때문이다. 뿐만 아니라 농민들은 철도회사에 토지마저 빼앗겨 고향을 떠나야 했다. 황량한 마을에는 철도 건설로 이익을 보려는 수많은 이권집단만이 횡행했다. 그런 상황 때문에라도 농민들은 제임스 일당의 철도 강도에 대해 응원을 보냈다.

그러나 범행이 항상 성공한 것은 아니다. 특히 1876년 미네소타 주에서 역시 대낮에 은행 강도를 벌이다 밖에서 마을 사람의 공격을 받아 두 명이 죽고, 일당은 은행원을 죽이고 도망쳤다. 미네소타 주는 남부가 아니라 북부에 가까워 일당을 도울 만한 남부 게릴라 출신이 없었던 데다, 일당을 쫓는 경찰에 마을 사람들과 농민들이 협력했기 때문이다. 이 사건으로 제임스 일당의 명성은 하루아침에 땅으로 떨어졌다. 추적은 더욱 집요해져 영거 형제가 체포되었다.

비록 영화에서는 제임스 형제가 그후 고향으로 돌아와 결혼하고 평범한 삶을 산 것처럼 나오지만 실제로는 계속 범행을 저질렀다. 그들의 마지막 범행이 1881년 사건으로 기록되어 있는 것을 보아 그들은 첫 범행 이후 15년간 강도를 저질렀던 것이다. 그후 신분을 위장한 채 결혼해

의 적 , 정 의 를 훔 치 다

제임스 형제
아래 쪽에 앉은 이가 형인 프레드 제임스, 오른쪽에 서 있는 이가 제시 제임스이다. 테네시 주 내슈빌에서 1865년에 찍은 사진이다.

살고 있던 제시는 1882년 현상금이 탐난 동료 포드Ford 형제의 배신으로 등에 총을 맞고 죽는다. 형 프랭크도 동생의 복수를 하기는커녕 6개월 후 자수하여 재판에서 무죄 선고를 받고 평범하게 살다가 죽었다. 그들 일당의 활약이 사람들을 공포에 몰아넣기도 하고 매혹하기도 했듯, 그의 죽음 역시 여론을 양분했다. 그는 살인 등의 범죄 행위에 연루되어 있었지만, 많은 이들이 그를 통해 정의가 구현되었다며 만족했다. 거의 20년 동안 사람들에게 대리만족을 선사하던 이들의 죽음을 수많은 이들이 애도한 것은 전혀 놀라울 것이 없다. 뉴먼 에드워즈와 같은 지지자들은 그의 죽음을 몰고 온 이들을 맹렬히 비난했다.

　제시와 그의 일당을 다룬 영화들은 통상 그를 사회적 복수자, 의적으로 묘사한다. 〈파이브 건스〉는 애초에 역사적 맥락에는 전혀 관심이 없고 다만 로큰롤 풍으로 십대 관객의 눈과 귀를 사로잡고자 하는 의도로 만든 영화지만, 좀더 성의껏 이들 이야기를 다룬 초기 영화들에서 그들은 남북전쟁과 그 여파 속에서 범죄를 강요당한 피해자로 그려진다. 분명 남북전쟁이 북군의 승리로 끝난 후 남부연맹 지지자들의 삶은 고된 것이었으리라. 제시 제임스는 미국 개척 시대 개척지와 미개척지의 변경에서 역시 법과 무법의 경계에 선 삶을 성공적으로 이끌었던 가장 유명한 '황야'의 무법자로, 국제적으로도 널리 알려지게 되었다.

제시는 침례교 합창단의 교사를 지냈다고도 하는데 이는 로빈 후드 이야기의 성모 숭배를 연상시킨다. 또한 제시의 의적 행각으로 곧잘 언급되는 미망인 이야기, 즉 토지를 저당 잡혀 은행에서 돈을 빌린 미망인이 변제일이 되었는데도 당장 갚을 돈이 없어 위기에 처하자 제시가 800달러를 대신 치르고 몇 시간 뒤에 은행에서 돈을 빼앗았다는 이야기는, 빌린 돈으로 고민하는 기사 리처드를 구한 로빈 후드의 일화와 너무 닮았다. 또한 제시의 스토리에서 특히 대중적인 인기를 얻은 것은 공교롭게도 동료에게 죽임을 당한다는 최후의 비극 모티브다.

제시와 유사한 강도로 '로키 산맥의 로빈 후드' 라 불리는 버치 캐시디Butch Cassidy, 1866~?가 있다. 모르몬 교 가정에서 태어난 그는 강도단에 들어 서부에 진출한 대자본의 열차나 은행을 습격하고 서부의 영웅이 되었다. 캐시디는 그의 동료 선댄스 키드Sundance Kid와 함께 각각 폴 뉴먼 Paul Newman과 로버트 레드포드Robert Redford가 연기한, 조지 로이 힐George Roy Hill 감독의 영화 〈내일을 향해 쏴라〉Butch Cassidy and the Sundance Kid, 1969 의 주인공이다. 이어 톰 베린저Tom Berenger가 버치를 연기한 리처드 레스

〈내일을 향해 쏴라〉 포스터
1890년대 미국을 주름잡았던 전설적인 은행강도이자 열차강도였던 버치 캐시디와 선댄스 키드의 삶을 영화화한 조지 로이 힐 감독의 1969년 작품. 폴 뉴먼과 로버트 레드포드가 주인공으로 출연했고, 이들이 보여준 완벽한 은행털이 콤비는 조지 로이 힐의 1973년작 〈스팅〉에서 다시 한 번 화려하게 부활했다.

터Richard Lester 감독의 〈버치와 선댄스: 초기 시절〉Butch and Sundance: The Early Days, 1979도 나왔다. 영화 〈내일을 향해 쏴라〉에서는 두 사람이 장렬하게 죽는 장면으로 끝나지만, 실제로 그들은 자신들이 습격한 유니온 퍼시픽 철도회사의 수위로 변신했다.

그 영화들의 배경이 된 미국의 1960년대는 청년들의 좌절감이 만연한 시기였다. 그들은 전후의 혼란과 베트남 전쟁의 여파로 짓눌린 인간성 회복을 갈구했고 새로운 해방을 추구했다. 그런 움직임은 문명 비판과 히피운동 등으로 나타났다. 소위 청년문화가 반항의 문화로 꽃핀 1968년의 미국 학생운동 이래 영화에서도 그들의 열망을 표현하려는 기운이 더욱 높아졌다. 〈이지 라이더〉Easy Rider와 함께 1970년대 아메리칸 뉴시네마의 효시가 되는 〈내일을 향해 쏴라〉는 버치 캐시디와 선댄스 키드라는 미국 서부사의 실제 인물들이 볼리비아에서 겪는 삶과 죽음에 대한 이야기다.

빌리 더 키드는 로빈 후드인가, 로빙 후드인가

캐시디와 선댄스는 의적이 아니라 단순한 도적에 불과하다. 그럼에도 불구하고 그들은 '로키 산맥의 로빈 후드'로 불렸다. 그런가 하면 '링컨카운티의 로빈 후드'로 불린 이도 있었는데 그가 바로 빌리 더 키드다.* 그는 소년 시절, 어머니의 명예를 지키기 위해 무법자가 되었으나, 사리사욕을 채우지 않고 가난한 자들에게 약탈품을 나누어주었으며, 여성과 아이에게 친절하고 친구에게는 의리를 지킨 신사의적으로 묘사되곤 한다. 게다가 수없이 체포되었지만 언제나 탈옥했고, 어떤 추적대도 물리친 불사신으로 알려져 있다.

빌리 더 키드 이야기는 1930년부터 지금까지 몇 번이나 영화로 만들어졌다. 제2차 세계대전 이후에도 에디 머피Eddie Murphy나 폴 뉴먼 등이 빌리로 나오는 영화가 제작되었다. 뒤의 두 배우는 모두 미국인치고는 키

---

* 1878년 키드는 링컨카운티의 싸움으로 알려진, 자기가 속한 목장과 다른 목장과의 싸움에서 열세인 자기편을 이끌고 대단한 싸움 솜씨를 보여 총잡이로서의 용맹을 떨쳤다. 그것을 계기로 '링컨카운티의 로빈 후드'로 불리게 되었다.

의 적 ,   정 의 를   훔 치 다

빌리 더 키드의 초상

가 작고 몸이 날씬하며 소년 같은 얼굴인데, 빌리의 모습이 바로 그랬다. 따라서 '도둑'이라는 전형적인 남성상과는 너무나도 거리가 멀었다. 그러나 오히려 그런 얼굴과 체구가 그를 영웅으로 만드는 데 한몫했는지도 모른다.

　　그러나 소설이나 영화에서 소개된 빌리의 이야기는 대부분 사실과 먼 것이었다. 그의 생애에 대한 연구는 1997년에 와서야 스티븐 타텀 Stephen Tatum의 『빌리 더 키드의 창조: 1881~1981년 미국의 무법자관』 Inventing Billy the Kid: Visions of the Outlaws in America, 1881~1981이라는 연구가 발표

『빌리 더 키드의 생애』와 보안관 팻 개럿
오른쪽은 링컨카운티의 보안관이자 빌리를 죽인 개럿이다. 왼쪽은 1882년에 출간된 소설로 팻 개럿이 공저자다. 빌리를 세상에 둘도 없는 사이코 범죄자로 그린 이 소설은 그 시기 빌리의 일생을 다룬 다른 싸구려 소설들과 마찬가지로 빌리의 인기에 힘입어 불타나게 팔렸다.

됨으로써 밝혀졌다.*

그는 뉴욕에서 태어났지만 어렸을 때 아버지가 남북전쟁에서 죽자 뉴멕시코에 가서 살았다. 어머니는 키드가 열다섯 살이 되었을 때 결핵으로 죽었다. 그후 키드는 무법자이자 불량소년이 되어 소 도둑질을 했다. 열여섯에 처음으로 체포되나 탈옥하고, 2년 뒤 살인사건으로 다시 체

* 이하의 내용은 이 책 외에 William Brent, *The Complete and Factual Life of Billy the Kid*, Fell Publishing, 1964; Charles Edward Chapel, *Guns of the Old West*, Coward-Mc Cann, 1961; Pat Delong, *Life and Times of Billy the Kid*, First Books Library, 2001을 참조했다.

의 적 , 정 의 를 훔 치 다

포되지만, 역시 탈옥한다. 빌리는 이름이 많았다. 모두 당국의 추적을 따돌리기 위해 지어낸 이름이었다. 그 중 가장 유명한 것은 1877년 존 턴스털John Tunstall과 일하면서 쓰기 시작한 윌리엄 보니William H. Bonney였다. 턴스털은 이주민 목장주로서 마을 사람들에게 신망이 높았다. 하지만 턴스털의 라이벌이었던 대목장 주인 돌런 클랜Dolan Clan은 부패한 주州정부의 지원을 받고 있었다. 복수가 꼬리의 꼬리를 물었던 이들의 싸움은 3년 동안이나 계속되었는데, 훗날 이 유혈낭자한 싸움은 '링컨카운티 전쟁'으로 기록되었다. 1878년 2월 턴스털이 살해되었을 때 빌리는 범인을 체포하기 위한 민병대를 만들었다. 그들은 범인을 색출해 그 자리에서 죽여버렸다. 그 대가로 이 민병대는 미연방 군대와 상대편 민병대 양쪽에서 쫓기기 시작했다.

1879년에 빌리와 민병대 동료들은 돌런의 무리와 화해를 시도한다. 비록 처음엔 의견 차를 좁히는 것처럼 보이기도 했던 이 만남은 빌리가 돌런의 살해 장면을 목격하면서, 냉랭하고 살벌한 분위기에서 아무 결실을 맺지 못한 채 끝나버렸다. 이제 빌리는 돌런의 무리와, 또 돌런의 범죄를 증언할 증인으로 빌리를 앉히고자 하는 주 당국에게 쫓기게 된다. 한편 그 무렵부터 빌리는 범행에 대한 정보를 제공하는 대신 자기 동료들을 사면하게 해달라고 자청하고, 뉴멕시코의 주지사인 류 월러스Lew Wallace와 접선하기 시작한다. 한 편지에서 빌리는 이런 표현을 썼다.

전사다운 죽음이라면 조금도 두렵지 않다. 우리는 다만 무방비 상태의 개처럼 죽고 싶지 않을 뿐이다.

하지만 월러스의 생각은 달랐다. 그는 약속을 지키지 않았다. 주지사에게 보낸 편지가 무용지물이 된 것을 알아차린 빌리는 다시 도망자 신세가 된다.

1880년 말 최소 두 명의 살인 용의로 빌리에게 현상금이 걸렸다. 그리고 곧 오랫동안 생의 라이벌로 여기며 그를 쫓았던 보안관 팻 개럿Pat Garret이 그를 사로잡았다. 그리고 다음해 빌리는 보안관을 죽였다는 혐의로 교수형을 선고받았다. 그는 다시 탈옥을 감행하는데, 보안이 삼엄하기로 유명한 링컨카운티 교도소를 탈출하면서 서기관 두 명을 죽였다. 빌리의 목에는 엄청난 현상금이 걸리게 되었고, 빌리의 이름 역시 이 사건을 통해 전 지역에 알려지게 되었다. 두 달 후 매복한 채로 빌리를 기다리던 팻 개럿이 결국 빌리를 저격했다.

실제 빌리의 행각을 보면 로빈 후드가 아니라 살인과 강도를 일삼은 '로빙 후드' Robbing Hood에 불과하다는 평가가 더 합당하다. 하지만 이렇듯 수많은 범죄를 저질렀음에도 불구하고, 빌리의 죽음을 애도하는 자들이 있었다. 일설에 의하면 유창한 스페인 어를 구사하는 이 남자에 대해 멕시코 여성들이 가장 호의적이었고, 미국 남성들이 가장 적대적이었다고 한다. 그가 죽고 나서 얼마 후 그의 이야기를 소재로 한 싸구려 소설들이 봇물처럼 쏟아져 나왔다. 그 중 하나에는 팻 개럿이 공저자로 나섰는데, 그 작품은 빌리를 세상에 둘도 없는 사이코 범죄자로 그렸다. 이 이야기들은 곧 사람들의 기억에서 잊혀졌고, 빌리는 한참 동안 역사에서 사라졌다.

하지만 1930년대 그의 이야기가 영화로 만들어지면서 그는 다시 태어났다. 영화 속에서 그는 귀부인을 사랑하는 서부의 기사, 그리고 유명한 보안관 개럿과의 극적인 총격전과 장렬한 죽음으로 미화된, 낭만적 이미지로 사람들에게 기억되기 시작했다.

황야의 무법자들을 바라보는 시선의 변화

이러한 인기는 시대의 변화에 따라 그 흐름이 미묘하게 바뀌어갔다. 먼저 제시와 빌리가 죽은 1880년대 초부터 1925년까지 그들은 '악한'으로 취급당했다. 즉 서부극에 자주 등장하는 인디언과 마찬가지로 야만적 무리이며, 새로이 건설되어야 할 '문명' 미국을 보호하기 위해 반드시 처단되어야 할 악한이었다. 반면 그들을 집요하게 뒤쫓다가 마침내 죽이고 마는 보안관이야말로 당시의 영웅이 된다. 이는 미국 자본주의가 계속 번영을 구가한 시절의 평가라고 할 수 있다.

그러나 1925년 이후 그들은 '의적'으로 부활한다. 독점 자본주의의 전개와 더불어 정치·경제·사회의 부패에 환멸을 느낀 사람들은 과거의 전통적 가치관을 회복하여 물질지상주의를 극복하고자 했기 때문이다. 그래서 당시의 악명 높았던 알폰소 카포네Alphonso Capone 같은 흉악한 범죄자나 법적으로 강한 세력이 아니라 무법자이면서도 의로운 반항자들이라는 측면에서 새롭게 바라보게 된다. 그렇게 조명된 의적은 은행을 비롯한 사악한 자본가와 부패한 정치가가 지배하고 억압하는 서민 사회를 부활시킬 수 있는 영웅적 상징으로 여겨지게 된다. 물론 참된 정의를 추구해야 할 사회에서 무법자는 역시 비판받아야 할 존재일 수밖에 없으나, 그들 존재의 상징성은 충분히 인식되었다고 할 수 있다. 이러한 시대에는 개인적 성향이 강한 키드보다 사회성이 강한 제임스가 더욱 강한 인상을

호주의 제시 제임스, 네드 켈리
호주의 전설적인 의적인 네드 켈리는 형제들과 갱단을 조직해, 영국 자본의 은행들을 털었다. 그 역시 제시 제임스나 빌리 더 키드처럼 1870년대에 활동하다가 1880년에 사형당했다.

준다.

1955년 이후 '의적'은 특이한 개인성의 차원으로 재조명된다. 바로 미국, 아니 서양이라고 하는 문명의 진보성에 대한 의문이 제기되면서 비인간적인 사회에 저항한 주체적인 개인으로 재발견되는 것이다. 이는 의적이 영웅적인 사회 개혁의 희망으로 여겨지던 이전 시대와 달리, 반사회적이고 반체제적인, 자유로운 개인의 전형으로 여겨짐을 뜻한다. 따라서 의적은 정의를 추구해야 할 사회에서 궁극적으로 부정되어야 할 존재가 아니라, 반인간적인 사회에서는 불가피하게 나타날 수밖에 없는 저항자·반항자·이방인·아웃사이더로 인식된다. 특히 당시의 히피와 의적 간에는 동질감이 존재하게 된다. 이런 시대에서는 의적의 도둑질보다 황야를 방랑하는 보헤미안적인 생활이 더욱 강조되어 의적의 행위가 '황야의 무법자'처럼 변하게 되고, 개인성이 강한 키드가 사회성이 강한 제임스보다 더욱 강한 인상을 남기게 되는 것이다.

그러나 1970년대에 들어와 미국의 꿈이 끝나고 다시 보수화되면서 선과 악의 구별이 불분명해지자, 의적도 선과 악 어느 쪽도 아닌, 단순히 모순을 이루는 흥미로운 존재로만 그려진다. 따라서 이제는 '의'적이라는 말을 사용할 수도 없고, 위에서 살펴본 최근 영화처럼 '무법자'로만 불리게 된다. 물론 그 영화에서도 '의'적성이 전면 부정되는 것은 아니나, 그것은 부차적인 배경으로만 남고, 이제는 영화 속에서 신출귀몰하는 액션 스타처럼 흥미의 대상으로만 다뤄지게 되었다.

〈내일을 향해 쏴라〉

감독인 조지 로이 힐은 촬영소의 조감독에서 출발한 정통파가 아니라 촬영소 밖에서 영화계로 들어와 새로운 기법으로 영화를 만들었다. 〈내일을 향해 쏴라〉는 그의 여섯번째 작품으로서 두 갱의 좌절을 버트 바카락Burt Bacharach의 절묘한 음악으로 묘사한 작품이다. 이 영화는 폴 뉴먼이 캐서린 로스를 자전거에 태우는 장면에 나오는 〈머리 위로 빗방울은 내리고〉Raindrops Keep Falling On My Head라는 노래로 너무나 유명하다. 이 영화만큼 자전거가 인상적으로 묘사되는 영화는 다시없다.

1890년대 서부를 무대로 펼쳐지는 영화 줄거리를 통해 두 도둑의 삶을 살펴보자. 버치 캐시디와 선댄스 키드는 가축 도둑과 은행 강도로 한탕하는 2인조 권총 강도다. 두목 버치는 인심이 좋을 뿐 총솜씨는 없다. 반면 선댄스는 말솜씨는 없으나 총솜씨가 뛰어나다. 영화는 이 두 강도를 유머러스하고 순진한 어린이 같은 모습으로 가볍게 묘사한다. 그래서 그 영화가 우리 머릿속에 더욱 재미있게 남아 있는지도 모른다. 분명히 이 영화는 범죄의 묘사 자체와는 무관하다. 범인들은 체제로부터 불행하게 일탈된 존재다. 따라서 그들의 악행은 처음부터 도덕적인 비난의 대상이 아니다. 그들은 분명히 잘못하고 있지만 좌절을 이기고자 노력하는 젊은이들일 뿐이다.

어느 날, 선댄스는 교사로 일하는 에타를 만나 애인 사이가 되고 캐시디와 더불어 셋은 친구가 된다. 다시 열차 강도를 결행한 두 도둑은 와이오밍 주의 악명 높은 보안관 레보의 강력한 추적을 당해 절대 절명의 위기에 놓이게 된다. 캐시디는 수영을 하지 못하는 선댄스를 급류에 흘려보내 겨우 목숨을 구하고 에타에게 의지한다. 선댄스로 분한 로버트 레드포드가 "나는 수영을 못 해"라고 고함치는 장면은 일순 관객들의 웃음을 자아내지만 주인공들에 대해 완벽한 인간적 관심을 갖게 만든다. 이는 영화에 등장하는 여러 코믹한 장면과 함께 색다른 재미를 더해준다. 그래서 은행 강도들의 비장한 악행이 아니라 아이들의 총놀이를 연상시키기까지 한다. 이는 이미 이 영화가 전통적 의미의 도덕적 판단을 배제했다는 점을 시사한다.

그후 그들은 금이 풍부한 볼리비아로 가기로 결심하고 스페인 어에 능통한 에타를 설득해 함께 간다. 그러나 막상 가보니 그곳은 가난하기 짝이 없는 나라였다. 은행 강도를 되풀이하던 두 사람은 보안관 레보가 볼리비아까지 쫓아왔다는 정보를 입수하고 강도짓을 청산하기로 한다. 둘은 주석광산의 노동자에게 지급할 봉급을 호송하는 일을 맡게 되는데, 첫 월급날 산적이 쳐들어와 광산주가 죽게 되자 산적과 싸운 뒤 돈을 챙겨 비밀장소에 매장한다. 에타는 그들에게 목장을 경영하라고 권유하지만 두 사람은 여전히 악행에 젖어 지내고 결국 그녀는 그들의 삶에 절망하여 미국으로 돌아간다.

둘은 강도짓을 되풀이하다 마침내 경찰과 군대에게 총을 맞고 죽는다. 경찰이 닥치기 직전 호주로 가기로 결심한 두 사람이 죽을 줄 뻔히 알면서도 군대의 일제사격 앞으로 달려나오며 장렬한 최후를 맞는 마지막 장면은 아마 많은 이들의 기억 속에 남겨졌으리라. 정지된 화면은 그대로 세피아 톤의 스틸사진으로 변해가며 긴 여운을 남긴다.

호주의 제시 제임스 네드 켈리

호주의 의적을 대표하는 네드 켈리Ned Kelly, 1855~1880는 1970년 영국의 토니 리처드슨Tony Richardson이 감독하고 팝 가수인 믹 재거Mick Jagger가 주연한 영화 〈네드 켈리로서〉As Ned Kelly로 널리 알려졌다. 우리나라에서는 상영되지 못했으나, 당시 반체제적인 영화를 만든 리처드슨의 작품으로 주목을 끌었다. 좀더 최근작으로, 평론가들의 악평 외에 거의 주목을 못 받기는 했지만, 2003년에 제작되고 우리나라에서 2004년 4월에 개봉된 그레고 조단Gregor Jordan 감독의 〈네드 켈리〉라는 영화도 있었다.

영국에서 켈리의 영화가 만들어진 것은 켈리가 활약한 19세기 호주가 영국 식민지였던 탓도 있으나, 보다 직접적인 계기는 감독이 1970년 당시의 영국을 비판하기 위해 100년 전 대영제국에 반항한 의적을 재창조한 데 있다.

켈리의 아버지는 아일랜드계 영국인 죄수로 호주로 보내졌다. 호주는 18세기 말 제임스 쿡James Cook에 의해 정복되어 영국 죄수들의 수용소로 이용되던 곳이다. 그 전에는 미국이 그 역할을 했으나, 1776년 미국이 독립하자 호주가 그 역할을 맡게 되었다. 호주는 1829년 자유이민이 법적으로 인정된 후 1851년부터 골드러시로 이민 수가 급속히 증대하여 헌법과 식민지 의회를 갖는 다섯 개의 식민주가 만들어졌다. 동시에 은행과 철도가 정비되고 목양업만이 아닌 자본주의 산업이 성장했다.

그런 시대에 태어난 켈리는 어려서부터 아버지로부터 영국에 대한 증오심을 배우고, 이미 십대에 강도 혐의로 체포되었다. 그는 여섯 차례나 구속이 되었다가 1878년 강도단을 만든다. 그가 강도단을 만든 것은 권력의 횡포에 항거하기 위해서였다. 그 내막은 이렇다.

1878년 보안관이 말 도둑 혐의로 켈리와 동생 댄을 조사하러 켈리의 집에 왔다가 여동생을 희롱한다. 여동생을 지키려던 켈리는 보안관을 때리고 다친 보안관은 켈리를 살인미수 혐의로 고소한다. 다음날, 경찰대가 켈리 식구를 구속하려 하자 그들은 도망치고 어머니가 구속된다. 그후 켈리는 동생을 포함한 세 명과 함께 켈리 갱단을 만들고 영국계 농장을 습격해 가축을 훔치고, 영국 자본의 은행도 털기 시작했다.

특히 1878년의 유로아 주의 내셔널 은행, 1879년의 제릴더 주의 뉴사우스웨일스 은행을 턴 사건은 유명하다. 그 사이 보안관 세 명과 배신한 동료 한 명을 살해했다. 1880년 6월, 경찰에 체포되었고 10월에 열린 재판에서 자신의 살해 행위는 모두 정당방위였다고 주장했으나 결국 교수형에 처해졌다. 그때 켈리는 25살이었다.

켈리는 홉스봄이 말한 자본주의 이전 농민 사회의 고유한 의적과는 다르게 국가권력이 어느 정도 정비된 자본주의 농촌을 배경으로 한 의적이었다.

홍길동과 조선의 의적들

홍길동, 1500년경

조선의 대표적인 의적. 서얼 출신으로 부조리한 지배체제와 차별에 반대했으며 후에 외국으로 나가 '율도국'이라는 이상 국가를 건설했다고 전해진다. 홍길동은 우리가 상상했던 모습과 달리 그저 단순한 도적일 뿐이었다는 것이 최근 거의 모든 연구자들 사이에서 합의된 결론이다. 상식적으로 생각해보아도 그렇게 낭만적으로 그려진 이야기가 역사적으로 사실이라는 것은 믿기 어렵다. 하지만 부정직한 체제, 지배자에 대한 저항만으로도 그들의 이름은 아름다운 것이고 또 바로 그 때문에 우리가 아직까지도 그들의 이름을 기억하는 것이리라.

홍길동이라는 상징

우리에게 친숙한 홍길동·장길산·임꺽정은 실제 역사 속에서 어떤 인물이었을까? 아쉽지만 그들은 우리가 상상해왔던 모습과 달리 그저 단순한 도적일 뿐이었다는 것이 최근 거의 모든 연구자들 사이에서 합의된 결론이다. 물론 홍길동을 의적, 나아가 오키나와까지 진출한 민중의 영웅으로 보는 견해*도 제기되었지만, 이러한 견해는 이전에 이미 이덕일·이희근 등의 연구자들에 의해 부정된 바 있다.** 하지만 국문학자 강명관이 말했던 대로, "부정직한 체제, 지배자에 대한 저항만으로도 그들의 이름은 아름다운"*** 것이고, 또 바로 그 때문에 우리는 아직까지도 그들의 이름을 기억하는 것이리라. 그들이 실제로 의로운 도적이 아니었다고 해서 조선 반도에서 반역의 전통을 상징하는 그들의 이름을 무시하는 것도 바람직한 태도는 아니다. 따라서 나는 민중들의 소망을 반영하는, 이미지로서의 의적에 그들을 포함시키려고 한다. 특히 『홍길동전』에서 의적의 유토피아로 묘사되는 율도국은 이 세상의 어떤 의적 이야기보다 소중한 것이라고 생각한다. 그것은 우리 문학사에서 볼 수 있는 유일한 유토피아 소설이기 때문이다.

조선의 의적 전통—일지매에서 명화적까지

물론 우리 역사에는 이들 외에 실존했던 의적이 많다. 아예 '의적 일지

---

* 설성경 지음, 『실존 인물 홍길동』, 중앙M&B, 1998.
** 이덕일 외 지음, 『우리 역사의 수수께끼』, 김영사, 2000, 243쪽 이하.
*** 강명관 지음, 「강명관의 조선사회 뒷마당」, 『신동아』, 2002년 10월호.

매'라고 불리는 조선 후기의 인물도 그 중 하나다. 그에 대한 유일한 기록자인 조수삼趙秀三, 1762~1849은 『추재기이』秋齋紀異에서 일지매가 탐관오리의 부정한 뇌물을 훔쳐 빈민에게 분배했다고 똑똑히 전하고 있다. 특히 그는 남에게 혐의가 가지 않도록 하기 위해 자신의 표지로 붉은 매화 한 가지를 그려 남겼다. 의로움과 고상함이 무엇인지 알았던 이 도적의 예술가다운 멋들어진 행동은 수백 년이 지나 그 이야기를 읽고 듣는 이들에게도 비범한 감흥을 전해준다. 그럴진대 당시 그와 같은 시대를 살았던 수많은 민중들이 그에게 느꼈을 사랑과 자랑스러움이야 더 말할 것도 없으리라. 멕시코의 가상 의적인 조로를 방불케 하는 이런 멋진 의적상도 세계적으로 그 유례를 보기 힘들다.

앞으로 홍길동이라는 상징을 다루면서 그 상징을 구성하는 조선의 의적들에 대한 이야기를 함께 다루겠지만, 일지매에 대해서는 위에서 살펴본 조수삼의 간단한 언급 외에 찾아볼 자료가 없다. 현대판 소설이 있기는 하지만, 그것들은 홍명희의 『임꺽정』과 황석영의 『장길산』과 달리 문학적으로 살펴볼 만한 가치가 없다. 역사적 사실로서 의적이 어떻게 존재했고, 또 소설이나 전설 등과 어떻게 다른지를 살펴보는 것은 매우 중요하지만 어려운 과제이고 이 책의 관심을 넘어서는 것이기도 하다. 앞에서도 보았듯이 의적에 대한 역사적 자료는 어느 나라나 지극히 불충분하고, 이는 조선시대라고 예외가 아니다. 그래서 학문적인 연구에도 대부분 짐작에 그치는 설명들이 많다.

대부분의 도적이 그러하듯이 조선시대 도적이 사회모순의 산물이라는 점은 두말할 필요가 없다. 그런데 강명관은, 소설가 이문구의 글「민중사상의 뿌리를 찾아서」에 나오는 보원 스님과 김구의 『백범일지』에 나오는 도적 두목 김 진사의 말을 인용해 조선의 도적이 이성계의 조선 건국에 반발한 고려 유민과 조선의 배불정책에 반발한 땡추에서 비롯되었다고 주장한다. 또 한 발 더 나아가 조선 후기 중죄인의 공초供招를 기록한 『추안급국안』推案及鞫案에 나오는 승려 부운浮雲에 대한 고발을 살펴보면서 승려들이 장길산 집단과 연대하여 조선과 중국을 전복하고, 정몽주나 최영의 후손에게서 새 왕조의 왕을 뽑으려 했다는 내용을 들어 위 견해를 보강하고 있다. 강명관의 지적은 여기서 끝나지만, 사실 재판 결과 그 고발은 허구이고, 실제로는 몇몇 사람의 작당에 불과했다는 것이 밝혀진다. 재판의 결과보다 고변告變의 내용이 더 많은 것을 시사한다고 볼 수도 있지만, 나로서는 재판 결과에 더 신뢰가 간다. 당시의 재판이 대단히 엄중하게 이루어졌고, 그처럼 체제를 전복하려는 승려 및 도적의 합당이 실제로 있었다면 이는 국가적인 중대사이므로 조선 당국이 그냥 넘겼을 리 없기 때문이다. 이는 법학자로서 법과 사법 행위의 권위를 특별히 믿기 때문에 내린 결론이라기보다는 그저 상식적으로 판단한 것이다.

뒤에서 살펴볼 『홍길동전』에서 나타나듯 홍길동이 탐관오리는 미워하지만 국왕에 대한 확고한 믿음을 보여주고 실제로 동학농민군도 그런 입장을 취했다는 점, 또한 19세기 말 가장 원형에 가까운 의적상을 보여주는 활빈당의 경우에도 고종에게 충성을 맹세했다는 점, 그리고 『로빈 후드』를 비롯한 범세계적인 의적 이야기에서 왕에 대한 충성이 전제되고 있다는 점 등을 고려해볼 때 반反왕조, 반체제적인 도적이란 아주 드물게 예외적으로 발생한다는 것을 알 수 있다. 물론 허균許筠이 쓴 『홍길동전』 이야기를 비롯해 유교 이념을 기본적으로 간직하고 있던 동학농민전쟁이나 활빈당 활동과 달리, 승려들이나 도적들은 그런 유교 이념을 떠

나 있었다고 볼 여지는 있다. 또 일부 승려가 도적의 중요한 부분을 차지
했다는 것 역시 어느 정도 역사적인 증거를 찾아볼 수 있는 사실이다. 강
명관의 조선 군도群盜 분석은, 도적 우두머리를 뽑는 민주적 선거 방식 등
대단히 흥미로운 내용을 담고 있다. 하지만 그렇다고 해도 이는 승려 계
층의 성격을 과도하게 적극적으로 해석한 글이라는 느낌은 지워지지 않
는다. 물론 나 역시 다양한 의적들을 소개하려는 이 글에서 엄격한 문헌
비평을 할 생각은 없다. 이 글에서는 강명관의 분석을 우리 주제와 관련
된 하나의 흥미로운 읽을거리로 제안하는 데 만족하고, 대신 역사학이나
국문학 연구에서 밝혀진 자료를 토대로 우리나라 의적에 대해 몇 가지 검
토하고자 한다.

의 적 , 정 의 를 훔 치 다

조선시대의 상두꾼

향도계란 상가喪家에서 장사葬事일을 도맡아해주는 자들의 모임이었다. 향도란 원래 변혁의 세계와 평등한 세상을 상징하는 미륵불교와 깊은 관계를 가졌고 화랑도와도 관계가 있다고 한다. 이들이 검계 및 살주계의 주축을 이루었는데, 애초에 공동체를 유지했던 이들이 사회가 어렵고 혼란해지자 비밀결사 형태로 변형되었다.

 홍길동·임꺽정·장길산과 달리 17세기에 등장한 비밀결사체인 검계劍契와 살주계殺主契는 실존한 의적이었다. 17세기 조선에서는 서울을 중심으로 한 비밀조직들이 사람을 죽이고 그 재물을 빼앗으며 부녀자를 겁탈하는 일이 자주 벌어졌고, 그 이름이 검계와 살주계로 알려졌다. 검계란 검으로 일거에 제거한다는 것이고, 살주계란 상전을 죽인다는 것이다.* 살주계는 양반을 죽이고, 양반의 재화를 탈취하며, 양반의 부녀자를 겁탈하는 것을 강령으로 삼았고, 실제로 그렇게 했다. 따라서 그들의 활

---

* 고성훈 외 지음, 『민란의 시대』, 가람기획, 2000, 82쪽. 이하의 내용 중에서 검계, 살주계에 관한 부분은 역시 이 책의 내용을 근거로 하는 부분이 많다.

동은 양반이 지배하는 조선 사회체제에 대한 도전이었다. 그러나 그들이 양반에게만 그렇게 했는지는 명확하지 않다. 최근 검계와 살주계의 구성원이 향도계香徒契 출신이라고 밝혀졌는데, 이들은 상을 당한 집에 가서 함께 장사 치르는 일을 도와주는 직업적 공동체였다. 그런데 '향도'라는 말은 불교, 특히 변혁의 세계와 평등한 세상을 상징하는 미륵불교와 깊은 관계를 가졌고 용화향도龍華香徒로도 불린 화랑도와도 관계가 있다고 한다. 따라서 검계와 살주계 구성원을 단순한 무뢰배 출신이 아니라 나름대로 변혁의 열망을 품은 민중이라고 보는 견해도 있다. 검계는 17세기에 등장했다가 18세기에 사라졌으나, 19세기에 다시 등장하여 재상을 욕보이는 짓도 했다는 기록이 남아 있다. 한편 명화적明火賊이라는 도적에 대한 기록도 남아 있는데, 이들은 농촌에서 추방된 유민들로 양반에 대한 적대감이 크게 두드러지지 않고, 호구지책의 해결을 최우선 과제로 삼았다고 한다. 따라서 이들을 의적으로 보는 데는 의문의 여지가 있다.

이야기 속의 의적들

우리나라 최초의 본격 의적소설이라고도 평가되는 『전우치전』田禹治傳, 작자 및 연대 미상의 주인공 전우치는 대체로 15세기 말에서 16세기 중반에 살았다고 추정하고 있다. 소설에 그려진 그는 도술을 부려 왕에게 황금들보를 받아내고, 또 이를 팔아 산 쌀 10만 석을 빈민에게 나누어준 전형적인 의적의 모습이지만, 이 이야기 역시 후세에 가꾸고 다듬어진 부분이 훨씬 많으리라는 점을 어렵지 않게 짐작할 수 있다. 어쨌든 소설로서는 빈민에게 구체적으로 재물을 나누어준다는 점에서 『홍길동전』보다 더 본격적인

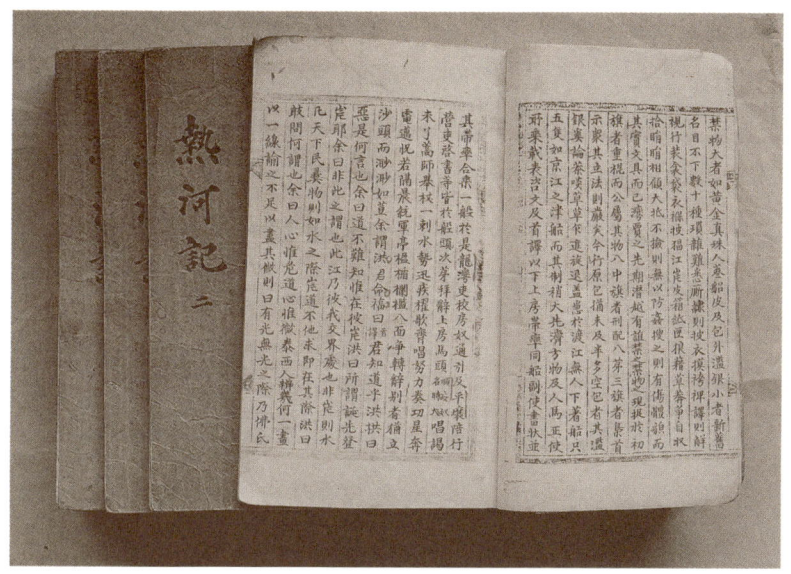

연암 박지원의 『열하일기』

「허생전」은 이 중 권10의 「옥갑야화」玉匣夜話에 실려 있다. 「허생전」을 꼭 의적소설이라 보기 어렵지만 연암의 한문소설에는 분명한 의적의 모습을 한 인물들이 곧잘 등장한다.

의적소설이라는 평가가 가능할 것이다. 한편 국문학자 장량수는 『한국의 적소설사』에서 연암燕巖 박지원이 쓴 소설 『허생전』을 의적소설로 다루고 있는데 이에 대해서는 논쟁의 여지가 있다. 소설에 군도가 등장하기는 하나 그들은 어디까지나 양민으로 화한 도둑들이고 전혀 의적으로서 활동하지 않기 때문이다. 그러나 연암이 쓴 몇 편의 한문 단편소설 중에는 분명 의적의 모습을 한 인물들이 등장한다. 부자를 털되 살인을 하지 않고 약자나 부녀자를 해치지 않는 박 교리나 갈 처사의 이야기가 그렇다.

국문학자들에 의해 수집된 의적 전설 중에 경남 일대를 배경으로 하는 '강목발' 이야기와 '갈봉이' 이야기가 있다. 강목발은 1856년 경남

진양에서 태어나 자신의 문중인 진주 강씨들 가운데 부자의 재물을 털어 가난한 이웃을 도와주다가 형리의 간계로 참형을 당했다고 한다. 갈봉이 전설도 비슷한 내용이다. 구술자들마다 이들의 행동에 대해 조금씩 다른 이야기들을 덧붙이거나 빼기는 했지만 이들이 의적 활동을 했으며, 의로운 도둑이었다는 데 대해서는 거의 모든 이야기들이 일치하고 있다. 의적이라고 하면 강한 투사의 모습을 보여주어야 한다며 이들의 명예를 깎아내리는 이들이 있기는 하지만 우리가 계속해서 언급하고 있는 기준, 즉 나름의 도덕성을 가지고 있거나 선한 목적을 위해 도둑질을 하며 민중의 지지를 받는 도적이라는 기준에서 볼 때 이들은 틀림없는 의적이다. 영웅적 이미지가 더 강하냐 약하냐 하는 것은 부수적인 문제일 뿐이다. 그들은 1862년의 진주민란 이후 어지러운 세상을 살면서 의적이 된 인물들이다.

『홍길동전』에 대해서는 뒤에서 더 살펴보겠지만, 우리 문학사에서 한글로 씌어진 최초의 소설이 허균의 『홍길동전』이라는 사실은 의적을 공부하는 나에게는 대단히 의미가 깊다. 이후에도 일제강점기 때 홍명희의 『임꺽정』과 유진오의 『마적』이, 또 해방 후에는 황석영의 『장길산』과 김주영의 『활빈도』 등이 우리 문학사에서 의적소설이라는 하나의 전통 또는 장르를 이어왔다. 고작 이 정도를 가지고 전통이니 장르니 할 것까지 있느냐고 핀잔을 주는 사람도 있겠지만, 중요한 것은 숫자가 아니라 그것이 이후 우리 문학의 큰 줄기를 이룬 민족민중문학 계열의 한 뿌리를 이룬다는 사실이다. 또 잘 알려져 있지는 않지만 앞서 보았듯이 우리나라에는 『전우치전』을 비롯하여 많은 의적소설이 있었다.

역사적 인물로서의 홍길동

홍길동에 대한 왕조실록의 기록은 1500년에 나타난다. 그 시기 전후에도 비적에 대한 기록은 많이 있었다. 1470년대의 장영기, 1489년경의 김막동, 1530년경의 순석, 1560년경의 임꺽정 등이 그 예다. 그러나 장영기와 김막동은 반역 혐의가 없는 단순한 도둑으로 형조에서 다루어졌으나, 홍길동·순석·임꺽정 세 사건은 반역혐의를 받아 의금부에서 다루어진 점이 서로 다르다. 한편 더 뒤에 등장하는 홍경래 역시 도둑이 아닌 반역사건으로 크게 다루어졌다. 반역사건의 경우 그 두목이 반역자로 처벌된다. 예컨대 임꺽정이 그렇다. 그러나 홍길동 사건의 경우 홍길동이 아니라 그 부하 엄귀손이 반역자로 처벌된다는 특수성을 보인다.

『홍길동전』의 모델이 누구냐를 최초로 언급한 문헌은 1939년에 출간된 김태준의 『증보조선소설사』인데, 그 책에서 김태준은 『홍길동전』이 그것을 지은 허균 및 서양갑과 같은 서자들을 모델로 한 소설이며, 따라서 홍길동 자체는 허균이 창작한 인물이라고 주장했다. 서양갑은 목사를 지낸 서익의 서자로 영의정을 지낸 박순의 서자 박응서, 심전의 서자 심우영, 평난공신 박충간의 서자 박치의·박치인 형제, 북병사를 지낸 이제신의 서자 이경준, 서얼 허홍인 등 권력가들의 서자 일곱 명과 함께 어울리면서 스스로를 죽림칠현竹林七賢 또는 강변칠우江邊七友라고 불렀다. 이들은 허균 등과도 교분이 있었다. 이들은 광해군이 왕위에 오르자 서얼의 차별을 없애달라는 상소를 올렸는데 이것이 거부당하자 불만을 품고 1613년 초부터 도적질을 시작했다. 경기도 여주 남한강변에 윤리가 필요 없는 집이라는 뜻의 '무륜당'無倫堂을 짓고 그곳을 근거로 소금장수나 나무꾼 행세를 하며 전국에 출몰했다. 이들은 심지어 상인들을 죽이고 돈을 약탈하기도 했다. 하지만 이들의 도적질은 오래 못 가 꼬리가 밟혔다. 이들에게 살해당한 상인의 노비가 이들의 뒤를 미행하여 근거지를 알아내고 포도청에 고발함으로써 일망타진되었던 것이다. '칠서七庶의 옥獄'이라 불리는 이 사건은 단순한 강도 사건으로 끝난 것이 아니라 당파싸움에 휘말려 '계축옥사'라는 엄청난 역모 사건으로 비화된다. 이이첨·정인홍 등의 대북파가 김제남 등의 남인을 몰아내기 위해 이들이 군자금을 비축하고 사직을 도모하여 영창대군을 옹립하려 했다고 몰아붙여 허위자백을 받아낸 것이다.

　　잘 알려져 있듯 허균은 당대 모순적인 신분제에 대해 비판적인 관점을 가지고 이 소설을 썼고, 따라서 이 '칠서의 옥' 사건이 소설의 중요한 배경이 되었으리라 짐작할 수 있다. 고故 정주동 역시 『홍길동전』의 모델은 서양갑 등이지만 당시에 이들이 역모 사건에 휘말리면서 정면으로 그를 내세울 수 없었기에 대신 세종조의 실존 인물인 홍길동을 주인공으로 했다고 주장했다.* 그후 김동욱, 이능우, 장덕순, 조동일 등을 비롯한 남북한 대부분 국문학자들은 소설 『홍길동』의 모델을 연산군 대인 1500년경의 인물로 보고 있다.** 그 근거가 된 연산군 6년(1500년) 11월(실록에는 12월이나 음력이었다)의 왕조실록(권 39) 내용은 다음과 같다.

옥정자玉頂子와 홍대紅帶 차림으로 첨지僉知라 자칭하고 백주에 떼를 지어

---

* 정주동 지음, 『홍길동전연구』, 문호사, 1961, 151쪽.
** 김동욱 지음, 「홍길동전의 국내적 소원」, 『이숭녕 박사 송수기념논총』, 1968, 33~40쪽; 이능우 지음, 「홍길동전과 허균의 관계」, 『국어국문학』 42·43 합본호, 1969, 6~9쪽; 장덕순 지음, 『한국문학사』, 1995, 163쪽; 조동일 지음, 『한국문학통사』 3권, 1984, 84쪽.

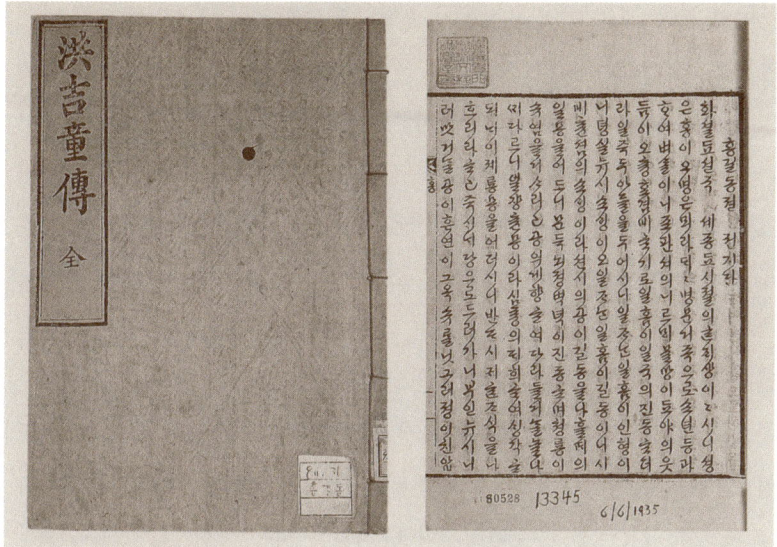

「홍길동전」
당대의 모순적인 신분제와 부패한 정치에 대한 작자 허균의 비판적 의식이 뚜렷이 드러난다.

무기를 가지고 관청에 출입하여 제멋대로 행동했다.

    홍길동에 대한 기록은 이상이 전부다. 여기서 관청에 출입하여 제멋대로 행동했다는 기록을 통해 당시 강자로 군림한 자들의 재산을 빼앗아 활빈 활동을 했으리라고 추측하는 견해가 있으나* 관청의 재산을 빼앗았다는 추측이면 몰라도 활빈 활동을 했으리라고 보기는 어렵다.

    임형택은 1999년 출간한 『우리 역사의 7가지 풍경』에서 실존 인물로서의 홍길동에 관해 흥미로운 사실들을 제공하면서 자신의 생각을 곁

* 설성경 지음, 『홍길동의 삶과 홍길동전』, 연세대학교출판부, 2002, 229쪽.

들이고 있다. 그는 먼저 홍길동이 충청도를 중심으로 해서 서울까지 넓은 활동무대를 가졌으리라 짐작하나, 구체적인 증거를 제시하지는 못한다. 또 소설에서 당시 임금이 연산군이 아닌 세종으로 등장하는 것에 대해서는 국왕을 긍정하고 왕에게 복종한 홍길동의 이미지를 보존하기 위해 이미 폭군으로 낙인찍혀 축출된 연산군 대신 많은 사람에게 존경받는 세종을 택한 것이라 설명한다. 그리고 소설에서 홍길동은 판서(판서 자체도 '고귀한' 혈통이라 볼 수 있을지는 의문이다) 같은 혈통은 아니지만, 관인 신분의 엄귀손을 포섭해 거느린 점을 들어 임꺽정과 달리 아주 비천한 신분도 아니라고 본다. 그러나 그것도 정확한 사실은 아니다. 그밖에도 임형택은 홍길동이 여느 강도와는 달리 당상관 의장을 하고 다녀 '국사범'으로 의금부에서 다루어졌지만 반역죄를 적용받지는 않았다고 주장한다. 여하튼 홍길동이 판서의 서자로 태어나 천대를 견디다 못해 집을 뛰쳐나가 사람을 죽이고 망명, 도주해 도둑이 되었다는 이야기는 허구일 가능성이 많다. 결국 역사적 기록에는 홍길동이 의적 활동을 했다는 어떤 증거도 찾을 수 없다.

한 가지 눈길을 끄는 것은 홍길동에 관한 기록 중 그가 9월에 체포되었다는 기사는 있지만, 어떻게 처리되었는가에 대한 기록은 없다는 점이다. 이에 대해 장량수는 『한국의적소설사』에서 홍길동이 1500년 의금부 체포 이후 처형되지 않고 오키나와로 진출했다고 주장한다. 설성경 역시 홍길동이 남해 섬으로 추방되었는데 탈출하여 오키나와로 가서 그곳의 민중 영웅 홍가와라가 되었다고 설명한다.* 그러나 두 견해 모두 믿기

* 『홍길동의 삶과 홍길동전』, 273쪽.

의 적 , 정 의 를 훔 치 다

어려운 낭만적인 설명인 데다 짐작의 수준을 넘어서지 못한다. 하지만 이러한 해석이 반복된다는 것은 그 문제 자체가 흥미로운 연구 주제가 될 수 있다는 반증일 것이다.

　　홍길동이 옥중에서 관을 상대로 투쟁을 벌였다는 해석도 있는데 어떤 옥중투쟁이 있었는지 구체적인 증거가 빈약하다. 반면 소설의 마지막은 홍길동이 율도국으로 떠나는 것으로 그려져 있다. 이러한 결말은 어떤 역사적 해결보다도 멋지게 느껴진다. 이에 대해 "민중의 패배를 거부하는 의식이 홍길동을 부활시킨 것"이라고 설명하는 임형택의 견해에는 전적으로 동감이다. 나는 여기서 한 발 더 나아가 율도국이라는 유토피아를 '창조'해 대안적 상상력을 보여주고 자극했다는 측면에도 더 적극적으로 의미를 부여하고 싶다. 임형택의 글 가운데 홍길동을 15～16세기에 나타난 '유민流民 무장 저항집단'의 두령이라고 하면서 그들의 활동을 농민저항의 한 형태로 보고 16세기 독일 농민전쟁과 비교한 부분도 눈길을 끈다. 실제로 홍길동이 어떤 활동을 했건 허균에 의해 소설로 거듭난 홍길동은 16세기 농민저항의 정신적 반영으로 볼 수 있을 것이기 때문이다.

농민사회 민중의 염원을 담은 홍길동 이야기

『홍길동전』은 우리나라 최초의 '한글' 소설이다. 당시 언문이라고 불린 한글은 천한 백성들이 읽는 글이라고 생각되었으므로 허균은 백성들에게 읽히고자 그 소설을 썼을 것임에 틀림없다. 『홍길동전』을 과연 허균이 썼는가 하는 논쟁도 있으나, 이는 우리의 관심사가 아니다. 우리의 관심은

『홍길동전』에는 의적 홍길동이 어떻게 묘사되는가 하는 점이다. 개혁적인 성향을 지니고 있었던 허균은 여러 차례 중국(당시 명나라) 사행길에 올랐는데 그때마다 많은 책과 진귀한 물품을 사들였다. 특히 1614년 천추사千秋使의 신분으로 중국에 다녀오면서 4,000권 정도의 책을 사왔는데 그 중에 『수호지』를 비롯한 여러 소설이 포함되어 있었다. 그런데 홍명희의 『임꺽정』이 『수호지』와 매우 유사한 반면 『홍길동전』과 『수호지』는 많이 다르다. 우선 『홍길동전』은 『수호지』나 『임꺽정』에 비해 너무 짧다. 우리가 접하는 한글 번역본은 50쪽 정도에 불과하다. 게다가 『홍길동전』에는 도둑의 소굴이 "여러 사람이 모두 잔치하며 즐기"*는 곳으로 묘사되어 있다. 학자들은 이에 대해 도연명陶淵明의 『도화원기』桃花源記에 나오는 무릉도원의 묘사와 유사하다고 평가하고, 평화로운 민중사회를 비정한 양반사회와 대비시킨 것으로 보기도 한다.**

　　소설 속에서 당시의 도적들이 홍길동에게 3대 사찰 중 하나인 해인사를 습격하도록 요구하는 장면은 유교를 숭상하고 불교를 배척한 조선에서도 불교 사찰이 여전히 많은 토지를 소유한 지주로서의 성격을 지녔음을 보여준다(이는 승려들을 도적들과 연합한 반체제세력으로 보기 어렵게 만드는 근거이기도 하다). 그리고 홍길동이 조직한 활빈당의 목적이 백성의 재물을 약탈하거나 정의롭지 못한 방법으로 축적한 수령과 부자의 재물을 탈취하여 의지할 곳 없는 가난한 사람들에게 나누어주는 것으로 나타나지만, 실제로 재산을 나누어주는 장면은 묘사되어 있지 않다. 다만 함경 감영을 습격하고 포도대장을 농락하는 것에 그치고 있다. 체포

---

* 허균 지음, 허경진 옮김, 『홍길동전 · 허균 산문집』, 한양출판, 1995, 29쪽.
** 이윤석 지음, 『홍길동전 연구』, 계명대학교출판부, 1977, 168쪽.

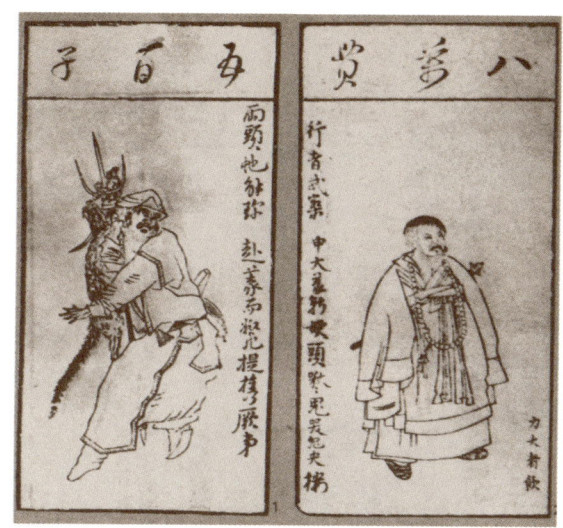

『수호지』에 등장하는
양산박 108인 중
무송(왼쪽)과 연청(오른쪽)

된 가짜 홍길동은 왕에게 "백성의 재물은 추호불범秋毫不犯하옵고 각 읍 수령의 준민고택浚民膏澤하는 재물을 탈취하였"*다고 주장한다. 이는 각 읍 수령이 불의로 모은 재산을 탈취했다는 이야기인데, 이를 두고 국문학자 허경진은 "한 나라의 재물은 왕이나 어느 특정인의 것이 아니라 백성 모두의 것이라는 재물에 대한 공동체적 발상"이자 "임금의 친국마저도 웃음거리로 만들어버림으로써 홍길동은 가부장제에 입각한 봉건체제를 명백하게 부인"한 것으로 보기도 했다. 그러나 소설 속에서 홍길동은 정부와 타협하고 나라를 떠난다. 그가 세우는 이상국가는 초자연적인 능력을 갖는 탁월한 군주의 영도 아래 부강한 군주국가다. 그런 군주를 대망한다는 점에서 『홍길동전』은 민중의 염원을 담고 있다고 볼 수 있으나,

* 『홍길동전 연구』, 171쪽.

『수호지』의 저자 시내암

'모든 사람이 평등한 국가'로서의 면모는 구체적으로 묘사되지 못했다는 한계도 있다.

그러나 『홍길동전』을 의적소설이라고 보는 데에는 의문의 여지가 없다. 불법으로 재산을 축적한 관료를 습격하여 재물을 뺏은 것만으로도 우리는 충분히 의적으로서 그의 고상하고 담대한 면모를 엿볼 수 있기 때문이다.

홍길동의 다른 이름, 임꺽정

통상 홍길동, 장길산과 함께 임꺽정을 조선의 3대 의적으로 부른다. 임꺽정은 백정白丁 출신이었다. 백정이란 아무것도 가진 것이 없는〔白〕 무식한 장정을 뜻한다. 조선시대 백정은 도살, 고리짝〔柳器〕 제조, 육류판매

의 적 , 정 의 를 훔 치 다

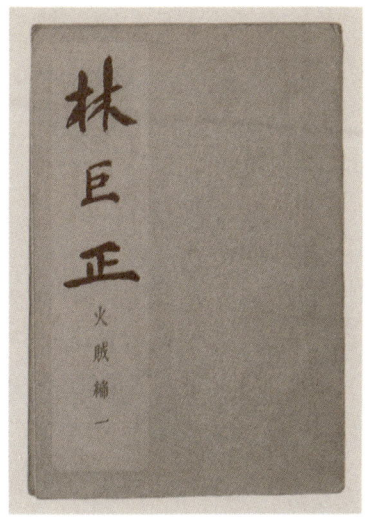

홍명희와 『임꺽정』
홍명희(왼쪽)의 소설에는 부자의 돈을 훔쳐 가난한 자들에게 나누어준다는 의적의 성격이 잘 드러나 있다. 오른쪽 사진의 『임꺽정』은 1948년 을유문화사에서 간행된 재판이다.

등을 하는 사람으로 직업이 천하여 노비보다 더 심한 천대를 받았다. 임꺽정의 활동은 1559년에서 처형당한 1562년까지다. 일부 학자들은 임꺽정을 "최하층 천민 출신으로서 조선 봉건사회의 권위를 총체적으로 부정한 혁명아"라고 규정하기도 한다.*

　　이들이 도적으로 활동한 시기는 민중들이 잇따른 흉년과 기근으로 극심한 생활고에 시달리던 때였다. 나라에서는 그런 처지의 백성들을 구제하기는커녕 오히려 과중한 세금을 물리고, 고을 수령들은 축재에 혈안이 되어 서민들의 고혈을 짜던 때였다. 이처럼 암울한 사회상은 당시

---

* 한국역사연구회 지음, 『조선시대 사람들은 어떻게 살았을까? 1』, 청년사, 1996, 95~96쪽.

조선사회 전역에서 문제가 되었다. 그 중에서도 임꺽정이 활동한 황해도의 경우, 토지·인구·물산이 남쪽보다 훨씬 못한데도 진상물품의 종목과 수량은 훨씬 많고 까다로웠던 점, 일반적 군역 외에 평안도 변경 요충지까지 방비를 서야 했던 점이 다른 지방에 비해 더 큰 부담으로 작용했다.

임꺽정 부대가 역사적으로 존재했는지, 아니면 홍명희가 지어낸 이야기인지 명확하지는 않으나, 그 부대의 주력은 가난·침탈·부역·위협을 못 견디고 마을을 이탈한 몰락농민, 도망노비, 백정, 장인, 역자驛子* 등 천대와 수탈을 받은 최하층민이었고, 보조 부대는 각종 기밀을 전해준 아전과 약탈한 물건을 내다 판 상인들이었다고 한다. 또『명종실록』에는 우두머리가 여덟아홉 명에 불과하다고 했으나, 역사적 기록에는 60여 명 정도로 전해지고 있다. 또 비적의 이상적 단위가 20명 정도라는 계산에 근거해 부대 규모를 200명 정도로 추산하기도 한다. 이들은 게릴라 전법을 치밀하게 사용하는 최정예 부대였다는 것이다.**

또한『명종실록』에는 3년간의 전투로 다섯 고을의 수령이 피해를 입었고, 양민의 죽음이 끊이지 않았으며, 특히 "적들이 곧 아비를 놓아주고 아들(신고자)을 결박하여 촌가에 데리고 가서 밥을 짓게 하고, 빙 둘러앉아 배를 갈라 죽인 뒤에 떠나갔다"는 끔찍한 기록도 있다.

그러나 소설『임꺽정』에는 역사상 임꺽정과 달리 의적이라고 볼 만한 행위가 묘사되어 있다. 따라서 소설『임꺽정』을 의적소설이라고 보는 데에는 무리가 없을 것이다.

* 역에 딸린 구실아치.
** 이에 대해서는『조선시대 사람들은 어떻게 살았을까? 1』, 96~99쪽과『민란의 시대』, 66쪽을 참조할 것.

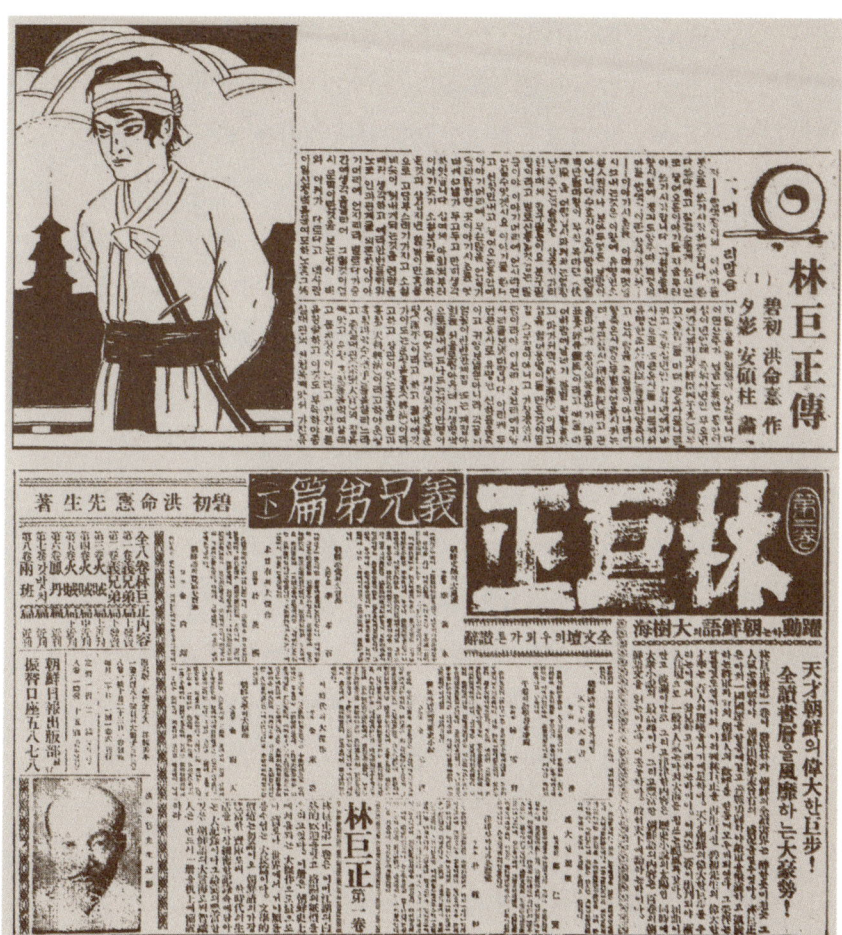

1928년 『조선일보』에 연재된 『임꺽정』(위)과 1939년 『조선일보』에 실린 『임꺽정』 광고(아래)

1686년부터 10여 년 간 활동한 것으로 보이는 실존 인물 장길산 역시 의적으로 단정지을 만한 기록은 없다. 광대 출신인 장길산이 도적이 된 원인에 대해서도 앞에서 본 임꺽정의 경우와 크게 다를 바 없지만, 특별히 따로 주목해야 할 배경이 있다면 1670년에 일어난 대기근을 지적할 수 있다. 당시 기근이나 전염병으로 100만 명 이상이 죽었다고 한다.[*]

앞서 말한 대로 우리가 홍길동, 임꺽정, 장길산을 조선의 3대 의적이라고 부르게 된 기원은 사실 그들을 '조선의 3대 도적'으로 부른 성호 星湖 이익에게까지 거슬러 올라간다. 성호의 평가가 정확히 어떤 의미인지는 잘 알 수 없으나, 아마도 지배계층인 사대부의 입장에서 내려진 평가일 것이다. 따라서 민중이 그들을 3대 의적으로 기억하는 것은 또 의미가 다를 것이다. 조선시대에 허균이 『홍길동전』을, 일제강점기에 홍명희가 『임꺽정』을, 그리고 황석영이 『장길산』을 소설로 각각 쓴 것은 바로 면면히 이어져 내려오는 민중들의 평가를 반영한 것이라고 감히 말할 수 있을 것 같다. 따라서 실존 인물로서의 그 세 사람이 역사적으로 의적인가의 여부를 따지기에 앞서, 민중의 가슴 속에 간직된 이미지로서 그들을 의적이라고 부르는 데 주저할 이유가 없다고 본다.

민중에게 환영 받은 활빈당

우리 역사에서 의적으로서의 활동이 가장 뚜렷하게 드러나는 집단은 바로 1900년 전후 10년 정도 활동한 활빈당이다. 물론 활동 연대에 대해서

---

[*] 『민란의 시대』, 83쪽.

의 적 , 정 의 를 훔 치 다

는 여러 가지 설이 있다. 그들의 활동 시기가 1899~1904년이라는 견해*
가 일반적인 듯하나, 이는 문헌에 나타나는 연대 확인에 불과하고, 그 앞
뒤로 생성과 소멸에 이르는 기간은 더 길었을 것이다. 19세기 세도정치
와 대원군의 쇄국정책, 그리고 개항기의 혼돈 속에서 인구는 폭증하고,
흉년과 기근은 끊이지 않아 19세기 말에는 수많은 도적이 등장했다는 점
은 주지의 사실이다.

　　활빈당은 그 이름에서부터 스스로 의적임을 주장한다. 그것은 소
설 『홍길동전』에 나오는 홍길동의 의적당 이름이다. 그런데 「활빈당발
영」活貧黨發榮에 "우리는 세 가지를 잘한다. 돈 안 주면 집에 불을 지르고,
유부녀를 겁탈하며, 무덤을 파헤친다"라고 명시된 것을 보면 그들이 과
연 의로운 목적과 의도를 가진 집단이었는지 의심스럽기도 하다. 적어도
로빈 후드 같은 신사의적은 아니었던 것 같다. 그러나 양반관료나 지주
등 부자로부터 재산을 빼앗아 빈민에게 나누어준 점에서는 분명 의적이
었다. 여기서 중시할 것은 활빈당 발기선언문인 1900년의 「삼도사민원
정」三道士民原情에서 밝히고 있듯이 그들이 적대시하는 것은 임금을 불
에 빠뜨리면서 녹을 받아먹는 관료와 일본이라는 점이다. 천조天朝 곧 고
종 황제는 의적에게 어디까지나 절대적인 존재였다.

　　「삼도사민원정」에서 그들은 평등주의의 입장에서 소농민의 회귀,
균전제의 실시, 물가의 안정을 요구했다. 나아가 활빈당은 배외배일排外排
日을 주장했다. 즉 외국 상인을 배척할 것, 다른 나라에 곡물을 수출하지
말 것, 시장에서 외국 상품 유통을 금할 것, 철도부설권을 다른 나라에 양

---

* 강재언 지음, 『신편 한국근대사연구』, 한울, 1982, 271쪽.

도하지 말 것 등의 조항을 통해 민족주의를 주장했다. 이러한 이들의 활동은 당시 민중들이 얼마나 뛰어난 정치·사회 감각을 지니고 있었는지를 보여주는 한 증거다. 활빈당은 외국인, 특히 일본인들을 공격하여 재산을 빼앗고 죽였다. 1906년 이후 활빈당은 유생 출신의 의병과는 다른 독자적인 의병 활동으로 개편되었다. 물론 이에 대해 그러한 이념과 달리 구체적인 활동의 흔적은 찾을 수 없다는 평가도 있다.*

하지만 활빈당이 보여준 의적으로서의 행각은 역사적 기록에도 등장한다. 1903년에는 장흥 등지의 부호들에게 돈과 쌀을 실어오도록 하여 이를 각처의 기민飢民들에게 분배했고, 1904년에는 영광포 앞바다에서 상선을 탈취하여 위도라는 섬 주민들에게 나누어주고 잔치를 베풀었으며, 1905년에는 경상도에서 함안 관아를 공격하여 뺏은 돈을 빈민들에게 나누어주었다. 특히 돈과 곡식을 나누어주면서 이렇게 선전했다.

우리는 여러분을 위하여 자유·평등의 이익을 주고, 빈부의 커다란 차이를 타파하며, 우리나라의 혁신을 보여주고자 합니다. 지금 여러분에게 나눠주는 돈과 곡식은 바로 여러분에게 활빈의 실實을 보여주는 것입니다.

이러한 선전에는 매우 근대적인 민주주의 의식이 전제되어 있었다고 볼 수 있다.

반면 역사학계에는 활빈당의 행위가 불법적인 도적활동이어서 당시 민중들로부터 진정한 동조를 받지 못했고, 따라서 그 활동이 역사적

* 이하의 내용에서 역사적 사실들이나 연도 등은 『민란의 시대』, 262~265쪽을 참고했다.

의 적 , 정 의 를 훔 치 다

발전을 가져왔다고 평가하기 어렵다는 입장도 있다. 그러나 도적이었기 때문에 민중의 지지를 받지 못했다고 보는 것은 의적의 존재 자체를 부정하는 것이 되므로 그 논리는 받아들이기 어렵다. 또한 그런 이유로 역사의 발전을 가져오지 못했다는 주장에도 동의할 수 없다.

활빈당은 주로 강원도를 뺀 한강 이남에서 활약했다. 조선 후기 문신인 김윤식의 일기를 묶은 『속음청사』續陰晴史에는 활빈당이 청도 운문사와 양산 통도사를 근거지로 삼아, 10~100명씩 무리를 지어 부민의 재물을 빼앗아 빈민에게 나누어주었다고 기록되어 있다. 그러나 유명한 사찰이 도적의 근거지가 되었다고 보기는 힘들 것이다. 그 조직은 지휘계통이 뚜렷한, 매우 정비된 형태로서 수령을 맹감역孟監役, 부수령을 마중군馬中軍이라고 불렀다. 가입은 엄격한 절차에 따랐고, 내부 규율도 엄했으며, 특히 배신에 대해서는 엄중히 처벌했다. 참가자는 주로 영세한 행상인이었고, 그밖에 농가의 머슴이나 도시 항만의 노동자와 승려도 있었다.

활빈당에는 동학도의 잔존 세력도 포함되어 있었는데, 1906년 일본 경찰력에 의해 대부분 해산당한 뒤 일부는 의병활동에 투신하기도 했다. 이에 대해 토벌의 궁지에 몰려 어쩔 수 없이 선택한 자구책이라는 시각도 있다. 하지만 당시의 의병활동이 생명의 위협을 무릅쓰는 일이었던 이상 단순히 눈앞의 내 밥그릇을 채우고자 하는 자구책이라 폄훼할 수는 없을 것이다.

『수호지』와 의적문학

　　『수호지』는 중국 명대의 장편 무협소설로 송나라 이후 민담 등으로 전승되던 이야기를 원나라 말 명나라 초에 시내암施耐庵이 편집하고, 나관중羅貫中이 손질한 작품으로, 흔히 '중국 4대 기서奇書' 중 하나로 꼽힌다. 수령인 송강宋江을 중심으로 108명의 의적이 산채 양산박梁山泊에 모여 살며, 조정의 부패를 통탄하고 관료의 비행에 반항하여 민중의 갈채를 받는 이야기다.

　　사료에 의하면 송강이 도적이 되어 서른여섯 명을 이끌고 산동 지방에서 도둑질한 점은 사실로 확인되나, 이야기의 대부분은 허구일 가능성이 높다. 또한 소설에서는 송강 등이 간신의 속임수에 의해 독약을 먹고 죽는 것으로 되어 있지만, 역사에는 체포되어 처형당한 것으로 기록되어 있다. 물론 당시의 역사 기록을 그대로 믿을 수는 없다. 도둑에 대해 상세하고도 긍정적인 이야기를 늘어놓기는 어려웠을 테다. 그렇다고 추측으로 역사를 만들 수는 없는 노릇이다. 따라서 『수호지』는 기본적으로 문학으로 봐야 한다. 하지만 내 생각에 이 문학 작품은 송나라 이래 토지에 대한 사적 소유가 점점 심화되고 일반화되어가던 시대의 양상을 어떤 역사 기록보다도 더 생생하게 보여준다.

　　그런데 앞에서 살펴보았듯이 힐튼이 『로빈 후드』를 통한 서양 중세의 농민 저항을 적극적으로 평가한 것과 달리, 같은 13세기를 배경으로 하는 중국의 『수호지』에 대해서는 적극적인 평가가 없다. 오히려 '탐관오리에는 반항하나 좋은 황제는 옹호한다'는 점에서 민중의 근본적인 희망을 앗아가는 투항주의라는 비판을 받고 있다. 중국 공산당의 관제 문학사도 이런 관점을 취하고 있다. 하지만 이러한 왕권에 대한 묵인은 『로빈 후드』에서도 마찬가지로 나타난다. 부패한 관료에 맞서고 왕권을 옹호하는 것은 중국뿐 아니라 조선의 동학에 이르기까지 봉건사회 민중운동의 핵심이었고, 현대 이전의 의적 운동에서 범세계적으로 볼 수 있는 현상이다. 어제의 민중이 품은 희망을 오늘 민중의 입장에서 비판하는 것은 부당하다. 그보다는 "천국으로 가는 길을 닦자"는 『수호지』의 구호를 급진적인 희망의 외침으로 해석하는 것이 바람직하지 않을까?

　『수호지』가 언제부터 우리나라에서 읽혔는지는 불분명하나, 조선시대 중기에는 확실히 꽤 널리 읽히고 있었다. 사대부들은 도둑소설인 그것을 당연히 금해야 한다고 주장했으나, 임진왜란과 병자호란을 겪고 난 뒤에는 더욱 널리 읽혔다. 허균이 중국에서 『수호지』를 사왔다는 것은 앞서도 살펴보았고 또 『홍길동전』을 『수호지』의 영향을 받아 썼다는 견해도 있으나, 허균 스스로는 『수호지』를 "간교를 부려서 교훈될 만한 것이 없다"고 했으므로 반드시 그 영향에 의해 씌어졌다고는 볼 수는 없다.

결론을 대신하며
우리는 왜 의적 이야기를 읽고 쓰는가?

세계 각국의 유명인사 1등은 모두 의적이다?

우리나라에서 가장 유명한 사람은 누구일까? 관공서나 은행 어디든 문서 작성의 견본에 빠짐없이 등장하고 명패 상점에도 가장 흔한 것으로 보아 홍길동이 아닐까? 그러나 역사상 실존한 홍길동은 강도였다. 따라서 강도단의 입단서라면 모를까, 검찰이나 경찰을 비롯한 여러 관공서의 서류에서조차 홍길동이 한국인의 대명사처럼 사용되는 것에 의문을 가져본 적은 없는가?

비록 역사는 홍길동을 강도로 기록하지만, 대중은 홍길동을 사랑한다. 우리가 사랑하는 홍길동은 이미 역사에 기록된 강도 홍길동이 아니라, 우리 뇌리에 깊이 박힌 정의의 사도다. 강도를 정의의 사도로 보다니 해괴망측하기 짝이 없지만, 언제부턴가 공무원들도 홍길동을 흠모하게 되었다. 공무원뿐만 아니라 우리나라 사람 모두 홍길동을 사랑한다. 게다가 활약이 두드러지는 사람을 가리켜 홍길동이라 부르기도 한다.

서양에는 우리의 홍길동에 해당하는 강도로 로빈 후드가 있다. 그 출신국인 영국 관공서의 문서 작성 견본에 로빈 후드가 적혀 있는 것을 본 적은 없지만, 그 이름이나 그의 애인인 메리언과 그의 일당들의 이름, 심지어 그들이 활약한 숲인 서우드라는 이름은 영국뿐 아니라 세계 도처에 있다. 역시 그만큼 사랑받는다는 의미일 것이다. 게다가 로빈 후드 이야기는 끝없이 동화, 만화, TV 드라마, 영화로 제작되어왔다.

그러나 로빈 후드도 강도였다. 홍길동과 달리 그의 실존 여부는 아직도 수수께끼지만, 전설 속의 로빈 후드도 강도이기는 마찬가지다. 실존했다면 전설 속에서와는 달리 강도로 체포되어 처형당했으리라. 로빈 후드는 흔히 신사강도라고 불리지만, 그래도 강도라는 점은 부정될 수 없다.

같은 별명을 갖는 프랑스 강도로 아르센 뤼팽Arsene Lupin이 있다. 뤼팽은 분명히 실존 인물이 아니라 모리스 르블랑Maurice Leblanc이라는 소설가가 만든 허구의 인물인데, 지금은 뤼팽 3세까지 등장했다. 실존주의의 대가라는 장 폴 사르트르Jean-Paul Sartre는 실존하지 않은 뤼팽을 숭배했다. "그의 헤라클레스와 같은 힘, 교활한 용기, 프랑스적 지성"에 매혹되었다고 그는 말했다. 20세기 지성을 대표한다는 사르트르조차 그러하니 아이들이 뤼팽을 좋아하는 것도 무리가 아니다. 그런 뤼팽을 창조해낸 르블랑은 프랑스에서 '국민작가'로 불린다고 한다. 도둑을 창조한 자가 국민작가라니 역시 해괴망측하다.

이와 비슷한 경우들은 세계 어디에나 있다. 수없이 제작된 미국 서부 영화의 주인공 제시 제임스와 빌리 더 키드라는 갱들부터 역시 영화에 단골로 등장하고 최신판이 2004년 우리나라에서도 상영된 영화 〈네드 켈리〉의 주인공 호주의 네드 켈리, 우리나라에 〈밴디트 퀸〉이라는 영화로 소개된 인도의 풀란 데비, 러시아의 스텐카 라진……. 그밖에도 수없이 많다.

　　누구나 도둑이나 강도는 싫어한다. 싫어할 뿐 아니라 그들이 잡혀 처벌받기를 바란다. 실제로도 그랬다. 도둑이나 강도가 구속되어 처벌을 받는 것은 당연하다. 하지만 우리는 이들을 '착한 도둑놈'으로 기억한다. 남의 물건을 빼앗는 점에서 진짜 도둑놈이기는 하지만, 그 남이 비열한 정치인이나 경제인인 경우에는 그들의 행위가 충분히 정당화되고 그런 의미에서 그들은 의적으로 불린다. 임꺽정이나 장길산이 그런 경우다. 따라서 강도를 정의의 사도로 보는 해괴망측한 생각은 더이상 통념상의 도덕률에 방해받지 않게 된다.

민중은 왜 의적을 사랑하나?

의적 이야기가 지금도 끝없이 회자되는 까닭은 민중이 의적을 통해 대리만족을 느끼기 때문이다. 민중은 더러운 정치인이나 경제인 등을 스스로 처단하지 못하지만 의적은 그들을 처단한다. 그래서 민중의 박수를 받는다. 물론 민중도 현실에서는 불가피한 경우 권력자가 의적을 죽이는 데 동조하지만, 그렇다고 그들의 영웅적 행위까지 잊는 것은 아니다. 오히려 그들을 영원히 기억한다. 여기서 중요한 점은 사람들은 그들의 행위에 대해 역사적 사실이 아닌 전설을 믿는다는 점이다.

　　사람들은 부패한 정치인이나 경제인을 종종 '나쁜 도둑놈'이라고 부른다. 그리고 그들이 쥐락펴락하는 세상을 가리켜 '도둑놈의 세상'이라고 말한다. 이를 두고 한편에서는 우리 사회가 부자나 권력자에 대한 존경심이 없고 시기와 질투만 일삼아 발전이 없다고 비판하기도 한다. 물론 착한 부자나 권력자가 있다는 사실을 부정할 필요는 없으리라. 그러나 우리가 아는 현실에서 그런 경우는 지극히 예외적이다. 그만큼 우리 현실이 부조리하기 때문에 의적에 대한 향수가 있는 것이고 의적이 아닌 도둑놈 이야기까지 인기를 끄는 것이다. 물론 내가 그러한 인기를 전적으로 옳다고 판단하는 것은 아니다.

의적 이야기 자체에 대해 의구심을 가질 사람도 있으리라. 특히 법을 다루는 사람들이 그렇다. 물론 필자도 법학도지만, 법과 범죄에 대한 역사적 평가는 법학도의 입장과는 많이 다르다. 예컨대 인류의 4대 성인 가운데 소크라테스나 예수는 법의 이름으로 처형당했다. 그밖에도 무수한 사람들이 법의 이름으로 죽임을 당했다. 당대의 법이나 재판이 옳았다고 해도 역사는 그렇게 평가하지 않는다. 민중은 그렇게 믿지 않는다. 이제 법은 역사와 민중에게 겸손할 필요가 있다.

의적과 법, 의적의 개념 규정

국어사전에는 의적이 "부정으로 치부한 사람의 재물을 훔쳐다가 가난한 사람들에게 나누어주는, 의협심이 많은 도둑"으로 풀이되어 있다. 도둑은 도둑이되, 의롭지 못한 재산을 훔쳐 가난한 사람들에게 나누어주는 까닭에 의적이라고 불리는 것이다. '훔치는' 행위에는 당연히 강도도 포함되고, 경우에 따라 살인도 포함된다. 적賊이란 말에는 우리가 흔히 말하는 '훔친다'만이 아니라, '해친다', '죽인다'는 뜻이 포함되고, 역적逆賊이란 말에서 알 수 있듯이 반란을 일으키는 경우도 포함될 수 있다. 따라서 법의 차원에서 의적이란 있을 수 없다. 법에서는 절·강도의 대상이 부정한 방법으로 부를 쌓은 부자의 재산이고 그것으로 가난한 사람을 구제했다고 해도 똑같은 절·강도일 뿐이다. 따라서 당연히 범죄고 처벌된다. 법의 판단 기준은 결코 범죄의 대상이 아니다. 그 대상이 부정한 부자인지, 부패한 정치인인지는 문제삼지 않는다는 것이다.

그러나 특정한 도적을 의적이라고 평가하는 사회적인 경향은 엄연히 존재한다. 법이나 지배계급에 의해서는 '범죄자'로 분류되지만, 민중에 의해서는 영웅, 수호자, 정의의 투사, 심지어는 해방의 지도자로 평가되는 도둑들이 그런 경우에 해당한다. 이때 민중의 법은 지배자의 법과 대립한다. 법에는 그런 민중의 법이 있다. 물론 '민중의 법'이란 것 자체를 부정하는 견해도 있으리라. 그러한 논리로 따져 의적이란 말 자체를 부정하는 경우도 있을 것이다. 그러나 역사적 판단은 역사가의 주관에 의해서가 아니라 당대의 민중이 갖는 일반적인 의사를 객관적으로 확인하는 차원에서 내려져야 옳을 것이다. 역사는 도덕이나 법이 아니지 않은가? 의적에 대한 민중의 판단은 도덕이나 법을 초월한다.

사실 국어사전의 다소 협소한 정의와 달리, 나쁜 부자들의 돈을 훔치지만 가난한 자들을 돕지 않아도 의적으로 인정받는 경우가 많다. 더 나아가 의적은 단순히 '의로운 도둑'만을 뜻하는 것이 아니라고 볼 수도 있다. 앞서 말한 대로 역적 중에서도 의적이 있을 수 있다. 라진이나 임꺽정이 그 예다.

영어에서는 의적을 'social bandit'라고 한다. 'bandit' 역시 도적만이 아니라, 조직된 반란자 또는 비조직적인 게릴라까지 포함하여 '폭력으로 공격하고 강탈하는' 것을 뜻한다고 한다.* 우리말에서 이에 해당

의 적 ,   정 의 를   훔 치 다

하는 말은 '폭력배', '폭력단', '폭도' 정도일 것이나, 일반적으로 그런 말들에 도적·반란자·게릴라가 모두 포함된다고 보기는 어렵다. 도적·반란자·게릴라·복수자까지 모두 포함하는 우리말로서 그냥 '적'賊이라는 말을 사용할 수 있지만, 그것 역시 어색하다. 따라서 적합한 말을 찾을 필요가 있다. 그런 말로 범죄인 또는 범인, 무법자, 그리고 비적匪賊이란 말이 사용되기도 한다. 범죄인·범죄자·범인이라는 말은 가장 광범한 뜻의 말이지만, 반드시 폭력을 행사하지 않는 경우도 포함되므로 'bandit'에 가깝다고 보기는 어렵다. 물론 도적·반란자·게릴라·복수자 등이 범죄인임은 물론이다.

'무법자'란 국어사전에서는 "법을 무시하는 사람", "함부로 거칠고 험한 행동을 하는 사람"으로 풀이되어 범인보다 약한 이미지를 갖는다. 그런데 '거칠고 험하다'고 하여 반드시 '법을 무시하는 것'이 아니므로 그 둘은 반드시 일치하지 않는다. 후자의 무법자와 유사한 말로 '무뢰한' 또는 '무뢰배'란 말이 있다. 즉 '직업이 없이 불량한 짓을 하며 돌아다니는 무리'를 일컫는 것으로, 불량배나 깡패에 가깝다. 여하튼 무법자란 범죄를 저지른 자를 뜻하는 '범죄인'이나 '범인'과는 다르다.

무법자로 번역되는 영어의 'outlaw'에는 "법률상의 은전과 보호를 빼앗긴 추방자나 사회에 의해 매장당한 자"라는 뜻도 있다. 즉 단순히 교도소에 갇혀 사회로부터 격리되는 것 이상의 영원한 추방 또는 매장을 뜻한다. 그러나 우리말의 '무법자'에는 그런 뜻까지 포함되어 있다고 보기 어렵다. 〈황야의 무법자〉라는 영화가 나오면서 그런 말이 비유로 사

---

* 『의적의 사회사』, 9쪽.

용되기도 했는데, 그 말은 '영원히 외로운 그리고 의로운 방랑자' 라는 꽤나 낭만적인 이미지를 갖게 되었다. 그래서 무법자란 무법이라는 측면보다도 황야를 떠도는 고독한 인간이라는 인상이 굳어졌다. 따라서 무법자란 상당히 애매한 의미를 갖는 말이 되어버렸다.

한편 비적이란 국어사전에서 "떼를 지어 돌아다니며 재물을 약탈하는 도둑"으로 풀이되고, 비도匪徒라고도 한다. 떼강도란 말이 이에 해당된다. 'bandit' 는 흔히 비적으로 번역되나, 비적을 국어사전의 떼강도로 보는 한 그렇게 번역하는 데는 문제가 있다. 그러나 비적이란 말 자체가 단순히 국어사전의 떼강도라는 풀이와는 달리, 예컨대 흉한凶漢이나 난민亂民 등을 포함하는 더욱 광범한 뜻을 갖는 것이므로 'bandit' 에 해당되는 '적', 즉 도적은 물론 반란자나 게릴라 및 복수자까지 포함하는 말로 비적이란 말을 사용할 수도 있다. 그러나 노예반란·농민반란·노동자반란·시민반란 등, 이미 민중혁명이라는 것으로 역사적 평가가 끝난 반란에 대해 비적이란 말을 사용하는 것은 적절하지 못하다. 예컨대 우리는 로마의 스파르타쿠스 노예반란군이나 동학농민반란군을 비적이라고 하지는 않는다. 따라서 그들은 제외할 필요가 있다. 물론 그런 반란이 의적으로서의 요소를 갖는 경우에 의적에 포함될 수는 있다.

마찬가지로 노동운동이나 사회주의운동 등도 그것이 역사적인 평가를 받기 전에는 공산비共産匪 또는 공비共匪라는 식으로 비적의 하나로 평가되었으나, 지금 역사에서는 그렇게 평가되지 않는다. 지금 우리나라에서 공비란 간첩 집단을 뜻한다. 따라서 그들도 제외할 필요가 있다. 그렇다면 군인들의 반란인 군란軍亂, 즉 쿠데타는 어떻게 분류되는가? 그것이 성공하면 정권을 갖게 되고, 실패하면 반역·반란이 된다. 그 평가가 어떠하든 역사에서는 일정한 정치적 권력 변동의 차원에서 평가가 내려지고 있다.

게릴라에 대해서도 이미 전쟁사에서 일정한 평가가 내려져 있다. 우리나라에서도 일찍이 로버트 에스프레이Robert B. Esprey의 『세계 게릴라 전사』War in the Shadows: The Guerilla in History의 소개로 그 역사적 전모가 밝혀졌다. 따라서 게릴라도 제외해야 한다. 하지만 이 책에서는 푸가초프·마흐노·비야 등 의적으로서 게릴라 전법을 구사한 경우도 일부 다루었다. 일부 의적이 게릴라 전법을 사용한 것은 다수의 정규군에 대항하려는 소수 의적으로서는 어쩌면 당연한 선택이었다고도 볼 수 있기 때문이다. 반면 정치적으로나 사회적으로도 역사적 평가를 받지 못한 비적들도 존재한다. 이들은 오늘날까지도 민중들이 역사 속에서 자신들을 발견하고 기억해주기를 기다리고 있는지도 모른다.

역사에서 의적의 등장

우리가 읽을 수 있는 의적문학 가운데 가장 창작 시기가 이른 중국의 『수호지』는 13세기에 실존한 의적들을 다루었다. 실제로는 그 이전은 물론 이후에도 많은 의적이 있었으리라. 13세기에 실존한 『수호지』의 의적은 당연히 범죄인이자 비적이고 역적으로 평가되어 타도되었다. 그 이후의 어떤 의적도 마찬가지였다. 그러나 민중은 그들을 그렇게 매도하지 않고 의적의 이야기를 전해왔고, 그것이 15세기경 소설로 씌어졌다.

유럽의 경우, 의적이 등장하는 시기는 15세기 이후, 즉 영국에서 〈로빈 후드〉 이야기가 유행한 이후다. 의적은 근대적 현상, 다시 말하면

세계사의 차원에서 농업 사회가 공업 사회로 이행하면서 자본주의가 발달하고 전통 사회가 무너지는 시기의 산물이라는 것이 일반적인 견해다. 그후 의적은 영국에서 등장하지 않고, 영국보다 공업화가 늦은 다른 지역에서 나타나다가 18세기 이후 산업화로 접어든 중동부 유럽을 포함한 세계의 여타 지역에서 더욱 빈번히 출현하게 되었다. 그때에야 비로소 의적은 범세계적 현상이 된다는 것이다.

그러나 이러한 서구적 차원의 관점에는 문제가 있다. 즉 『수호지』의 배경이 되는 13세기나 그 이후의 중국에 근대 서구적 의미의 자본주의가 존재했다는 것은 지금까지의 역사적 견해에 의하면 어불성설이다. 자본주의와 의적의 연관성을 강조하는 것은 어쩌면 모든 현상이 자본주의에 대한 반발에서 기인한다고 주장하는 사회주의적 강박에서 비롯된 것인지도 모른다. 또한 이것은 의적조차 유럽 자본주의에서만 생긴다고 여기는 유럽중심주의, 비유럽 지역을 간과하는 오리엔탈리즘의 산물일 수도 있다.

의적을 재발견한 민중문화와 아나키즘

1770년대 '민요' Volkslied라는 말을 처음 사용했던 독일의 요한 헤르더 Johann von Herder의 영향으로 민화民話·민간전승·민중극이라는 말이 생겨났고 또 이러한 사상은 그림 형제 등의 작가들에게 계승되었다. 그후 방대한 민요 수집이 이어졌고 그것이 전 유럽에 확대되었다. 그리고 그 대상도 민요만이 아니라 민중소설·민화·민중극 등, 민중문학의 모든 영역으로 확대되었다. 이때 의적에 관한 민담이나, 민요, 전설, 설화 등도 본격적으로 수집되고 정리되었는데, 이것들은 당대 유명한 작가의 작품, 예컨대 괴테의 『파우스트』나 실러의 『빌헬름 텔』의 소재가 되기도 했다. 스콧·위고·푸슈킨은 민요를 모방하여 시를 썼고 의적을 주인공으로 한 소설을 남겼다.

문학 외의 차원에서 의적을 가장 적극적으로 평가한 사람은 18세기 프랑스의 계몽주의자인 볼테르Voltaire와 19세기 러시아의 아나키스트인 바쿠닌이었다. 볼테르는 당대 18세기 초의 유명한 밀수업자였던 루이 망드랭Louis Mandrin이 사실은 대단히 무분별한 야만적인 도적에 불과했으나, 그에게 의적이라는 명성을 부과하여 그를 프랑스 민중의 의적으로 섬기는 것에 기여했다.* 흔히 이성을 절대적으로 신봉한 것으로 알려진 계몽주의자 볼테르의 이러한 견해는 우리로 하여금 계몽주의를 다시 보게 한다.

그러나 의적에 대한 더욱 적극적인 평가는 바쿠닌에 의해 내려졌다. 자본주의를 전복하는 혁명의 가능성을 마르크스주의와 달리 노동자 외에 룸펜 프롤레타리아나 범죄인과 같은 소외된 주변인에서 찾은 바쿠닌은 의적에 대해서도 적극적으로 평가했다. 바쿠닌은 "의적은 항상 민중의 영웅이고 보호자이자 복수자이다. 그는 국가나 사회제도 혹은 시민제도와 결코 화해할 수 없는 자이며, 국가, 귀족정치, 관료제, 그리고 교권의 문화에 대항하여 생사를 무릅쓰고 싸우던 투사"**라고 보았다. 의

---

* Colin Jones, *The Cambridge Illustrated History of France*, Calmann & King Ltd., 2001; 콜린 존스 지음, 방문숙·이효영 옮김, 『사진과 그림으로 보는 케임브리지 프랑스사』, 시공사, 2001, 214쪽.

** 『사진과 그림으로 보는 케임브리지 프랑스사』, 43쪽, 주4에서 재인용.

적을 이렇게 규정한 바쿠닌은 앞에서 본 문학의 경우와 달리 투항자적 자세가 아닌 반란자적 자세를 강조한 점에서 구별된다.

아나키스트들이 의적에 대해 적극적인 관심을 가진 것에 비해 마르크스주의자들은 의적을 비롯한 룸펜 프롤레타리아에 대해 거의 무관심했으며 노동계급만을 사회주의혁명의 주체로 인정했다. 실제로 러시아혁명 과정에서 의적으로 등장하는 아나키스트들은 볼셰비키에 대항하여 싸웠으므로 마르크스주의자들은 의적을 적대시했다. 마르크스주의 측에서 의적에 대해 적극적인 관심을 기울이기 시작한 것은 20세기의 에릭 홉스봄에 의해서다. 그러나 홉스봄이 아나키즘에 관심을 가졌기 때문에 그런 연구를 했다고 볼 수는 없고, 그의 입장은 어디까지나 다원적 마르크스주의다.

본격적인 의적 연구의 시작
— 홉스봄의 의적 연구

범세계적으로 의적 분야의 선구적 연구 업적은 이미 우리말로도 번역된 홉스봄의 『원초적 반란』과 『의적의 사회사』다. 앞 책의 경우 원래 1959년에 'Social Bandit and Primitive Rebels' 란 제목으로 출간되었는데, 1965년에 재판을 찍으면서 제목을 'Primitive Rebels' 로 바꾸었다. 원제 그대로 번역하면 '사회적 도둑과 원초적 반란자' 다. 여기서 '사회적 도둑' 이란 것이 바로 우리가 말하는 의적이다. 그것은 『의적의 사회사』의 원제인 '도둑들' bandits 중의 하나를 뜻한다. 따라서 '사회적 도둑' 인 의적을 '원초적 반란자' 의 하나로 본 것이다. 우리나라에서 『원초적 반란』은

1984년에 개정판을 번역한 책이 출간되었고, 『의적의 사회사』는 1978년에 홉스봄의 책 가운데 가장 먼저 번역 출간되었다. 이 책은 세 번의 개정을 거치면서 내용이 많이 바뀌었다. 2001년에 나온 마지막 개정판은 우리나라에서 『밴디트』라는 제목으로 2004년에 출간되었다.

먼저 홉스봄의 의적 연구의 목적이 무엇인지 살펴보자. 초기 의적 연구의 맥락을 살펴보면 의적에 대한 우리의 관심, 우리의 기대도 어느 정도 해명이 될 수 있을 것이다. 홉스봄은 1917년에 태어나 지금도 살아 있는 영국 역사가다.* 적어도 아직 생존하고 있는 외국의 역사가 중에서 세계적으로뿐만 아니라 우리나라에서도 가장 저명한 역사가일 것이다. 그의 저서는 대단히 방대하나, 1978년의 『의적의 사회사』를 필두로 하여 상당수가 우리말로 번역되어 있다. 아마도 생존하고 있는 외국 역사가 중에서 그의 책만큼 많이 번역된 경우는 없을 것이다. 그러나 그의 저서 중에 『의적의 사회사』가 제일 먼저 번역된 점은 흥미롭다. 그 책이 그의 주저라거나 대저라고는 도저히 말할 수 없기 때문이다. 홉스봄은 이미 1970년대에 생존한 최고의 마르크스주의 역사가로 불렸으나, 지금은 최고의 세계사가라 불린다. 특히 19세기를 다룬 3부작인 『혁명의 시대』 The Age of Revolution, 1962, 『자본의 시대』 The Age of Capital, 1975, 『제국의 시대』 The Age of Empire 1875~1914, 1987 그리고 20세기를 다룬 『극단의 시대』 The Age of Extreme, 1994는 그 분야에서 최고의 업적으로 칭송되었다.

그러나 홉스봄은 영국노동사 연구로 공부를 시작했고, 1947년부터 1982년 정년까지 런던 대학의 경제사 및 사회사 교수를 지냈다. 당시

---

* 홉스봄의 생애와 학문에 대해서는 『영국의 마르크스주의 역사가들』, 161~199쪽 참조.

영국노동사는 비어트리스 웨브와 시드니 웨브 부부Beatrice and Sidney Webb
에 의해 기반이 잡혀 있었다. 이들의 대표적인 저작인 『영국노동조합
운동사』The History of Trade Unionism, 1894는 그 엄청난 학문적 중요성과 기
여도에도 불구하고, 노동법과 노조활동에 모든 관심이 집중되어 있
어, "과도하게 제도 중심적이고 협소하게 정치적이며 엘리트주의적"
이라는 비판을 받았다. 홉스봄은 이러한 한계를 넘어서고자 노조활동
이 아니라 노동계급 자체의 역사를 탐구했다. 그러던 중 1950년대에
이탈리아를 방문해 마피아의 무대인 남부 이탈리아의 특수한 민중운동에
대해 관심을 갖게 되었고, 안토니오 그람시Antonio Gramsci의 저작을 통해
'원초적 반란'에 흥미를 갖게 되었다. 동시에 당시 케냐에서 유럽 인을
추방하고자 한 아프리카 인들의 비밀결사운동인 마우마우단을 연구한 사
회인류학자들과 토론하면서 그런 운동이 왜 유럽에서 일어나지 않았는가
를 연구하게 되었다. 또한 1956년 스탈린 격하 운동에 의해 과거 공산주
의자들이 받아들인 혁명 활동의 모델을 재고하면서 강력하게 조직화된
공산당에 대한 신념을 재검토하게 되었다. 그는 공산당에 대한 신념을 버
리지 않고 공산당에 계속 몸담았으나, 조직화된 정당을 통하는 길만이 유
일한 것이 아니라는 생각을 『원초적 반란』을 통해 피력했다.

　　　'원초적 반란'과 노동사라는 두 가지 관심은 『캡틴 스윙: 1830년
영국 농민 대봉기의 사회사』Captain Swing, 1975로 결합되었다. 홉스봄은 그
봉기에 대한 종래의 부정적인 평가를 비판하면서 그 운동이 과거의 안정
된 질서의 회복을 목표로 했으며, 그후의 사회운동을 통일시킨 효시였다
고 적극적으로 평가했다. 이러한 관점은 그가 『원초적 반란』에서 이미 표
명한 것이자, 뒤에 『의적의 사회사』에서도 되풀이한 것이었다. 이러한 긍

정적이고 낙관적인 역사관은 그의 세계사 인식에서도 나타난다. 즉 그가 믿는 것은 부르주아적인 역사의 진보도, 그것이 실패했다고 보는 사회주의적인 역사의 진보도 아닌, 건강한 이성과 미래에 대한 믿음이다.

홉스봄이 바라보는 의적

홉스봄이 '원초적 반란자'라고 부르는 것에는 의적 외에, 마피아, 아나키스트, 농민연합과 농민 공산주의, 도시폭동 등이 포함된다. 하지만 자본주의 이전 고대와 중세의 노예반란 및 농민봉기와 자본주의 이후의 노동운동 및 사회주의운동은 제외된다. 특히 중요한 것은 그가 '원초적 반란'이라고 부르는 것이 자본주의가 밖에서 밀어닥친 이후의 시대에 발생한 것으로 한정한다는 점이다. 그것은 민중이 자본주의의 침투에 적응하는 과정인 것이다. 그것이 '원초적인' 까닭은 "이 세계에 대한 자신들의 열망을 표현할 언어를 아직 발견하지 못했거나 이제 막 발견하기 시작한 전前 정치적 민중"*의 사회운동이기 때문이다. 곧 근대민중운동의 선구이기는 하나, 민중을 이끌 이데올로기나 조직 등을 갖지 않은 점에서 '원초적'이라는 것이며, 이때 '원초적'이라는 말은 '원시적' 또는 '소박한' 등으로 이해하면 될 듯하다. '원초적 반란자'는 유럽의 경우 16~18세기에, 다른 세계에서는 19~20세기에 150년간 폭발적으로 증가했으나, 역사가들의 근대적 편견에 의해 무시되었다고 홉스봄은 비판한다. 홉스봄은 그 원초적 반란의 최종 단계를 의적으로 본다.

* 『원초적 반란』, 15쪽.

그에 의하면 "보편적이고 불변의 현상인 의적 행위는 억압과 가난에 항거하는 국지적 농민소요다. 그것은 부자와 억압자에 대한 복수의 함정이고, 억압자를 짓누르고 싶어하는 막연한 바람이며, 개인적 탈법 행위의 정당화다. 그러나 그 희망은 매우 온건하다. 그것은 전혀 새롭고 완전한 세계를 꿈꾸는 것이 아니라, 사람들이 정당하게 취급받는 전통사회를 꿈꾸는 것이다."* 홉스봄에 의하면 도둑은 아무에게서나 뺏는 자인 반면, 사회적 도둑, 즉 의적은 부자에게 뺏어 빈민에게 나누어주는 자, 민중에게 정의를 체현하는 자로 인정받은 이들을 말한다. 따라서 의적은 민중과 직결된다. 즉 의적을 통해 홉스봄은 민중의 정의관, 민중의 문화 상태와 사회적 상황, 민중과 권력 및 범죄의 관계 등을 살펴볼 수 있다고 생각했다.

홉스봄은 의적을 '신사강도', '복수자', '집단 의적'으로 나누었다. '신사강도'란 로빈 후드로 대표되는 신사적인 의적, '복수자'란 정의의 대변자가 아니라, 빈민도 권력자에게 공포를 줄 수 있음을 보여주는 의적, '집단 의적'이란 특정한 영웅이 없는 집단 의적을 말한다. 그러나 신사강도라고 해서 항상 개인인 것은 아니고, 집단이라고 해서 두목이 없는 것도 아니다. 따라서 그 두 가지 구별은 사실상 무의미하다. 또한 복수자로서의 요소도 신사강도나 집단 의적에 없는 것이 아니다.

홉스봄이 정리한 '신사강도'의 특징은, 사실 정도의 차이만 있을 뿐 다른 의적에도 공통된다. 이를 더 간단히 인간 개인의 특성과 도둑 행태의 특성으로 구분하면 다음 두 가지로 요약된다. 첫째, 개인의 특성 면

---

* 『원초적 반란』, 17쪽.

에서 민중의 동정을 살 만한 죄로 도둑이 되지만, 배신에 의해 죽기 전까지는 불사신이며, 그렇게 죽지 않으면 민중 공동체의 일원으로 받아들여진다. 둘째, 도둑의 행태 면에서 자위나 정당한 보복 이외에는 살인을 하지 않고, 왕을 대신하여 귀족·성직자·관료가 행사하는 권력의 악을 바로잡으며, 부자에게 뺏어 빈민에게 주어 민중의 지지를 받는다.

홉스봄은 의적을 포함한 비적(이하 비적은 의적을 포함하는 개념이다)이 "빈궁화가 심화되고 경제적 위기가 닥치는 시기에 만연한다"* 고 지적했다. 이는 홉스봄이 말하는 농민의 경우만이 아니라 도시나 바다에서도 일반적인 것임은 두말할 필요가 없다. 나아가 홉스봄은 농촌의 빈궁화가 정기적인 기근과 비정기적인 전쟁, 정복, 행정조직의 붕괴 등에 의해 발생했고, 나아가 사회 전체의 와해, 새로운 계급과 사회구조의 발전, 생활양식의 파괴에 대한 공동체 내지 민중 전체의 저항을 반영했으며, 그래서 비적은 농민혁명 같은 중요한 사회운동의 선봉이 되는 경우도 있다고 지적했다. 이러한 홉스봄의 지적은 도시나 바다에서 정치적·경제적·사회적 위기에 의해 비적이 발생하고, 그것이 사회운동과 일정한 연관을 갖는 점과도 일치한다.

그러나 홉스봄에 따르면, 비적은 혁명가가 아니라 "굴복하기를 거부한 농민"으로서 "통상의 생활에서 빠져나와 어쩔 수 없이 무법자와 범죄자가 된 사람들"**이다. 따라서 비적은 "농민 사회를 위한 강령이 아니라 특수한 경우에 처하여 농민 사회에서 탈출하기 위한 자기 구제의 한

---

* 『의적의 사회사』, 16쪽.
** 위의 책, 20쪽.

형태"*로서, 정치·사회적 조직에 대해 새로운 비전을 제공할 수 있는 사상가나 예언자가 아니다. 비적이 어떤 강령을 지니는 경우에도 그 내용은 전통적이며 보수적이고 복고적인 것이었다. 따라서 지배계급을 타파하지도 않았고, 빈부갈등에 대한 근본적인 해결책도 강구하지 않았다. 따라서 그들은 개혁가이지 혁명가는 아니었다. 그러나 홉스봄이 지적하듯이 전통이 파괴되는 시기에 전통을 지키기 위해 혁명에 나서는 것은 혁명적일 수 있다. 특히 그 전통이 착취·억압·굴종이라는 현실이 아닌 평등·자유·박애에 뿌리박은 것이라면 그 전통을 지키려는 것이 혁명일 수 있다. 그래서 의적이 정치·사회운동과 융합되면 사회변혁운동으로 나아갈 수 있다.

홉스봄은 비적이 새로운 사회의 비전을 제시하지 못했다고 지적하지만, 그의 연구에는 비적 사회 자체의 내부 구성에 대한 연구가 결여되어 있어 그런 사회가 새로운 사회 모델이 될 수 있는지는 알 수 없다. 비적은 인구가 팽창한 농촌에서 발생했고, 그 대부분은 사춘기가 지난 청년들이며, 농촌 사회에 동화되지 못하고 한계상황으로 내몰린 사람들이라고 홉스봄은 분석한다. 하지만 이러한 홉스봄의 분석은 비적을 농민에만 한정하는 문제가 있다. 나는 도시 비적까지 비적에 포함시키는데, 그들의 발생은 홉스봄과 마찬가지로 인구 과잉에서 기인하는 것으로 본다. 홉스봄은 농민 비적이 경건함 등 농민의 가치를 공유하는 데 반해 도시 비적은 이단적이라고 주장한다. 그러나 비적을 꼭 그 소속 집단의 가치 공유 여부를 따져 구별할 이유는 없다고 생각한다. 또한 도시 비적이 반

---

* 『의적의 사회사』, 21쪽.

드시 이단적인 것도 아니다. 예컨대 그리스도교도였던 미국의 은행 강도
가, 홉스봄이 말하는 반체제주의자라거나 이단 종교를 믿었다고 볼 수는
없기 때문이다.

의적 연구의 시대적 배경과 의의

여기서 우리는 홉스봄이라는 한 학자의 의적 연구가 사실은 1945년 이후
냉전 이데올로기가 지배한 영국의 특수한 시대적 배경에서 나타났다는
사실에 주목할 필요가 있다. 당시 반공 히스테리의 정치적 상황에서 마
르크스주의에 퍼부어진 공격에 맞서 마르크스주의 역사가들은 실증적인
역사를 연구하고, 또한 역사 속의 진보적 세력을 찾아 사회주의를 위한
투쟁에 역사적 전망을 부여하고자 했다. 의적은 바로 그러한 진보적 세
력의 하나로 홉스봄에 의해 재발견되었다.

　　　의적 연구는 농민 연구의 일부였다. 농민은 마르크스가 그들에게
'자루 속의 감자' *라는 꼬리표를 붙인 것에서 알 수 있듯이 마르크스주의
자들에게 무시되어왔다. 물론 마르크스주의에 반대하던 사람들의 경우
도 마찬가지였다. 이에 대해 소설가 존 버거John Berger의 다음과 같은 항
변만큼 설득력 있는 주장은 없다.

농민의 경험을 단지 과거의 일로서, 즉 현대사회에 살고 있는 우리와는 아

---

* 의식과 태도가 없이 단지 자리만 차지하고 있으면서 조직화되지 못하고 따로따로 논다는 뜻에
서 붙은 말.

무런 관련이 없는 것으로서 치부해버리는 것, 또 수천 년의 농민문화는 미래에 대해 아무런 유산도 남기지 않았다고 생각하는 것, 그리고 농민 경험은 문명에 대해 주변적인 것에 불과하다고—수 세기 동안 주장되어왔던 것처럼—계속해서 주장하는 것은 결국 수많은 농민들의 삶의 가치를 부정하는 것이다. 마치 거래가 끊긴 회계장부에 그어지는 횡선처럼 역사를 가로질러 그어지는 그와 같은 배제의 선이란 있을 수 없다.*

　　이러한 농민에 대한 재인식이 영국에서 역사학적으로 이루어진 계기 중 하나가 『로빈 후드』에 관한 논쟁이었다. 그리고 그 효시가 된 것이 로빈 후드를 계급투쟁으로 바라본 로드니 힐튼의 「로빈 후드의 기원」이라는 1958년의 논문이었다. 어쨌든 홉스봄의 연구 이래 의적에 대한 연구는 급격히 발전했다. 세계 각지의 의적에 대한 연구가 성행하고 우리나라에서도 홉스봄의 연구에 영향을 받아 조선시대의 의적을 검토하는 학자들이 생겨났다. 심지어 해적을 의적의 관점에서 재조명하는 연구도 생겨났다.

　　그러나 홉스봄의 연구를 기초로 하여 조선시대의 의적을 연구하는 경우, 홉스봄이 의적을 어디까지나 초기 자본주의의 영향으로 농업 사회에서 공업 사회로 넘어가는 과도기의 산물로 본다는 점에서 문제가 생길 수 있다. 이는 자본주의 이전의 의적을 연구하는 경우는 물론 자본주의 이후의 의적을 연구하는 경우에도 해당된다. 앞에서 살펴보았듯이 미국이나 호주의 경우, 이미 자본주의가 본격화되는 시기에 의적이 등장하

*　John Berger, *Pig Earth*, Writers and Readers, 1979, pp. 211~212.

기 때문이다. 또한 홉스봄처럼 의적의 개념을 좁게 한정하거나 몇 가지 유형에 한정하는 태도도 문제가 된다. 예컨대 농민에 한정해서는 바다 의적인 해적에 대한 의적으로서의 해명이 불가능함은 물론, 도시 의적에 대한 해명도 불가능해진다. 따라서 홉스봄의 연구에도 비판의 지점들은 존재한다.

의적 자체의 진실성이 의심된다고 할지라도, 중요한 것은 의적의 역사적 진실성이 아니라 민중에게 새겨진 이미지로서의 의적상이다. 물론 의적 자체의 역사적 실체를 연구하는 것은 중요하다. 그러나 그것은 역사적 사실을 밝히는 일에 불과하다. 역사로서의 의적은 사실 민중에 비춰진 이미지로서 중요한 것이지, 그 사실 자체로 중요한 것이 아니라는 말이다.

그림·사진 출처

*제목, 원저작자, 제작연도, 출전(출전도서의 저작자, 출전도서의 출간연도) 순으로 정리했으며 제목, 출전이 존재하지 않을 경우에는 표시하지 않았다.

14쪽: Newell Convers Wyeth, 1903, *Robin Hood and His Adventures*(Paul Creswick, 1917)

17쪽: 작자 미상, 연대 미상(16세기경?), *Robin Hood, A Collection of all the Ancient Poems, Songs, and Ballads Now Extant Relative to the Celebrated English Outlaw*(J. Ritson, 1795)

18쪽: Pierce Egan the Younger, 1840, *Robin Hood and Little John: or, The Merry Men of Sherwood Forest*(Pierce Egan the Younger, 1840)

21쪽: 작자 미상, 1520, The Chepman & Myllar prints

25, 37쪽: Donald E. Cooke(1924), *Robin Hood*(Holt, Rinehart and Winston, 1957)

28쪽: Daniel Maclise, 1840

39쪽: Walter Crane, 1912, *Robin Hood and the Men of the Greenwood*(Henry Gilbert, 1912)

40쪽: Howard Pyle, 1911, *The Merry Adventures of Robin Hood*(Howard Pyle, 1911)

56쪽 왼쪽: Cossack, Vasily Surikov. 연대 미상

56쪽 오른쪽: Cossak Woman(Portrait of L.T. Motorina), Vasily Surikov, 1892

67쪽: Barge Haulers on the Volga, Ilya Repin

73쪽: Vasily Surikov. 1906.

93, 94, 97, 100, 102, 104쪽: 작자 미상, 연대 미상, Anarchists & Left-Libertarians Image Archive(flag.blackened.net/ liberty/archive.html)

115쪽: 이선희, 2001, 『한국생활사박물관5: 신라생활관』(한국생활사박물관 편찬위원회, 2001)

118쪽: William Hogarth, 1741

123쪽: The Idle Prentice Turn'd Away, and Sent to Sea, William Hogarth, 1741, Industry and Idleness Series

126쪽: Who Shall Be the Captain?, Howard Pyle, 1905, *Book of Pirates: Fiction, Fact & Fancy Concerning the Buccaneers & Marooners of the Spanish Main*(Howard Pyle, 1921)

128쪽: So The Treasure Was Divided, Howard Pyle, 1905, *Book of Pirates: Fiction, Fact & Fancy Concerning the Buccaneers & Marooners of the Spanish Main*(Howard Pyle,

　　1921)

141쪽: 이희수, 2002, 『이희수 교수의 지중해 문화 기행』(이희수, 2003)

157쪽: 호수들의 계곡과 위대한 테노치티틀란의 파노라마, 작자 미상, 17세기 초, 코바루시아스의 벽화.

165쪽: Madero, Diego Libera, 1929, Palacio Nacional 벽화 부분

170쪽: Zapata, José Clemente Orozco, 1930, Art Institute of Chicago

174쪽 왼쪽: A la Salida de Torreón, 작자 미상, 1914, Museum Toma de Zacatecas

174쪽 오른쪽: 작자 미상, 1914, Museum Toma de Zacatecas

205쪽: The Women of Egar, Bertalan Székely, 1867

215쪽, 216쪽: 작자 미상, 연대 미상, *Magyar Néprajz*(Balassa Iván, 1979)의 삽화들

226쪽 왼쪽: Wedding Portrait, 작자 미상, 1875, Western History Collection, University of Oklahoma Libraries

226쪽 오른쪽: 작자 미상, 1864, Pony Express Historical Association, Peetee House Museum and the Jesse James Homes

259쪽: 단국대 도서관 소장

263쪽: 연세대학교 중앙도서관 소장

269쪽 왼쪽, 오른쪽: 강영주 개인 소장

271쪽 위: 『조선일보』 1928년 11월 21일자, 사진 제공 강영주

271쪽 아래: 『조선일보』 1939년 12월 1일자, 사진 제공 강영주

* 사진과 그림의 게재를 허락해주신 분들, 자료를 제공해주신 분들께 감사드립니다.

* 이 책에 실린 사진과 그림 중에는 저작권자를 찾기 어려운 경우가 있었습니다. 저작권자가 연락을 주시면 다시 게재 허락 절차를 밟고 사용료를 지불하겠습니다.